新世纪研究生教学用书·会计系列

含

MPAcc、MAud

及MBA、EMBA财会方向

财务会计理论与实务

Financial Accounting Theory and Practice

李旭 主编

东北财经大学出版社 大连

Dongbei University of Finance & Economics Press

图书在版编目（CIP）数据

财务会计理论与实务 / 李旭主编 . —大连 ：东北财经大学出版社，2022.1
（新世纪研究生教学用书 · 会计系列）
ISBN 978-7-5654-4351-0

Ⅰ. 财… Ⅱ. 李… Ⅲ. 财务会计-研究生-教材 Ⅳ. F234.4

中国版本图书馆CIP数据核字（2021）第194421号

东北财经大学出版社出版
(大连市黑石礁尖山街217号 邮政编码 116025)
网 址：http://www.dufep.cn
读者信箱：dufep@dufe.edu.cn
大连永发彩色广告印刷有限公司印刷 东北财经大学出版社发行

幅面尺寸：170mm×240mm 字数：359千字 印张：17.5
2022年1月第1版 2022年1月第1次印刷
责任编辑：王 莹 刘晓彤 责任校对：王 筱
封面设计：张智波 版式设计：钟福建

定价：42.00元

教学支持 售后服务 联系电话：（0411）84710309

如有印装质量问题，请联系营销部：（0411）84710711

前　言

自财政部会计准则委员会陆续发布并修订企业会计准则以来，持续提升准则的实践应用价值、指导专业课程体系建设和专业人才系统培养、实现准则国际趋同，已成为近些年准则修订的重要动因。由于会计专业硕士（MPAcc）系统学习了财务会计专业相关理论知识，已经具备一定的知识应用和探索能力，需要进一步把专业理论知识纳入准则体系之中，以“准则+专题”“理论+实务”的模式深化和应用所学知识。目前针对会计专业硕士的财务会计理论与实务课程教学，尚缺少一本较为成熟的专业教学书籍作为辅助，这在一定程度上制约了教学效果的提升。因此，基于“理论研究和实务探索”的双重需要，编写一本完整的、兼具“理论研究指导和实务探索规范”功能的教学用书显得尤为重要。

在此背景下，本书编写团队依托我校十余年的研究生专业课程“财务会计理论与实务”建设经验的积累以及授课对象的需求与建议，结合所承担的具体教学内容、教学课时、教学手段、知识积累、教学目标等现实因素，充分借鉴财政部会计准则委员会已发布的企业会计准则及其应用指南和解释、历年中国注册会计师考试会计用书、多所高校“高级财务会计”课程教学用书等资料的编写内容、框架构建与写作风格，分工合作完成本书的编写。预期通过对本书的使用，辅之教学大纲、教学课件、教案、教学案例等教学资源，可以显著提升“财务会计理论与实务”课程的教学效果，实现教学目标。

本书分为上中下三篇，共设十章。其中：上篇为理论基础，简明扼要介绍财务会计理论与实务研究的经典理论和计量基础；中篇为特殊业务的会计处理，结合我国资本市场实践和授课对象的需求，选择了资产减值、租赁、所得税和金融工具四大类特殊业务，从准则规范出发，按照初始确认、后续计量的核算顺序，系统阐述上述业务的会计处理规定，辅之案例及其解析，强化准则所涉知识点，最后以综合案例为引导，深入探索相关实务问题的处理；下篇为企业合并和合并财务报表的编制，基于上述问题的阐述与分析，从理论和实践层面探讨企业合并会计、合并财务报表编制相关问题，从而实现教材编写的目标。

为满足MPAcc和MAud的教学要求，本书注重理论基础与难点会计问题相结合，力求做到实践性、探索性和前瞻性并重，更好地体现以下特色：

（1）内容新颖。本书以最新修订实施的各项具体准则、应用指南、解释以及相关政策文件为依据，关注会计、税收改革与会计国际化趋势，注重将最新理论成果与实务进行有机结合。

（2）强化应用。本书除第1章外，其他章节中均引入大量实例，立足于会计职业的能力本位，兼顾财务会计理论基础，注重综合案例分析能力培养，强化用专业知识分析并解决实际问题的能力。

（3）力求探索。迄今为止，鲜有为MPAcc和MAud提供专业必修课“财务会计理论与实务”课程教学服务的教材，且目前该课程讲授内容大多为专题，既无统一规范，也缺乏系统性，难以实现会计专业硕士学位研究生培养目标。因此，本书充分探索“理论研究指导和实务探索规范”的双重功能，定位为会计专业硕士和审计专业硕士“财务会计理论与实务”课程教学用书，力求各篇各章节知识完整、内容连贯、逻辑清晰。

（4）突出课程思政。响应教育部关于课程思政建设的要求，落实“三全育人”理念，本书将思政元素融入各章节知识点，充分体现会计课堂思政育人的功能，把立德树人贯穿于教育教学全过程。

本书由李旭教授担任主编，负责对全书进行总纂、修改和完善。各章编写人员均为云南财经大学会计专业硕士必修课“财务会计理论与实务”授课教师，具体分工为：第1章和第3章由林雁副教授编写；第2章和第4章由刘李福副教授和王稳华博士编写；第5章由李旭教授编写；第6章由刘昌胜副教授编写；第7章和第8章由胡耀丹博士编写；第9章和第10章由高曦副教授和陈旭东教授编写。此外，本书“课程思政案例”模块由云南财经大学会计学院会计专硕研究生编写，该模块各章编写人员分别为：第1章和第4章由王清玢编写；第2章和第3章由阮怡颖编写；第5章和第7章由孙卓然编写；第6章和第8章由鲁啸宇编写；第9章和第10章由毛睿杰编写。

本书编写分工充分考虑了参编教师的教学内容和专业特长，力求使其内容做到最大限度的准确、专业，但由于知识掌握与实务经验所限，编写过程中难免出现遗漏、错误之处，恳请各位同仁及广大读者不吝批评指正，我们将不胜感激！

编　者

2021年8月

目　录

上　篇　理论基础

中　篇　特殊业务会计

上　篇

理论基础

第 1 章

财务会计经典理论概述

【学习目标】

通过本章的学习，理解信息不对称的含义；掌握信息不对称的两种类型；理解受托责任的内容和特点；掌握代理理论的自由现金流量假说和信号理论；理解三种不同程度的有效市场；理解实证会计的三大假设；掌握财务会计理论的基本问题。

1.1 缘起——信息不对称

1.1.1 信息不对称理论的产生背景

斯密时期的古典经济学的研究中把人都看成是“经济人”，与此同时把市场分为完美市场和完全市场，即市场中的所有交易主体拥有交易所需的完全信息，按照收益最大化的原则进行交易。在古典经济学的设想中，“经济人”掌握全部的市场信息。实际上，在真实的市场环境中，任何人都不可能掌握全部的市场信息。其原因是古典经济学没有考虑市场中的不确定性因素及存在风险的可能性。奈特（1921）在《风险、不确定性和利润》著作中，将信息、市场竞争、风险以及企业的利润不稳定性等几种因素综合在一起，得出信息作为市场中主要产品的观点，成为经济学界的一个重大发现，由此产生了信息经济学。该门学科围绕信息展开论述。市场中的不确定性和风险会导致一部分交易主体拥有比另一部分交易者更多的信息，例如，在二手商品市场，卖主比买主更知晓商品的质量。阿克洛夫在1970年编写的《柠檬市场：质量不确定与市场机制》一书中，详细阐述了这一交易模型及其过程；其后出版的《柠檬市场》一书中提出，在旧货市场因买卖信息的不对称，会导致“挤出效应”，即优质商品会被劣等商品挤出市场。同理到资本市场，因为信息的不对称，投资者无法辨别出发展前景更好的企业，这会导致错误定价，将更值得投资的公司挤出资本市场。为了消除这种信息不对称的可能，Spense（1973）提出需要“信号”，并提出文凭信号模型。

1.1.2 信息不对称理论的基本内容

信息不对称是由信息非对称论演变而来的，而信息非对称论是由阿克洛夫在1970年提出的，该理论讲述交易双方所掌握的信息不一致，卖方比买方在信息的掌握上更占优势，信息较为完全。因此，信息不对称理论讲述的就是在不完全的经济市场上，因交易双方受到信息不对称的影响，从而引起市场的运行效率问题。在现实的市场环境中，管理者披露信息时通常会伴随着许多“噪声”的干扰，这就导致投资者在获取有效信息以及投资利益的时候处在劣势地位，遭遇不公平的对待。分工制导致了信息不对称的产生，随着云数据时代的到来，信息逐渐碎片化，人们很难了解全部的信息并能辨别出对自己有用的信息，从而引发交易者在信息地位上的不同。后来，在金融领域研究中为补充市场理论引入了信息不对称理论，从此信息不对称站在了一个崭新的角度去研究市场的失灵问题，以及市场的参与者在这种状况下的行为方式选择。

信息不对称理论需要满足以下前提条件：第一，信息的交易双方呈现分布不均匀的状态；第二，交易双方清晰地掌握各自在信息储备率的相对位置。经济学家把市场交易双方的关系简称为委托代理关系。

委托代理关系并不是人们常说的委托关系，其所涉及的范围比委托关系更广泛，在日常生活中很常见。实际上，委托代理关系是市场的参与者由于掌握信息量的差异而形成社会契约的形式，举例说明如下：商品交易者之间的买方和卖方的关系、医院里的医生和患者的关系、企业中的老板和员工的关系等。

理性人假设是经济学研究中最基本的假设前提，其假设每一个“经济人”在约束条件下谋求利益最大化，因此，在信息不对称的经济市场中，处于优势方的代理人就会隐藏信息，以达到自身利益的最大化，而损害劣势方的利益。这就体现出信息不对称理论的核心内容，即逆向选择与道德风险。

1）逆向选择

逆向选择是指代理人利用信息掌握优势对委托人隐瞒信息，获得额外的收益，这种行为客观上产生了市场分配行为的不合理。以保险市场为例，保险市场的目的在于减少市场上的不确定性，同时也起到规避、分担风险的作用，但是保险公司自身也受到信息不对称的影响。一般情况下，保险公司并不了解投保人的相关信息，它是基于事故发生的概率来计算其所要收取的保费，那些自认为发生风险概率低的投保人就会觉得成本太高，因而从保险市场中退出，这样，保险公司的投保人就只剩下发生风险概率较高的投保人。在这样的状况下，保险公司要想持续经营下去只能提高保额，这样就使得发生风险概率低的投保人退出保险市场。所以，在任何既定的价格水平上，发生风险概率高的一方购买保险的概率总是高于另一方；发生风险概率低的投保人就会因此不断被挤出保险市场，这种恶性循环就是“逆向选择”的结果。信息不对称的现象不仅存在于特殊商品之中，而且在一般商品之中也普遍存在，在日常生活中常见的是商品质量信息的不对称。过去我们研究经济学问题时，都是默认市场上的商品是同质量的，而未曾考虑商品本身存在的质量信息。那时，商品的价格和需求之间所依据的定理是：价格和需求呈现反比关系。因为这样一种经济定理，厂商着力降低成本，进行技术改造，以提高效率，同其他企业在价格上进行竞争，最后经过市场的作用形成了资源的最优配置，在市场上实现了高效率的运行。但是，在信息不对称的市场上，因为产品的质量信息有可能被隐藏，对于产品质量的好坏，消费者没有办法加以区分，因而厂商没有动力去提高企业的生产效率。这是因为其或许需要付出过高的代价，所以厂商往往通过降价出售以在市场上获利。因为存在逆向选择，优质的产品往往受到排挤，这种市场的运行是无效的，很难达到资源的最优配置，使得消费者对市场失去了信任，市场的基本经济功能也无法发挥作用，严重时甚至会导致市场的失灵。上述就是为何假冒伪劣商品会对市场交易的正常运行造成严重损害的原因。

2）道德风险

道德风险指的是处于信息优势方为了自身的利益故意隐瞒信息对处于信息劣势方造成伤害的行为。在保险市场中仍存在这样的风险，在投保人与保险人签订合同后，投保人就有可能在风险防范上松懈，甚至可能有意去损害而获得相应的赔偿，然而保险公司根本不能完全了解投保人是否发生这种行为的信息，保险公司在后期理赔这一方面就不占有信息优势。在这种情况下，处于信息优势地位的一方选择对处于信息劣势地位的一方的不利行为，损害处于信息劣势地位的一方的利益。举例来说，A某为其电动车购买了财产保险，在购买保险之前，A某为了防止电动车丢失在电动车上安装了两把锁，但在A某为电动车购买了财产保险之后，他想着丢了会有保险公司的赔付，所以他或许会在风险防范上松懈，给电动车只安装一把锁，也可能不锁，这就增加了电动车丢失的可能性，但是保险公司没有办法对这一行为进行监督，也没有办法得知行为人的相关信息。正是因为保险公司知道道德风险存在于保险市场，所以保险公司会把这种风险因素考虑到成本之中，这就在某种程度上使得保险的成本加大了。我们再举一个关于金融市场的例子，在金融市场上，借款方和贷款方之间也存在着道德行为。在双方签订借款协议之后，对于这笔款项的使用详情以及投资者的相关信息，贷款方是不能完全掌握的，这时贷款方就不占有信息优势，而处在劣势地位，倘若贷款方想要掌握这方面的信息，就需要投入大量的监督成本。所以，借款方可能会利用贷款方的信息不充分，对借入的资金胡乱投资，也可能为了获得额外的收益而隐藏投资收益行为，损害贷款方的利益。市场上存在的道德风险使得交易之间的风险性和成本相应加大了，为了获得相关的信息，委托人在交易完成之后需要对代理人的行为进行监督，从而产生了一定的监督成本。这种成本如果在交易发生之前估计不足，交易就会终止。由信息不对称引发的道德风险，在某种程度上会导致市场的低效运行。

1.1.3　解决信息不对称的对策

任何市场都必然存在信息不对称，其是客观而又普遍存在的一种现象。因为信息的不对称发布会产生“信息差”，因而人们才会收集各种信息、开展各种交流活动以及信息服务。

我们所开展的信息活动主要是为了削弱信息掌握处于劣势一方的不利处境，尽可能使交易各方掌握充足的信息。同时也要认识到，逆向选择与道德风险带来的消极影响，使得市场低效运行是客观存在的。所以，为了实现市场的高效运行，需采取一些必要的手段加以控制，通常有以下三种手段：

1）市场信号

通过大量的获得或释放市场信号使得交易各方的信息不对称达到平衡的状态，减弱逆向选择和道德风险对市场的负效用。市场信号本身并没有特殊的经济意义，其实际上就是一种信息，通过仔细观察这种信息，可以缩小信息之间的差距，对已了解的信息进行修正和补充，来降低决策的风险。

举例来说，公司品牌形象就是一个市场信号，那么，厂商就会投入大量资金来树立自己公司的品牌形象，用其来区分公司商品与其他商品，给购买者传递一些商品相关的质量信息，使得购买者因为获知了这一市场信号而愿意购买，这就在某种程度上克服了逆向选择的问题。在人力资源市场上，学历就是一种典型的市场信号。公司雇用员工时很难掌握员工的能力究竟如何，在员工的私人信息的获取上不占优势，但这时学历就成为一种重要的信号。学历虽然不能代表一个人的实际工作能力，但是其在某种程度上是体现一个人素质的重要手段，所以公司通过获得这种信号来弥补自身信息的缺陷。市场信号所涉及的范围很广泛，包括产品的价格、质量和商誉等。

2）契约设计

委托代理关系本质上就是一种契约关系，双方的交易行为本质上就是签订契约的行为。为了保证交易前和交易后双方利益的均衡性，设计一种合理的契约关系是规避因为信息的不对称引起的逆向选择与道德风险的关键手段。它的核心是建立一种信息机制，使得委托方和代理方的目标一致。委托方为了使代理方不会因为信息的不对称而损害自身的利益，需要设计一个既可以满足委托方的利益，也可以满足代理方的利益的契约机制。比如经理人行为问题，一个公司在聘用经理人之前，需要考虑如何与经理人建立一种良好的契约关系，将公司利益与经理人利益完美结合，如经理人的薪金和公司的盈利挂钩，或者经理人持有一定的公司股份，激励经理人在追求自身利益最大化的同时也要考虑公司的利益。

3）建立完善的市场规范制度

拥有一个规范的市场环境，市场信号和契约设计才值得交易各方的信赖，否则信号与契约本身的信任程度就会下降，同时也会失去辨别信息真伪、保障交易的能力。没有法律约束的契约不足以被信任，没有相应市场信号的管理制度，信号很难被辨别真伪。所以，规范的制度是有效传递、获取信息的桥梁，同时也是缩小信息差距以及建立良好信任关系的基础。

1.2　受托责任与代理理论

随着生产力的不断提高，社会的财富积累也越来越多，剩余产品逐渐集中在很少一部分人的手中，当资源的拥有者不能直接管理其所拥有的资源时，需要委托其他人代为管理；与此同时，因为所有权和经营权的分离，还有管理者内部分权的出现，委托与受托的关系由此产生，称之为受托责任关系。因为市场经济的发展，公司组织结构也在随之变化，在这种市场经济体制下，股份制公司更适用于目前的经济发展。股份制公司是由股东控股并拥有所有权，但他们不参与公司的经营活动，经营者享有对公司经营活动的控制权，公司所呈现的是所有权与经营权分离的现象。委托代理理论就是所有权与经营权分离的一种强有力的解释。

1.2.1　受托责任

1）受托责任的含义

所有者将使用权委托给代理方，代理人就承担受托责任。当委托代理关系建立之后，作为受托方就需要站在委托人的立场，以最高效的方式严格完成委托人交付的任务，并在任务完成之后及时提出报告，经委托人同意后，两者的契约关系才能解除。股份制的企业因为股权的易转让性、有限责任以及持续经营，使其在资金的筹集与公司的内部组织管理上都比其他公司的组织形式占有优势，因此，它在市场经济中成为典型的组织形式。

2）受托责任的特点

在受托责任观下，使用信息的人包含财产的委托方、投资方、债权人和其他利益相关者，而这些信息的使用者都真实存在而非潜在的使用者。评价受托责任的履行成效，使用者需要的信息重点在于已经发生的、历史的信息，因而利益相关者要求尽可能地为他们提供可靠且相关的会计信息，可采用历史成本法。受托责任观有利于债权人与外部投资方评价企业资源的合理性、有效性以及企业的经营管理责任。

3）受托责任观的局限性

受托责任观的局限性如下：

（1）受托责任学派强调的是真实地反映过去所发生的事项，重点关注企业的历史发展状况，这样很难反映企业未来发生的事项，比如投资方的风险与收益。

（2）受托责任观在会计处理上用现时收入与历史成本计量的费用进行配比，很难体现真实性原则。

（3）在会计信息上，受托责任学派常常忽略潜在使用者的需求，而只考虑委托方的信息要求，因此，在会计信息的质量上很难提高。

（4）在环境的适应上，受托责任观以所有权和经营权分离为依据，而且投资方和经营者之间的委托与受托关系明确，然而，当今社会普遍存在个人独资公司和合伙制公司，并且人们会因委托方的不明确对受托责任观产生怀疑。

1.2.2 代理理论

代理理论在财务、经济、战略等很多领域被广泛运用。1932年，Berle和Means提出了“所有权与控制权分离”，之后，随着信息不对称的不断发展，代理理论应运而生。

1）代理理论的基本假设与研究问题

代理理论假设人是有限理性、风险规避、具有自利性倾向的，同时假定信息是可以买卖的商品。代理理论研究的问题涉及薪酬、监管、垂直整合、转移定价等。

2）代理理论的派系与分支

代理理论在企业理论中的运用主要包括两个方面：第一是以Fama、Jensen等人为代表的实证代理学派；第二是委托代理学派。实证代理学派的主要观点是委托方和代理方在获利上不能产生共鸣，因此二者会有冲突，所以必须通过设计治理机制来抑制代理人的自利性行为（self-serving behavior）。

实证代理学派的代表性理论的文献如下：第一，Jensen and Meckling（1976）的《公司理论：管理层行为、代理成本与股权结构》。该文章运用代理理论研究公司治理的框架，探讨了公司的股权结构，包括管理层如何在自己与股东之间分配收益的问题。同时，Jensen首次提出了代理成本这一概念，其包括：（1）委托人的监督支出；（2）承诺成本；（3）剩余损失。第二，Fama（1980）的《代理问题与公司理论》。该文章提出有效资本市场和经理人市场是作为控制管理层自利性行为的信息机制。第三，Fama and Jensen（1983）的《代理理论与剩余收益权》。该文章提出董事会是外部股东监督上市公司管理层机会主义行为的重要机制。

委托代理理论讨论的范畴比实证代理理论更广，其讨论所有的委托代理关系，包括租赁、债权债务等。

3）两类代理问题

因所有权与经营权分离，委托代理理论在企业内部常见的代理问题涉及股东和经理人，还有大股东和小股东的关系，公司通过一些相关的制度与契约关系来缓解他们之间的问题。Shleifer and Vishny（1997）的研究表明，股权被集中在少数拥有控制权的股东手里，会导致拥有控制权的大股东去侵占小股东现象的发生。因为拥有控制权的大股东往往可能会为了自身的利益动用企业的资源损害其他利益相关者的权益。La Porta等（1999）的文章表示，很多公司的代理问题多数是控股股东吞噬小股东的利益，而并不是管理层吞噬外部投资者的利益。Johnson等（2000）的研究表明，拥有控制权的股东利用公司的资源来获取额外的收益。Claessens等（2002）的研究表示，在很多地区都存在控股股东吞噬小股东利益的代理问题。

4）自由现金流量假说

Jensen（1986）的论文《自由现金流量的代理成本、公司财务与接管》提出了自由现金流量假说（FCF）。它指的是假如一个公司持有的现金比自由投资机会的需求量大，但这笔资金又没有好的投资项目，那么，公司可以采用股票回购的方式，把资金分配给股东，使股东的利益最大化。同时，Jensen（1986）还提出，负债是提高公司效率与监督管理层的有效管控机制，当公司出现高FCF状况时，由于缺乏较好的投资机会，管理层可能滥用公司持有的资金，利用借债带来的压力可以抑制管理者滥用现金的行为。资金链稳定的公司增加财务杠杆，有利于实现公司价值和股东价值。

Jensen认为，收购有两种情形：第一，公司拥有尚未使用的借款，同时还有大量的FCF，这种企业往往被采用低价的收购方式，如分散化收购，因为这种企业有大量现金流的代理问题。第二，把有大量FCF的公司作为收购的目标，高FCF所引发的代理成本问题会导致公司的价值受到损害，高的现金持有量和价格相对低廉对收购公司有利。如果公司被收购，高FCF问题便得到了解决；如果收购不成，则将公司的资源用现金分配的方式发放给股东。所以说，收购既可以解决冲突，也可以为冲突提供证据。

5）信号理论

（1）债务信号。

罗斯理论模型为：投资方并不了解企业的收益状况，假如市场的价值高于公司证券的价值，那么经理人可以从中获得好处；相反，假如企业经营不善，那么经理人要承担一定的责任。所以，投资方把高负债看成高质量的一种迹象。在任意负债水平上，质量低的公司破产的成本会很高，其经理人很难像高质量公司那样对债务进行融资。在这种情况下，质量高的公司设法发行更多的债券将自己与质量低的公司区分开来。

（2）股利信号。

巴塔利亚（1979）在《不完美信息、股利政策与“手中鸟”谬论》一文中清楚地阐述了股利信号模型。股利支付传递了企业持续增长的信号，预示着未来会产生更多的净现金流入（Miller and Rock，1985）。

（3）会计政策选择。

会计政策的选择具有信号特征。假如企业大多采用稳健政策，质量高的企业仍可以获利，而质量低的企业只能报告亏损。所以，稳健型的会计政策可以看成管理层对公司未来有信心的信号。

1.3 有效市场假说

1.3.1 有效市场假说的含义

Fama（1970）的文章中正式展现了有效市场理论。在有效市场假说下，证券市场的股价反映了全部可获取的信息。根据这一说法，股价与其自身的价值存在偏差，这可能是相关的股票信息在股票市场上不能及时、准确地流通等原因造成的。随着投资方获得的信息更加全面，对信息的了解越来越清晰，市场上股票的价格便会渐渐回归其本身的价值。然而，投资方也不能利用现有的信息资源来获得额外的利益。

从股价对信息的反映程度来说，当信息集由小到大发展的时候，股市也就随着由弱变强。从反应速度上来说，假如市场是有效的，那么股价就能很快地对相关的信息做出反应；假如市场是相对无效的，那么股价就不能及时地反映信息的变化，投资方需要花费一定的时间去分析才能做出反应。

依据有效市场假说的推论，在理性的投资方与非理性的投资方之间的博弈过程中，因为理性的投资方拥有理性的意识与专业的投资分析知识，再加上市场机制的选择，最后理性的投资方将成为市场的主体，而此时的证券市场也是有效的。

1.3.2 有效市场假说的前提假设

1）有效市场假说的假设

有效市场的存在要满足以下三个假设：

（1）市场上所有的投资方都可以看成是“理性人”，这些人可以对证券进行客观评价；

（2）信息是随机产生的，并且在发表时间上并没有先后的顺序，所有可以使用的信息都将是无成本且能够迅速获得的；

（3）无交易成本，也收取税收与佣金，即使存在一些非理性的投资方，只要他们的交易是随机的，市场仍可以利用套利机制使得价格回到其本身的价值，在这种市场上，股价充分反映了可以使用的信息。

2）有效市场假说的分类

有效市场假说研究的核心是股价和信息使用之间的关系，信息的差异对股价的影响程度各不相同。Fama（1970）把信息按照公开的程度划分为公开信息、历史信息和内幕信息，由此界定了三种不同程度的有效市场。

（1）弱式有效市场假说。

弱式有效市场假说指出从股价上可以看出过去交易的信息，这些信息包含股价、成交量等。弱式市场是指市场上的技术分析是没用的，因为这些过去发生的信息会随着时间的推移被披露、公布，最后失去其价值。因此，所有的投资方都不能够通过分析过去的信息来获取超额的收益。

（2）半强式有效市场假说。

半强式有效市场假说是指和企业发展相关的信息清楚地反映在股价中。在完全的市场竞争环境下，假如所有的投资方都知道相关的公开信息并进行投资行为，那么他们都不可能通过任何一种方法分析公开的信息来取得超额的收益，这也意味着在半强式市场上基本面分析是无效的。

（3）强式有效市场假说。

强式有效市场假说是指股价可以反映企业的全部信息，甚至还能反映某些“内幕”消息。也就是说，任何有关股票的信息，都不能使投资方得到超额收益。

有效市场假说作为探讨资本市场效率的重要理论，其自身就是一个完美的假设。如果有效市场假说成立，那么仍然需要满足以下的假设条件：第一，“经济人”假设，他们拥有的理解与分析信息的本领是一样的，对股票的价格预期也是一样的，股价的波动完全是投资方根据所有的信息集合进行客观预期的结果。第二，信息的获取是无成本的，并且信息是均匀、充分分布的。我们很清楚，现实的资本市场很难满足这两个假设前提。首先，人是有限理性，而不是完全理性；其次，信息在资本市场上并不是均匀分布的，获取信息也不是没有成本的。因为市场上投资方的专业背景不一样，他们对信息的处理、分析的水平也是存在很大差异的，所以资本市场的效率也是有高效率和低效率之别的。

1.3.3 有效市场假说的作用

自从有效市场假说被提出后，很多学者对其不断地完善和发展，使其内涵越来越丰富，目前已经成为一个成熟的理论体系。该理论对经济学、金融学等研究领域有着深远的影响，它揭示了证券市场的内部特性，改变了投资方对股票市场本来的认知，有助于股票市场的长远发展。投资方在不知道有效市场假说之前，总以为股价的波动是遵循一定规律的，并尝试用过去的股价去预测未来的股价走势。有效市场假说产生之后，它将信息和股价有机地结合在一起，并且通过股价对信息的反应速度来判断股票市场的效率高低。

有效市场假说的诞生有利于金融领域的发展。有效市场假说和金融学、经济学中的资本结构理论和资本资产定价模型提出的时间相差不多，它们紧密地联系在一起，有很强的彼此依赖性，而在Black-Scholes理论模型中，套利定价模型等都建立在有效市场假说的基础之上。

1.4 实证会计研究三大假设及其检验

1.4.1 实证会计研究三大假设

瓦茨等（1986）提出的三大假设分别是指分红计划假设、债务契约假设和政治成本假设。关于实证会计研究的理论大多围绕上述三大假设展开。

1）分红计划假设

公司管理层往往会选择有利于自身利益的会计政策。公司管理层的薪酬与公司的利润挂钩，其他条件不变，实施分红计划的公司，其管理层更可能把报告期的利润由未来期间提前至本期进行确认。

2）债务契约假设

若其他条件不变，当企业存在违反债务契约中的保护性条款时，债务契约中涉及的违约条款就会限制企业的经营行为。当企业要违约时，管理层会改变会计政策来提高当期盈余。

3）政治成本假设

若其他条件不变，企业的高盈利、大规模或二者兼具等其他情况的存在都会导致政治成本的增加，企业管理人员会选择将报告收益从当期递延至以后的会计政策。

这三大假设构成了现代会计界实证会计理论的重要理论组成，以它们为主要基础，一些预测都可以经得起实证检验。例如，类比不同类型企业，一类实施分红计划，而一类不实施分红计划，可以发现实施分红计划的企业，其管理层在选择会计政策上越激进。实施债务契约假设的公司，也会选择激进的会计政策。企业管理人员一旦发现某项会计准则的实施会导致企业违约的可能性，也会持反对意见。根据政治成本假设，大规模企业反而会选择保守的会计政策，以降低报告净收益。

1.4.2　三大假设的实证检验

许多实证会计理论研究已经对上述三个假设做过检验。例如，希利（1985）在对分红计划假设的研究中发现，实施分红计划假设的企业，尤其是以报告净收益为基础的企业，其管理人员普遍选择应计利润政策以达到当期利益最大化。

斯威尼（1994）对债务契约假设进行了检验。斯威尼通过分析发现，当企业即将或已经违反契约保护条款时，在考虑企业会计灵活性及违约成本后，管理人员会考虑通过变更会计政策增加当期净收益。同时，企业管理人员会在新会计准则的实施上打时间差，如果实施新会计准则会增加报告净收益，那么管理人员会及时采用新的会计政策；反之，如果不利于报告净收益的增加，管理人员会在政策要求的最后期限实施，以延迟新政策的采用时间。企业管理人员还可能在新会计准则采用的时间上对报告净收益动手脚，有尽早采用增加收益的准则而延迟采用减少收益的准则的现象。对于政治成本假设来说，因其受到的影响因素较为复杂，对其的实证研究往往集中在政治成本特别显著的情况之下，其中最常见的情况就是企业在外国进口冲击下的表现。

以美国企业为例，当某一企业感受到其他进口企业的压力时，可以申请政府保护，政府会进行进口救济调查，主要调查方面涉及企业的收入和利润等经济因素是否受到冲击。琼斯（1991）对这类企业的研究发现，一种不易被政府察觉的调低报告利益的有效方法就是更改会计政策，从而影响报告中与应计利润有关的项目。例如，企业可能在折旧和分摊的项目上，通过虚增负债，计提大量坏账，夸大这些项目的费用，增加成本，降低收入。琼斯通过研究这些可操控性的应计项目，发现企业在争取政府进口保护时，这些应计项目都显示为负，而在政府调查的前后年度，几乎未曾发现过为负的可能。这说明企业一旦觉得自身受到外国进口企业的竞争影响时，都会通过操控应计项目来寻求政府进口保护，这与政治成本假设相一致。

这三个假设在解释企业管理人员会选择有利于自身利益的会计政策时是经得起检验的，但这仅能验证企业管理人员的行为，若把企业管理人员换成投资人，这一检验就不太适用了。列夫曾利用证券市场去研究投资人对会计政策变动的反应，但结果并不明显。

1.5　财务会计基本问题

作为会计信息使用者，尤其是投资者和债权人，在市场交易中，为了做出有利的、正确的决策，掌握相关会计信息至关重要。但由于所有权与经营权分离造成的信息不对称，使得使用者常常处于信息不利地位。对于会计信息，其相关性和可靠性更受到会计信息使用者的重视。因此，如何调和两者的关系成为财务会计的基本问题。

1.5.1　会计信息的相关性

相关性是指会计信息与使用者所需信息目的之间的关联性。使用者所需信息用途的不同，使得所需的数据也会有所不同，企业为满足各方面利益相关者的需求，会尽可能地提供所需的会计信息，但仍无法做到为不同的使用者提供最有用的信息。而信息也非越多越好，过多的信息，又增加了信息使用者筛选信息、辨别信息的难度。

美国财务会计准则委员会把相关性和可靠性看作会计信息质量的首要特征，在实务中，相关性的重要性要高于可靠性。但过分强调信息的相关性，也会增加其他问题，毕竟不是所有的信息都可以量化，那么就需要以表外披露，这样，表外披露的信息越来越多，反而影响了财务报表的重要性，同时也增加了搜集和披露信息的成本。

1.5.2　会计信息的可靠性

可靠性如实反映了会计信息经济业务的实质，具有中立性、谨慎性等。可靠性与精确性不能一概而论，会计数据计算得再精准，如果一开始的会计处理方法选择错误，也无法获得使用者的信赖。投资者和债权人分析财务报表、进行各项经济决策时都依赖可靠的会计信息，一旦信息的可靠性无法确定，再多的信息也没有任何参考价值。

如何确保信息的可靠性呢？可以从内在、外在因素着手，尤其是内在因素。企业是提供会计信息的主体，理应确保发布信息的可靠性，因此，要求企业管理层不为眼前利益而欺骗投资者和债权人等其他利益相关者，建立完善的内控制度并营造良好的文化氛围。同时，应提高会计人员的职业素质，使其能准确判断经济实质，选择合适的会计核算基本原则和方法。另外，外在因素也要多加重视，注册会计师在审计时应本着独立性、谨慎性的原则，严格遵守职业道德。同时，政府相关部门应规范、完善会计准则，并加大惩罚力度。

1.5.3　如何调和会计信息的相关性和可靠性

对会计信息使用者和提供者而言，交易所需信息应如实反映经济实质，又应与自身用途有关。但在现实生活中，常常是信息相关性很好，在可靠性上却很欠缺，或者相反。二者虽非作用于同一方向，但又必须尽可能地统一作用于决策有用性的目标之下，二者缺一不可。信息具有相关性却无可靠性支撑，无法取得使用者的信赖；而信息虽然真实可靠，却与使用者使用目的完全无关，这样的信息也会失去其存在的价值。

可见，相关性与可靠性互相依存，紧密联系，缺一不可，其共同作用于信息的有用性。对此，必须给予其同等的重视程度，孰先孰后并不重要，重要的是一旦二者无法兼顾，二者中哪一个被舍弃要根据当时的具体情境进行断判。

1.6 综合案例分析

1）案例资料

五粮液股份有限公司（五粮液，000858）是1997年8月19日经四川省人民政府以川府函（1997）295号文批准，由四川省宜宾市五粮液酒厂有限公司独家发起，采取募集方式设立的股份有限公司。五粮液以发起人净资产投入折为发起人股24 000万股，于1998年3月27日在深圳证券交易所网上定价发行人民币普通股8 000万股，其于1994年在深圳证券交易所上市。按照股权说明书及历年年报，其第一大股东为宜宾市国有资产管理局（后改为国有资产经营有限公司），但其实际控制人为五粮液集团。图1-1为五粮液组织结构图。

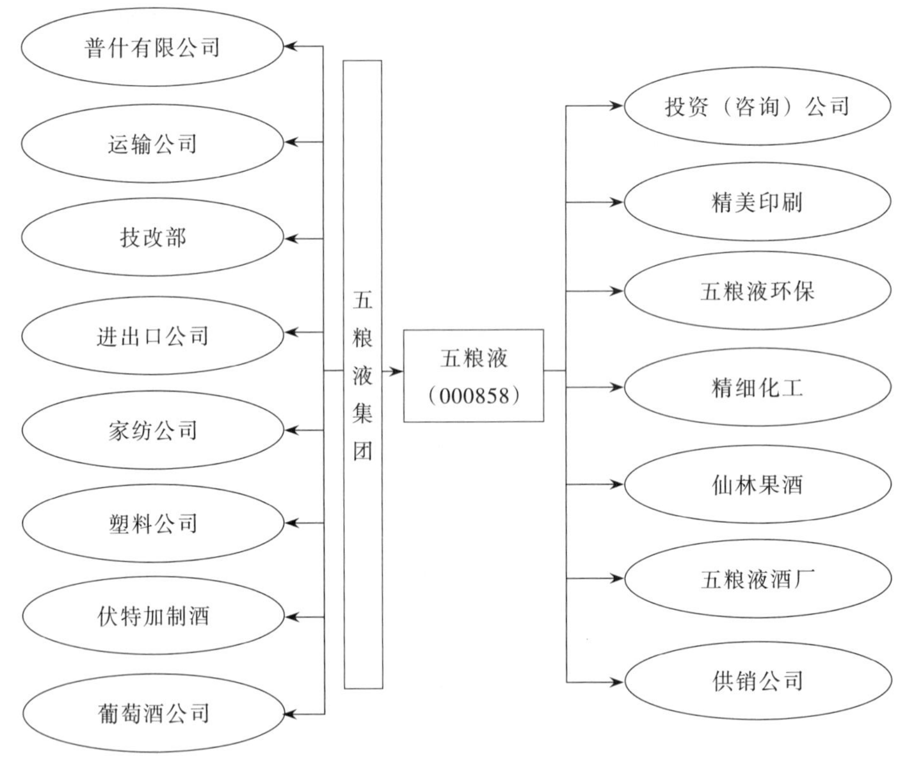

图1-1 五粮液组织结构图

五粮液上市后，一直维持较高的利润水平。无论在白酒行业还是作为上市公司整体，五粮液都是绩优股。作为五粮液的实际投资者和直接控制人，五粮液集团从股利分配方案中得到的实际利益应该为零，因为五粮液的国家股东为宜宾市国有资产管理局，所有股利都应是支付给宜宾市国有资产管理局的。表1-1列示了五粮液盈利和利润分配情况。

表1-1　　**五粮液盈利和利润分配一览表**

时间	主营业务收入（百万元）	净利润（百万元）	每股收益（元）	净资产报酬率（%）	利润分配方案
1998	2 814	560	1.749	31.60	每10股派现12.5元
1999	3 309	649	1.352	26.81	中期每10股公积金转赠5股，年末不分配，并每10股配2股（配股价每股25元）
2000	3 954	768	1.600	24.09	不分配、不转赠
2001	4 742	811	0.933	17.29	中期每10股送4股、公积金转赠3股并派现1元；年末每10股送1股、公积金转赠2股并派现0.25元
2002	5 707	613	0.543	11.56	每10股公积金转赠2股
2003	6 333	703	0.519	11.70	每10股送8股、公积金转赠2股并派现2元（预案）

从所有股东角度出发，股利分配是大小股东都能获益的分配方法，但对五粮液集团而言，上市5年间，只进行过一次真正意义上的优先股利分配。

五粮液与集团之间的资金往来中，有两笔较大金额的业务往来：（1）1999年收购集团下属的印刷厂和塑胶瓶盖厂；（2）2001年进行资产置换。此外，上市5年来，五粮液与集团之间还发生了多次金额较小的资产往来。五粮液通过这种方式向集团支付了超过20亿元的资金。

资料来源：刘峰，等.控制权、业绩与利益输送——基于五粮液的案例研究［J］. 管理世界，2004（8）.

请结合本章所讲内容，思考如下问题：

（1）此案例中涉及哪些理论？其分别体现在什么方面？

（2）五粮液盈利不错却没有分红，那么盈利的资金去了哪里？

2）案例解析

（1）案例中涉及信息不对称理论和第二类代理理论。信息不对称是指市场中买卖双方拥有不一致的信息，买方处于信息劣势，卖方处于信息优势，造成买方无法估计商品的真实价值。在资本市场中，公司的股票就是商品，投资者和公司管理层存在信息不对称，因此无法直接估计公司的股票价值，需要借助会计信息来判断公司的优劣。另外，大股东（实际控制人）即集团公司，和中小投资者之间也存在信息不对称，中小投资者无法知悉大股东的所作所为，而大股东具有中小股东不具有的信息优势。第二类代理问题是指大股东和中小股东的代理问题，大股东凭借自身的资金优势和信息优势，对中小股东进行盘剥，从而“掏空”上市公司。

（2）五粮液集团由于第二类代理问题的存在，凭借自身的优势地位，对五粮液上市公司进行“掏空”，使得上市公司盈利的资金被全部输送给了五粮液集团，导致了上市公司虽然盈利很多但是无法向中小股东分红的现象。

【总结与结论】

本章主要梳理了信息不对称理论、受托责任与代理理论、有效市场假说、实证会计研究三大假设和财务会计基本问题。本章对已经接触过会计实务和方法的会计专业学生展开了财务会计更为广泛的财务问题讨论，以促进经济公平、有效运行。本章主要是在考察会计信息使用者和管理者多方利益的情况下，让读者了解财务会计的基本问题和实证会计的三大假设等。通过对这些问题的讨论，为了缩减成本、提高社会资源配置效率，经济学家从不同的角度提出了不同的理论和模型。

【课程思政案例】

真假难辨的信息披露

作为农业产业化龙头企业的獐子岛集团股份有限公司（以下简称獐子岛）成立于1958年，2006年9月28日在深圳证券交易所上市（股票代码002069），其主要产品为虾夷扇贝、鲍鱼、海参等，创造了中国农业板块的第一个百元股公司。但从2014年到2019年，獐子岛的扇贝一而再，再而三地“逃亡”，这匪夷所思的事件引起了证监会的重视，最后借助北斗导航技术协助审计，验证了獐子岛的信息披露。

（一）扇贝第一次“逃亡”

2014年9月15日至10月12日，獐子岛按照制度进行秋季底播虾夷扇贝存量抽测，发现部分海域的底播虾夷扇贝存货异常。2014年10月31日，公司发布公告称，因受到自然灾害的影响，北黄海遭遇冷水团，决定对105.64万亩海域放弃采捕，对大额存货进行核销和减值处理，合计影响2014年第三季度净利润7.63亿元。公司对于生物资产的会计处理和信息披露行为引起了社会的广泛关注和质疑。

2014年12月5日，证监会对獐子岛“巨亏”事件的核查和处理情况表示：未发现獐子岛2011年底播虾夷扇贝苗种采购以及底播过程中存在虚假行为；未发现大股东长海县獐子岛投资发展中心存在占用上市公司资金行为；獐子岛存在决策程序、信息披露以及财务核算不规范等问题。

（二）扇贝第二次“逃亡”

2018年1月31日，獐子岛的业绩预告修正报告称，发现部分海域的底播虾夷扇贝存货异常，可能对部分存货计提跌价准备或核销处理，相关金额将全部计入2017年度损益，预计亏损5.3亿元至7.2亿元。2018年2月5日，公司盘点情况公告称，受降水减少、养殖规模扩张、海水温度异常的影响，造成扇贝越来越瘦，品质越来越差，长时间处于饥饿状态的扇贝没有得到恢复，最后诱发死亡。2018年2月9日，公司因涉嫌信息披露违法违规，证监会决定对其进行立案调查，但未公布相关结果。

（三）扇贝第三次“逃亡”

2019年11月12日，獐子岛发布风险提示公告称，秋季抽测中发现底播虾夷扇贝平均亩产量过低，底播虾夷扇贝在近期出现了大比例死亡，初步判断已构成重大底播虾夷扇贝存货减值风险，预计对2019年度业绩产生重大影响。

（四）獐子岛事件落幕

2020年6月15日，证监会对獐子岛集团股份有限公司出具了行政处罚决定书，表示：獐子岛公司内部控制存在重大缺陷，其披露的2016年、2017年的年度报告存在虚假记载；《关于2017年秋季底播虾夷扇贝抽测结果的公告》存在虚假记载；年终盘点公告和核销公告存在虚假记载；未及时进行信息披露。2020年6月24日，证监会对獐子岛公司做出行政处罚及市场禁入决定。2020年9月11日，证监会认定獐子岛公司虚增利润的行为涉嫌构成违规披露、不披露重要信息罪。

思考题：

（1）獐子岛的会计信息披露质量如何？农业上市公司的会计信息披露具有什么特殊性？请结合案例材料和相关资料进行分析。

（2）基于信息不对称理论和代理理论，分析为什么存在企业在信息披露过程中对外提供虚假信息，以及隐瞒或推迟披露重要事实？

（3）上市公司信息披露违规，一方面破坏了公司的诚信形象，另一方面损害了广大投资者的利益，破坏了市场诚信基础。请对信息披露管理如何切实保护投资者合法权益提出自己的看法。

小提示：

信息在市场经济中发挥着重要作用，投资者和经营者之间存在信息不对称，经营者拥有更多的信息，且存在代理问题。在公开证券市场中，上市公司信息披露作为外界获取企业信息的重要来源，信息披露质量能够改变信息不对称的程度，会影响投资者决策和公司股价涨跌，这就会引起道德风险。在公司的信息披露违规行为中，信息真假掺杂难以辨别，投资者在信息获取的过程中应该更加谨慎，理性投资。

相关链接：

[1] 中国证券监督管理委员会.新《证券法》全文及修订要点[EB/OL].[2020-03-06]. http://www.csrc.gov.cn/pub/shanghai/ztzl/pfzl/202003/t20200306_371622.htm.

[2] 中国证券监督管理委员会〔第182号令〕.上市公司信息披露管理办法[EB/OL].[2021-03-18]. http://www.csrc.gov.cn/pub/zjhpublic/zjh/202103/t20210319_394491.htm.

[3] 财富中文网.2020年企业家面临的10大法律风险[EB/OL].[2020-09-24]. http://www.fortunechina.com/lingdaoli/c/2020-09/24/content_378082.htm.

第2章

公允价值

【学习目标】

通过本章的学习，准确把握公允价值的概念及其相关要素；熟练判断公允价值层次及其信息价值；熟练运用公允价值估值技术计算公允价值。

2.1 公允价值概述

2.1.1 公允价值的概念

计量是会计要素确认的重要条件，是会计核算工作的重要保证。计量的技术性及科学性，在很大程度上影响了会计要素的空间界限。正因为如此，企业有了能够在会计报表中披露的资产和不能披露的表外“资产”。而会计要素的计量，必须建立在统一、规范的计量属性之上，基于2014年修订的《企业会计准则——基本准则》规定，会计要素包括历史成本、可变现净值、重置成本、现值和公允价值。其中，历史成本反映过去真实发生的成本，提供可靠的会计信息；可变现净值、重置成本、现值和公允价值反映现在和未来的成本（价值），提供决策相关的信息。因此，可将计量属性划分为反映过去信息的计量属性和反映现在、未来信息的计量属性两大类。其中，公允价值在信息价值的连贯性层面发挥着核心作用，是联结历史成本与可变现净值、重置成本、现值等计量属性的纽带。

2014年，我国对企业会计准则体系进行了重大修订，新颁布实施的《企业会计准则第39号——公允价值计量》将公允价值定义为：市场参与者在计量日发生的有序交易中，出售一项资产所能收到的或转移一项负债所需支付的价格，这是在惯常交易中所形成的脱手价格。该定义在一定程度上借鉴了美国财务会计准则和国际财务报告准则，共同体现了对资产或负债的终止确认（控制）[①]，与该资产（负债）相关的经济利益的流入（流出）风险（义务）依然归属于转出方，在一定程度上杜绝了对于资产价值的高估（负债价值的低估），符合谨慎性的原则。而基于该定义的变化，一方面，突破了传统公允价值关于公平交易、熟悉情况和自愿"三要素"的制约，增强了公允价值的可计量性和相关信息的可获得性，提升公允价值计量属性的使用范围，在金融工具、投资性房地产、所得税、企业合并、资产减值等众多具体准则中得以应用；另一方面，体现了兼具国际趋同与我国市场特征的发展趋势，更为注重该计量属性在实务中的应用。

2.1.2　资产和负债

基于静态会计要素和动态会计要素的本质关联，公允价值主要通过计量静态要素现在时间点的价值，进而影响动态会计要素的金额。采用公允价值计量资产、负债和自身权益工具，在明确资产、负债、自身权益工具定义的基础上[②]，《企业会计准则第39号——公允价值计量》更为强调了资产、负债特征对于特定时间点上价值计量的影响，诸如资产权属（法律形式与经济实质）、经济与物理特性、使用状况、所处位置、法定或合同处置限制，以及负债责任归属、债务人信誉评级、债务时间长短、法定或合同转移限制等。

【例2-1】

同一市场中，同类型、新旧程度相似的固定资产，未设定抵押的资产出售价格，往往显著高于已设定抵押的固定资产。

解析：从案例可知，由于固定资产已设定抵押，在法律层面上就存在转移及其使用的诸多限制，进而影响受让方通过固定资产获取经济利益的能力，由于未来期间该固定资产的经济利益流入减少，故特定交易时间点的价值也随之减少。

同时，在会计实务中必须注意：采用公允价值计量资产和负债时，计量单位的确认对于资产、负债的公允价值具有重大影响，故准则不再严格区分计量的资产、负债是否为单项资产（负债）或其组合，即公允价值既可以用于单项资产（负债），也可以是资产（负债）的组合、资产和负债组合的计量。所以，会计实务的关键在于计量单元的确定，即资产、负债以单独或组合方式进行计量的最小单位。

【例2-2】

甲某花了100元从数码城购入PPT翻页笔一套，包括投影笔和接收器两个部件；具有类似功能的投影笔单价60元/支，接收器单价50元/台。该套PPT翻页笔的公允价值是100元还是110元？

解析：从案例可知，该投影笔和接收器是作为PPT翻页笔发挥完整功能的核心

---

① 《美国财务会计准则157号——公允价值计量》将公允价值定义为：在计量日市场交易者在有序交易中，销售资产收到的或转移负债支付的价格。《国际财务报告准则13号——公允价值计量》将公允价值定义为：市场参与者之间在计量日进行的有序交易中，出售一项资产所能收到的或转移一项负债所需支付的价格。

② 《企业会计准则——基本准则》规定：资产是指过去的交易或事项形成的，企业拥有或控制的预期能够带来经济利益流入的资源。资产必须同时满足：（1）经济利益很可能流入企业；（2）成本能够可靠计量两个条件，才能给予确认。负债是指过去的交易或事项形成的，预期会导致经济利益流出企业的现时义务。负债必须同时满足：（1）经济利益很可能流出企业；（2）流出的金额能够可靠计量两个条件，才能给予确认。

部件，离开了接收器的投影笔，或是离开了投影笔的接收器，都不能完整发挥PPT翻页笔的功能，即不能满足使用主体对于PPT翻页笔的特定需求。因此，在计量该套PPT翻页笔公允价值时，其最小计量单元是由投影笔和接收器组成的资产组，该资产组价值100元，而非投影笔单项资产与接收器单项资产价值之和110元。

2.1.3 有序交易

公允价值与交易活动密切相关，可以是事实上的交易活动，也可以是可供参照的交易活动，但必须处于正常的交易机制中，才能提升公允价值计量信息的可靠性和准确性，该正常交易机制即为当前市场条件下的有序交易。《企业会计准则第39号——公允价值计量》规定：有序交易是指在计量日前一段时期内，相关资产或负债具有惯常市场活动的交易，交易量与交易规模足以支撑市场参与主体获取公允价值信息，且交易具有可持续性，基于此，破产清算等不可持续的非自愿性交易属于非有序交易，在此交易中获取的价格信息，难以被证明是公允的。

2.1.4 市场和市场参与者

1）主要市场和最有利市场

狭义上的公允价值就是市场交易价格，由此可见，无论是事实上的交易活动，还是可供参照的交易活动所形成的公允价值，都离不开市场。由于市场的发展程度与规模、交易条件与成本，以及资产、负债的异质性，资产出售或（和）转移负债可以发生在不同地区、不同规模的市场之中，充分考虑交易费用、进出壁垒等因素，且不存在严重的套利空间，不同市场中的资产、负债存在价格差异，如何判断哪个市场中的价格较为公允，以交易规模作为首要因素，可以将交易规模最大、交易最频繁活跃的市场看作资产、负债的主要市场，该市场中的价格信息较充分、易于获取，并且对其他市场交易价格的形成具有导向作用。因此，《企业会计准则第39号——公允价值计量》规定：采用公允价值计量相关资产或负债，应当假定出售资产或者转移负债的有序交易，是在相关资产或负债的主要市场中进行的。

【例2-3】

甲公司生产的激光打印机可以在A（国内）市场和B（国际）市场销售，年产量和销售量为10 000台。其中，A市场销售量8 000台，每台价格2 000元；B市场由于出口限制，销售量2 000台，每台价格2 500元。该激光打印机的公允价值如何确定?

解析：从案例可知，该激光打印机在A（国内）市场的销售量，远远大于在B（国际）市场的销售量，在不考虑其他因素的情况下，可将A（国内）市场视为主要市场，该市场的售价2 000元，即为激光打印机的公允价值。

然而，当信息不充分或交易规模、交易活跃程度差异不明显，但价格存在明显差异时，便难以用主要市场的价格来衡量资产、负债的公允价值。故而退之，考虑资产或（和）负债交易的最有利市场，即在考虑交易费用和运输费用后，能够以最高金额出售相关资产或者以最低金额转移相关负债的市场，以此体现市场信息不充分和参与者有限理性的“经济人”本质。

【例 2–4】

承接【例 2–3】，假设该激光打印机无出口限制，A（国内）市场和 B（国际）市场无显著销售量差异。其中，A（国内）市场的交易费用为 100 元/台；B（国际）市场的运输费用为 100 元/台、交易费用为 300 元/台。该激光打印机的公允价值如何确定？

解析：从案例可知，由于 A（国内）市场和 B（国际）市场无显著销售量差异，故不能通过主要市场标准来判断激光打印机的公允价值，需确定最有利市场，通过最有利市场标准来判断激光打印机的公允价值。

由于 A（国内）市场销售价格扣除运输费用、交易费用后的净额为 1 900 元/台，低于 B（国际）市场销售价格扣除运输费用、交易费用后的净额 2 100 元/台，故 B（国际）市场即为激光打印机的最有利市场，该激光打印机的公允价值为 2 500 元。

2）市场参与者

以资产、负债为媒介，有意愿且有能力的主体都可以成为市场参与者，在资产、负债的交易及其公允价值的计量中扮演不同的角色。例如，买方卖方、政府监管机构、中介服务机构、资金融通机构等，都会对资产、负债的交易及其公允价值的计量产生不同影响。基于信息不充分的现实条件和成本效益原则，《企业会计准则第 39 号——公允价值计量》仅考虑与资产、负债权属发生转移的买方和卖方，以买方和卖方的直接活动获取公允价值信息，基于此，同时具备下述条件的买方和卖方：（1）买方和卖方相互独立，不存在《企业会计准则第 36 号——关联方披露》所述的关联方关系；（2）买方和卖方基于可获取信息，对相关资产或负债以及交易具备合理认知①；（3）买方和卖方的交易是在自愿的情况下完成的，都应该看作市场参与者。

2.2　公允价值的层次结构

2.2.1　公允价值的层次

将市场看作一个动态模型，资产和负债的公允价值，就是依托该模型中的一系列条件（因素），所形成的输入、输出值，该输入、输出值的可信度存在差异，信息决策价值存在优劣。因此，《企业会计准则第 39 号——公允价值计量》将其划分为三个层次：第一层次公允价值信息（输入值）、第二层次公允价值信息（输入值）和第三层次公允价值信息（输入值）。

其中，第一层次公允价值信息（输入值），是指在计量日能够取得的相同资产或负债在活跃市场上未经调整的报价，该市场具有相同的资产或负债，相关资产或

① 该规定实际上难以排除买方与卖方对于待交易资产、负债的信息差异，因此，公允价值的计量难以严苛地要求买方与卖方的信息充分、对称。

负债的交易量和交易频率足以持续提供定价信息，信息可靠性最强。第二层次公允价值信息（输入值）是除第一层次公允价值信息（输入值）外，相关资产或负债直接或间接可观察的输入值，信息可靠性较强，比较常见的是类似资产或负债的定价。第三层次公允价值信息（输入值）是相关资产或负债的不可观察输入值，公允价值信息主要是在估值技术的基础上，遵循相关性、谨慎性、及时性等相关会计原则而获得（选择），信息可靠性较弱，是企业进行盈余管理的常见手段。

2.2.2 公允价值的层次顺序

由于不同层次的公允价值信息（输入值），形成的理论基础、现实条件和经济后果存在显著差异，因此，在计量资产或负债公允价值，或利益相关者依据公允价值信息进行决策时，必然存在选择性：首先使用第一层次公允价值信息（输入值），其次使用第二层次公允价值信息（输入值），最后使用第三层次公允价值信息（输入值）。但总体原则为，不因追求信息的相关性而削弱信息的可靠性。

2.3 公允价值的估值方法

公允价值信息（输入值）存在不同层次之分，其可靠性也存在差异，在会计实务中，由于获取公允价值的资料不充分、条件不充足，导致市场参与者难以在较理想的市场机制中，获取第一层次和第二层次的公允价值信息（输入值）。此时，必须采用在当前情况下适用并且有足够可利用数据和其他信息支持的估值技术，近似获取资产、负债的公允价值，这是市场参与者获取公允价值信息（输入值）的被动选择[①]。

2.3.1 市场法

市场法是指以市场真实交易价格为导向，依据相同或类似资产、负债或资产和负债组合的价格，以及其他相关市场交易信息进行估值的技术。该方法接近公允价值的市场本质属性，然而，相同或类似的条件判断存在较大的主观性，容易高估或低估资产、负债的公允价值。

2.3.2 收益法

收益法是指从资产带来经济利益流入、负债导致经济利益流出的本质属性出发，将与经济利益流入或经济利益流出相关的未来金额，转换成单一现值的估值技术。《企业会计准则第39号——公允价值计量》规定，该方法必须满足：（1）未来金额能够可靠确定；（2）折现率能够可靠获取。然而，上述两个条件都难以获取，经济利益流入或经济利益流出并不必然体现为现金流，计算期的现金流与资产、负债也不存在必然的对应关系；在同一会计期间内，市场往往采用统一的折现率进行现值计算，然而，统一的折现率并不能反映特定资产、负债的风险，因此，计算结果依然存在较大的主观性。

---

① 由于公允价值估值存在较大主观性，特别是在金融危机爆发时，受到了金融界的广泛质疑，然而，公允价值作为要素的计量属性（方式），并不可能导致经济危机的出现。

2.3.3 成本法

成本法是指以资产特定功能的获取为基础，在当前市场交易条件下，重置相关资产服务能力所需金额（通常指现行重置成本）的估值技术。该方法要求市场中有特定资产的交易、交易相关的信息能够可靠获取，然而，市场中的资产由于在权属特性、物理特性、功能特性等方面存在异质性，重置相关资产服务往往仅能针对部分可替代性较强的资产而言，故使用范围受到制约。

2.4 综合案例分析

1）案例资料

20世纪70年代以后，股票、债券及其他金融创新产品等虚拟经济迅速发展，并逐步与实体经济发生分离，对经济、社会发展产生了巨大的影响。20世纪80年代以后，各国虚拟经济与实体经济的背离成为金融危机爆发的重要诱因，其主要表现在股票市场和房地产市场的严重泡沫化。

20世纪80年代，美国对其产业结构进行了大规模的调整，将大量以制造业为主的实体经济，转移到拉丁美洲和东南亚地区，在本土则大力发展金融业。2000年网络泡沫破灭后，美联储的利率从2000年6月的6.54%快速下降到2003年7月的1%，利率下降，使很多蕴藏高风险的金融创新产品在房地产市场上有了产生的可能和扩张的机会。这一举措直接导致房地产信贷急剧扩张，房价大幅上涨。而房价的节节攀升，极大地刺激了次级抵押贷款以及基于次贷的抵押支持证券（MBS）、抵押债务债券（CDO）、信用违约合同（CDS）等金融衍生产品的市场需求。从2004年6月起，美联储的低利率政策开始了逆转，到2005年6月，经过连续13次调高利率，联邦基金利率从1%提高到4.25%。到2006年8月，联邦基金利率上升到5.25%，标志着这轮扩张性政策完全逆转。连续升息提高了房地产市场的借贷成本，进而抑制房产需求，导致房价下跌，与此同时，随着按揭违约风险的增加，银行收回按揭房产后便大量抛售，短期内加剧了房产价格的下跌，房地产市场泡沫随之破灭。

金融创新原本是为了创造新的利润空间，然而却变成了部分投机者的投资机会。实虚经济间的偏离，过度投机的盛行，孕育了潜在的系统性风险，最终造成了房地产泡沫的升腾与破灭，直接诱发了金融危机，导致当时美国房地产市场崩盘、大量金融机构破产倒闭、股市剧烈震荡。这不仅从美国金融业蔓延到美国实体经济，并殃及全球经济，而且造成美国、欧盟以及新兴市场国家的经济成长放缓，同时伴随全球性的通货膨胀，对全球未来几年的经济前景产生深远影响。

针对此次金融危机的根源及其治理，公允价值计量成为关注的焦点之一。实务界部分金融机构将矛头指向会计准则中关于公允价值的定义及其运用，由于公允价值计量与市场密切相关，当遇到投资者信心不足、市场大跌和市场定价功能缺失时，金融资产按市价减计，资产减值损失的剧增导致营业亏损、资本（核心资本）

充足率下降，加大了市场对于金融资产的抛售，既加剧了金融资产的供给，更加剧了投资者的恐慌情绪与市场低迷，从而陷入“金融资产价格下跌—计提资产减值准备—价值被低估—核减资本金—恐慌性抛售—价格进一步下跌”的恶性循环之中，从而引发了金融危机。美国财务会计准则委员会和国际会计准则理事会等会计准则制定机构，则认为公允价值本身没有问题，对金融工具采用公允价值计量也是科学的，上述问题的关键在于实务中对公允价值的估值，以及公允价值计量准则双向和功利的态度：在金融产品价值持续上升时，金融机构乐于看到按公允价值计量而带来的益处；在金融产品价值下跌时，就转而抱怨和指责公允价值计量原则。这种过于功利、主观的估值违背了公允价值的客观性，最终才导致金融资产计价失衡。

美国金融危机带给我们诸多思考：金融危机的产生究竟是否由公允价值导致；公允价值与虚拟经济之间是如何相互作用的；如何在充分发挥虚拟经济对实体经济发展促进作用的同时，汲取美国金融危机的教训，促进我国经济的健康良好发展。

资料来源：[1] 葛家澍，窦家春，陈朝琳.财务会计计量模式的必然选择：双重计量 [J]. 会计研究，2010 (2)：7-12，92. [2] 葛家澍.关于公允价值会计的研究——面向财务会计的本质特征 [J]. 会计研究，2009 (5)：6-13，96. [3] 刘慧凤.论会计在实体经济与虚拟经济互动中的传导作用 [J]. 会计研究，2012 (6)：32-37，92. [4] 周中胜，窦家春.公允价值运用与计量属性体系构建 [J]. 会计研究，2011 (11)：3-9，92. [5] 董力为.后金融危机时代的金融企业风险与控制 [J]. 国际经济合作，2011 (4)：88-91. [6] 刘强安.虚拟资本与公允价值关系初探 [J]. 财会月刊，2009 (27)：33-34. [7] 汪建熙，王鲁兵.公允价值会计的多角度研究 [J]. 国际金融研究，2009 (5)：12-22. [8] 宁宇新.公允价值会计：以历史和环境为视角的研究 [J]. 财会通讯（学术版），2006 (3)：87-89.

请结合本章所讲内容，思考如下问题：

(1) 虚拟经济环境下采用公允价值计量有什么好处？

(2) 为何实务界部分金融机构认为是公允价值计量失真引发了金融危机？

(3) 当虚拟经济演化为泡沫经济时，公允价值是否具有高度的决策相关性？

(4) 如何增加公允价值确定过程的公允性？

2）案例解析

(1) 财务会计的目的在于为现在和潜在的投资者、信贷者以及其他用户提供有用的信息。理论上，公允价值计量的本身，并不能给金融机构和生产企业带来收益和损失，它只是最能真实体现企业财务状况的计量手段。公允价值计量以市场价格为依据进行反映，相对于历史成本计量模式具有更及时、更透明、更合理的属性。FAS157财务会计报告规定，如果不能直接从公开市场取得价格，可通过估值模型进行估值，一般采用市场、收益及成本三种方法进行估值，是一种科学合理能够被认可的实用方法，其基本上解决了由于市场的低迷或缺失而引发价格缺位的问题。

公允价值会计计量比历史成本计量更具有对金融创新、经济发展的适应性，其着眼于资产在当前和未来的市场价值，能够对价格频繁变动的虚拟产品进行有效的确认计量，反映了市场对金融工具中的未来现金流量净值的估计。公允价值信息有助于检验会计信息使用者以前做出预测的合理性，进而有助于其对未来做出合理的预测；有助于投资者、债权人和其他使用者对企业的投资和融资决策进行评价，从而做出正确的决策。而历史成本计量则多着眼于会计主体的投入成本，尤其当前金融创新加快，金融衍生产品市场空前活跃，这些产品由于不要求初始投资，而无法用历史成本加以反映。

会计计量模式与经济形态是密切相关的。经济形态发生变迁后，需要会计计量模式也相应地发生变化。历史成本计量模式适应于实体经济，而公允价值计量模式是虚拟经济所必需的。

（2）公允价值作为狭义的概念，对于衍生金融工具来说是最相关的计量属性，这是建立在市场流动性较好的基础之上。公允价值计量金融资产时，主要依靠活跃的市场体现准确和公正，但如果市场流动性消失，估计公允价值的基础也完全消失，则衍生金融工具也无法准确计量。

当金融危机来临之际，公允价值计量夸大了金融产品的损失，放大了次贷危机的深度和广度。由于公允价值随市场波动而变动，价值变动的随意性也较大，在市场低迷时，由于时刻对金融产品重新估值，已不能反映产品的真实价值，因此形成恶性循环。此时，具有泡沫时助涨，而危机时助跌的“顺周期”效应。由于公允价值在估值中存在一些不确定或难确定因素，在操作中需要进行假设，如果参数因素及数据选择不合理，将使结果偏离实际，也就是价格偏离价值，传达出错误的信息，进而误导金融机构和投资者。因此，除具备科学合理的估值数学模型外，还需要有较高的职业判断能力，以保证价值的可靠性。

（3）在正常经济环境下，公允价值的引入相对于历史成本来说确实提高了决策相关性。然而，在泡沫经济下，可能会误导投资者决策，原因可归结为以下几点：第一，资产或负债的公允价值受到投资者预期的牵引，更加偏离其实际价格，误导投资者决策；第二，公允价值自身缺陷在一定程度上也会误导投资者决策，比如易导致价格过度偏离价值，可能成为随意操纵业绩的工具，运用的复杂性和风险性，不活跃市场公允价值确定的主观性，都可能加剧泡沫的形成；第三，虚拟经济的特性，比如高风险、高投机性都会使投资者产生非理性的投资行为，盲目决策。

（4）面对公允价值确定过程的公允性问题，可采取以下措施：第一，努力发展虚拟经济，完善资产定价模型，确保公允价值计量所使用的重要模型的有效性、合理性与适用性；第二，完善金融监管机制，减少政府直接干预，充分发挥市场作用，保证金融工具公允价值的取得真实、相关、可靠；第三，在企业不具备公允价值估价能力时聘请专业的评估机构或提供评估咨询服务；第四，根据企业控制体系和管理方式对公允价值计量和披露制定详细指引，对公允价值获取过程形成书面记录，并将书面记录资料明确为财务资料的重要组成部分；第五，建立健全并完善公允价值计量和披露的内部管理制度和程序，并作为企业财务会计控制的必要组成部分；第六，引入“会计计量风险”概念，发布会计信息风险指数。经济波动是常态，在经济的积极扩张、消极收缩阶段往往会导致泡沫和陷阱，公允价值计量使会计事后反映出的会计信息已经过度反映企业的收益和损失。根据会计计量在经济周期的不同阶段所具有的可靠度不同，建立经济运行风险监控和评估项目，定期发布信息风险指数，引导市场关注基于市场价格的信息披露风险，发挥会计信息对经济波动控制功能的需要。

【总结与结论】

本章基于《企业会计准则第39号——公允价值》相关规定，较为系统地阐述了公允价值的定义及其相关要素，重点阐述了公允价值信息层次（输入值）及公允价值的估值技术。结合虚拟经济与金融危机，通过深入分析公允价值与宏观经济、微观行为、金融危机的相关性，总结公允价值在实务运用中的重点、难点，明确公允价值在金融工具计量中的科学性与必要性。

【课程思政案例】

财报上的“双刃剑”

中国国际航空股份有限公司（简称“国航”）经营能力良好，在我国的民航业占据龙头地位。从2007年起，国航采用公允价值计量其拥有的航油衍生合同、利率互换协议、汇率衍生合同等衍生金融工具。但自从使用公允价值计量以后，国航2007年至2009年的报告利润却出现由盈到亏又转盈的大幅波动。国航的营业收入2008年较2007年同比增加7.03%，2009年营业收入较2008年同比减少3.54%，营业收入变动平缓。但2008年的利润总额却在营业收入小幅上升的情况下减少了315.1%，而2009年的利润总额却在营业收入同比小幅减少的情况下增加了148.97%。

追溯其原因可以发现，2008年国航高达108.52亿元的亏损主要是受国际油价大幅下滑的影响，国航持有的衍生金融工具——油料衍生合同、利率衍生合同、汇率衍生合同等也就大幅下跌，从而引起公允价值变动损失，共达到81.55亿元的高额损失，这是2008年的利润较2007年大幅减少315.1%的直接原因。2009年国际油价又开始回升，油料衍生合同的公允价值转回54.14亿元，公司公允价值变动报告实现收益27.59亿元，最终实现53.15亿元的报告利润，使得2009年的报告利润较2008年高出148.97%。

公允价值变动损益属于未实现损益，受2008年金融危机的影响，国航产生的公允价值变动损失也仅是账面损失，当宏观情况好转时，就能如国航2009年一样扭亏为盈。公允价值变动损益中的“未实现”部分具有一定的预测能力，同时也是会计信息相关性的必然体现。

思考题：

(1) 站在客观角度分析，你认为国航为什么要选择公允价值计量模式？

（2）结合案例思考，你认为采用公允价值计量衍生金融工具对企业长远来说是利还是弊？

（3）为什么公允价值计量会成为公司财报的“双刃剑”？

小提示：

公允价值计量反映的是资产真实的市场价值，但也因其特性导致资产价值存在较大的波动性，同时可能导致公司业绩出现较大波动。但公允价值变动损益也会成为将来处置资产的一项预测工具。作为会计人员，我们应该正确看待公允价值，帮助会计信息使用者同样理性认识并看待公允价值，其“顺周期”效应也必将随着监管层一系列应对措施的出台得到有效控制。

相关链接：

［1］林喆.公允价值变动收益助推丽珠集团净利增八倍［EB/OL］.［2010-03-01］. http://finance.sina.com.cn/stock/s/20100301/05167473658.shtml.

［2］郭成林.借鉴*ST国商保壳术 *ST冠福公允重估地产资产［EB/OL］.［2012-08-21］. http://finance.people.com.cn/stock/n/2012/0821/c222942-18791278.html.

［3］WIFS P..如何通俗地理解会计中的公允价值［EB/OL］.［2019-04-28］. https://www.zhihu.com/question/311684715/answer/665860728.

［4］高基元.万达商业公允价值计量双刃剑［EB/OL］.［2017-06-30］. http://finance.ce.cn/rolling/201706/30/t20170630_23959066.shtml.

［5］谭璐.此一时彼一时 公允价值双刃剑［EB/OL］.［2008-10-10］. http://finance.sina.com.cn/roll/20081010/02225374475.shtml?from=wap.

中　篇

特殊业务会计

第3章

资产减值会计

【学习目标】

通过本章的学习，理解资产减值的概念及范围；熟悉资产减值会计的理论基础；掌握各类资产减值准备的确认与计量方法。

3.1 资产减值会计概述

3.1.1 资产减值的概念及范围

资产减值是指资产的可收回金额低于其账面价值。本节所指资产，除特别说明外，包括单项资产和资产组。资产减值会计的基本思想是，对于在资产负债表日处在减值状态的资产，按实际价值计价，计提资产减值准备，确认减值损失并计入当期损益。

根据《企业会计准则第8号——资产减值》的规定，资产减值对象主要包括以下资产：（1）对子公司、联营企业和合营企业的长期股权投资；（2）采用成本模式进行后续计量的投资性房地产；（3）固定资产；（4）生产性生物资产；（5）无形资产；（6）商誉；（7）探明石油天然气矿区权益和井及相关设施等。

资产减值准则不涉及的资产范围包括：存货、以公允价值模式进行后续计量的投资性房地产、消耗性生物资产、建造合同形成的资产、递延所得税资产、融资租赁中出租人未担保余值、金融资产等。

3.1.2 我国企业会计准则与国际会计准则的主要差异

我国企业会计准则与国际会计准则的主要差异如下：

第一，在减值测试时间上，我国企业会计准则（CAS）与国际会计准则IAS36不尽相同。我国企业会计准则要求主体定期（在会计期末）根据有关迹象核查减值，对商誉特别明确每年至少进行一次减值测试，但对特别规定的资产没有相应的特殊规定。

第二，在资产减值能否转回的问题上，国际会计准则IAS36规定可以转回；我国现行会计准则规定，贷款及应收款项、存货等资产的减值损失允许转回，但《企业会计准则第8号——资产减值》所规范的长期资产的减值损失不允许转回。其原因是我国企业利用减值转回人为调整利润现象频频发生，对2004年度减值损失转回金额最大的前20家上市公司年报的分析结果显示，通过转回前期资产减值损失不同程度地人为调整损益，两家ST公司分别增加当年利润32 495万元和4 500万元，占各自当年净利润的309%和581%，成功地摘除了ST；四家上市公司分别增加当年利润28 080万元、6 885万元、6 373万元和5 003万元，避免当年出现亏损；六家上市公司维持或提升了公司的业绩。

第三，与国际会计准则相比较，我国企业会计准则没有采用现金产出单元的定义，结合我国实际情况采用了资产组和资产组组合的定义，但是没有规定减值迹象判断和计量确认操作过程。国际会计准则IAS36的现金产出单元更加详细地规定了减值操作。

3.1.3 资产减值会计的理论基础

1）20世纪中期关于资产定义的争论

（1）20世纪早期，会计界长期的看法为：资产就是成本，成本就是资产。如佩顿和利特尔顿认为，“资产是未消逝或未耗用的成本”，即已消耗的成本为费用，未消耗的成本为资产。亨德里克森也认为，“资产的性质是未分摊的成本或未结转为未来各期的数额”。

（2）20世纪30年代，坎宁认为，“资产是指任何货币形态的未来服务或任何可转换为货币的未来服务”。

（3）1953年，美国注册会计师协会发表的第1号《会计名词公报》认为，“资产是按会计规则和原则进行结账而被结转为借方余额所代表的某些事物”。

（4）1970年，美国会计原则委员会第4号报告认为，资产是“按照公认会计原则所确认和计量的企业的经济资源”。

（5）财务会计准则委员会对资产的定义做出了重大突破，它认为，资产是“某一特定主体由于过去的交易或事项所获得的或控制的可预期的未来经济利益”。这一定义与传统概念的显著区别在于资产的基本标志，是看其能否有助于企业在未来期间获得或实现经济利益，将“未来的预期经济利益”作为资产的实质；另外，还表现在资产与成本的分离。

2）资产减值与收益确定观的选择

（1）经济学收益。

亚当·思密在《国富论》中认为，收益是“财富的增加”。

古典经济学家艾尔弗雷德·马歇尔将亚当·思密的定义具体化为三个方面：得到心理满足的“精神”收益；获得服务的“实体”收益；收到现金的“货币”收益。

林德赫尔把收益视为利息，即作为资本物在不同期间的“增值”，因此，在特定期间的利息与预期消费之间的差额就称作“积蓄”。这一观点把收益确定为既定时期内的消费加积蓄，积蓄就等于期间内资本的变动。

希克斯在《价值与资本》中提出，收益是“一个人在某一时期可消费的数额，并且他在期末的状况保持与期初一样好”。

（2）会计学收益。

会计学对收益也有不同的解释，但一般认为，收益代表投入价值与产出价值之比，或是产出大于投入的差额。根据传统的观点，会计学收益又称为利润或盈利，通常指来自期间交易的已实现收入和相应费用之间的差额，具有以下特征：

会计学收益是基于企业的实际发生交易，主要是通过销售产品或提供服务的收入扣除为实现这些销售所需的成本；会计学收益必须根据“会计分期”基本假定；会计学收益必须考虑“收入实现原则”；会计学收益要求按历史成本来计量费用；会计学收益要坚持配比原则。

传统会计学收益的优势在于：

①这种概念已经历时间的考验，长期为管理当局或报告使用者普遍接受；

②它是基于实际或真实的交易，收益的计算具有较高的可靠性；

③由于依据收入实现原则，会计学收益符合稳健性原则；

④它有助于反映管理当局对受托资源的使用情况，便于其控制和报告既定的受托责任。

传统会计学收益的劣势在于：

①由于历史成本原则和收入实现原则的限制，会计学收益无法确认在既定期间内持有资产的价值增减，从而不利于反映本期的实际收益；

②由于资产成本的计算方法不同，基于历史成本的传统会计收益不便于比较；

③传统的稳健处理可能导致收益数据的失真或误解，或者造成人为操纵损益的弊端；

④基于历史成本原则可能使使用者误认为资产负债表代表企业的价值，而不是仅仅反映资产的未分配成本余额；

⑤强调收益决定，将对资产负债表项目的计量造成困难，如难以解释递延税项的分配等。

经济收益和会计收益的差别表现在：

①经济收益可以较准确地反映企业收益的本质，即财富的增加；会计收益更多地依赖人为设计的确认和计量模式，包含很多选择、分析、判断和估计程序，较多地关注形式和名义，强调符合特定的会计标准。

②经济收益不仅包括已实现收益，还包括未实现收益，可以完整地反映企业收益信息的全貌；会计收益更强调经营活动，强调实现、应计、配比、历史等概念，不确认未实现收益。

③经济收益更强调资本保全，原资本（期初资本）必须得到保全，成本耗费得到充分补偿后，超过期初资本的部分，才能确认为收益；在通货膨胀较为严重时，会计收益虽然可使财务资本得到保全，但是不能体现实物资本的保全。

④经济收益的计量按照“期末净资产-期初净资产”的模式进行，只与资产、负债的计量属性有关，不会因为会计核算模式的不同而存在差异；会计收益的计量则根据“收入-费用”的模式进行，因采用会计方法和程序的不同而不同。

⑤经济收益的计量结果从属于期初、期末的资产、负债计价，计价方法一经确定，人为选择和判断的空间很小；会计收益在确认和计量过程中包含大量不确定因素，很多地方需要估计和判断，从而使会计收益不可避免地带有主观成分，调整的弹性较大。

（3）收益的两种观念。

收益的两种观念为收入费用观（本期损益观）和资产负债观（损益满记观）。两者的主要分歧在于：非常项目和前期更正调整。

（4）收益确认的两种方法。

①收入费用观。

收入费用法，也称收益表法、交易法，是将已实现的收入与相关的成本进行配比后的差额作为收益。这种方法具有三个特点：重视收入、费用要素，忽视资产、负债要素，使资产负债表成为收益表的副产品；强调收入、费用的配比，对于找不到对应收入的成本耗费则作为期间费用或递延费用处理；计量的收益是已实现的收益。

②资产负债观。

资产负债法认为，收入是一个会计期间内的资产增加或负债减少，费用被定义为资产的减少或负债的增加，企业的收益就可以通过会计期间内的净资产（资产-负债）的增加或减少来确定。它的特点是：重视资产、负债要素，忽视收入、费用要素；采用多重计量属性，特别重视净资产的计价；计算出的收益包括企业在一定时期内资产、负债价值的全部变化。

使用资产负债法符合会计目标的要求，体现了资产的本质特征，符合资产计量理论。

收入费用法和资产负债法确定的收益，能分别满足经营管理责任观与决策有用观的需要。

3）资产减值的分类

如同会计利润与税收利润的差异分为时间性差异与永久性差异一样，资产减值按将来是否可以转回分为永久性减值和临时性（时间性）减值。

永久性减值是指将来不可能再收回、转销或恢复的资产减值。临时性减值是指将来可能收回、恢复或转回的资产减值。

例如，对应收账款的坏账损失的确认标准有两个：一是债务人已破产或死亡，以其破产财产或遗产不够清偿债务；二是应收账款账龄超过一定期间，比如3年以上。那么，第一种情况下确认的坏账损失为永久性减值，这种坏账将来不可能再收回；第二种情况下确认的坏账损失为临时性减值，这种坏账将来还有再收回的可能。

再如，对有市价的长期投资减值损失的判断标准有五个：一是市价持续2年低于账面价值；二是该项投资暂停交易1年或1年以上；三是被投资单位当年发生严重亏损；四是被投资单位持续2年发生亏损；五是被投资单位进行清理整顿、清算或出现其他不能持续经营的迹象。那么，第一、二、三、四种情况下的长期投资减值损失为临时性减值，这种投资减值将来还有可能再恢复；第五种情况下的长期投资减值损失为永久性减值，这种投资减值将来无恢复的可能。

4）资产减值的确认标准

资产减值的确认标准目前主要有三种：永久性标准、可能性标准和经济性标准。不同国家对于确认标准的选择有所不同。

美国等一些国家使用可能性标准，其主要特点是确认和计量的基础不一致，确认时使用未来现金流量的未贴现值，计量时使用公允价值，这样可能会导致资产价值的高估。

英国等一些国家采用永久性标准，其强调只有在预计的未来期间内不可能恢复时，才对资产减值损失进行确认。

国际会计准则IAS36等广泛采用经济性标准，其认为只要发生减值就予以确认，确认和计量采用相同的基础。

从我国企业会计准则的规定来看，我国资产减值的确认标准基本倾向于经济性标准。

5）资产减值的恢复

根据我国企业会计准则的规定，如果已计提减值准备的资产价值又得以恢复，应在已计提减值准备的范围内转回。这一点与国际会计准则、英国会计准则达成了共识。然而，美国财务会计准则委员会FASB121不允许资产减值的冲回；我国现行会计准则也不允许长期资产减值的冲回。

3.2　存货的减值

3.2.1　存货期末计量及存货跌价准备计提原则

1）资产负债表日存货应当按照成本与可变现净值孰低计量

当存货成本低于可变现净值时，存货按成本计量；当存货成本高于可变现净值时，存货按可变现净值计量，同时按照成本高于可变现净值的差额计提存货跌价准备，计入当期损益。

2）可变现净值

可变现净值是指在日常活动中，存货的估计售价减去至完工时估计将要发生的成本、估计的销售费用以及相关税费后的金额。存货的可变现净值由存货的估计售价、至完工时将要发生的成本、估计的销售费用和估计的相关税费等内容构成。

（1）产成品等直接用于出售的商品存货，其可变现净值为：

可变现净值=估计售价-估计销售费用和相关税费

（2）需要经过加工的材料存货，需要判断：

①用其生产的产成品的可变现净值高于成本的，该材料仍然应当按照成本（材

料的成本）计量。

②产品价格的下降表明产成品的可变现净值低于成本的，该材料应当按照成本与可变现净值孰低（材料的成本与材料的可变现净值孰低）计量。其可变现净值为：

可变现净值=该材料所生产的产成品估计售价－至完工时估计将要发生的成本－产成品估计销售费用和相关税费

3）可变现净值中估计售价的确定方法

（1）为执行销售合同或劳务合同而持有的存货，其可变现净值应当以合同价格为基础计算。

（2）企业持有的同一项存货的数量多于销售合同或劳务合同订购数量的，应分别确定其可变现净值并与其相对应的成本进行比较，分别确定存货跌价准备的计提或转回金额。超出合同部分的存货的可变现净值，应当以一般销售价格为基础计算。签订合同的用合同价格，没有签订合同的用市场价格。

3.2.2 计提存货跌价准备的方法与账务处理

1）计提存货跌价准备的方法

（1）通常应当按照单个存货项目计提。

企业应当将每个存货项目的成本与其可变现净值逐一进行比较，按较低者计量存货，并且按成本高于可变现净值的差额计提存货跌价准备。

需要注意的是，资产负债表日同一项存货中一部分有合同价格约定，而其他部分不存在合同价格的，应当分别确定其可变现净值，并与其相对应的成本进行比较，分别确定存货跌价准备的计提或转回金额，由此计提的存货跌价准备不得相互抵销。

（2）可以按照存货类别计提。

如果某一类存货的数量繁多并且单价较低，企业可以按存货类别计量成本与可变现净值，即按存货类别的成本的总额与可变现净值的总额进行比较，每个存货类别均取较低者确定存货期末价值。

（3）可以合并计提存货跌价准备。

与在同一地区生产和销售的产品系列相关、具有相同或类似最终用途或目的，且难以与其他项目分开计量的存货，可以合并计提存货跌价准备。

（4）全额计提存货跌价准备。

存货存在下列情形之一的，通常表明存货的可变现净值为零：①已霉烂变质的存货；②已过期且无转让价值的存货；③生产中已不再需要，并且已无使用价值和转让价值的存货。

2）存货跌价准备的核算

（1）计提存货减值。

①“存货跌价准备”科目期末余额=存货成本-可变现净值

②资产减值损失=“存货跌价准备”科目期末余额-期初余额+借方发生额

会计分录为：

借：资产减值损失

　贷：存货跌价准备

（2）存货跌价准备转回。

对该项存货、该类存货或该合并存货已计提的存货跌价准备的金额转回，但转回的金额以将存货跌价准备的余额冲减至零为限。

会计分录为：

借：存货跌价准备

　贷：资产减值损失

（3）存货跌价准备结转。

企业计提了存货跌价准备，如果其中有部分存货已经销售，则企业在结转销售成本时，应同时结转已对其计提的存货跌价准备。

会计分录为：

借：存货跌价准备

　贷：主营业务成本

　　　其他业务成本

【例3-1】

2×20年12月31日，甲公司持有乙原材料200吨，单位成本为20万元，每一吨乙原材料可加工生产丙产成品一件，该丙产成品售价为每件21.2万元，将乙原材料加工为丙产成品过程中发生加工费等相关费用共计每件2.6万元。当日，乙原材料的市场价格为每吨19.3万元。甲公司2×20年度财务报表批准报出的前几日，乙原材料及丙产成品的市场价格开始上涨，其中，乙原材料价格为每吨19.6万元，丙产成品的价格为每吨21.7万元。甲公司在2×20年以前未计提存货跌价准备，假设不考虑其他因素。

要求：计算甲公司2×20年12月31日就持有的乙原材料应当计提的存货跌价准备的金额。

解析：乙原材料的可变现净值=200×21.2-200×2.6=3 720（万元）

乙原材料计提的存货跌价准备=200×20-3 720=280（万元）

【例3-2】

甲公司2×20年年末持有乙原材料100件，成本为每件5.3万元。每一件乙原材料可加工为一件丙产品，加工过程中需发生的费用为每件0.8万元，销售过程中估计将发生运输费用为每件0.2万元。2×20年12月31日，乙原材料的市场价格为每件5.1万元，丙产品的市场价格为每件6万元。乙原材料以前期间未计提存货跌价准备，假设不考虑其他因素。

要求：计算甲公司2×20年年末对乙原材料应计提的存货跌价准备的金额。

解析：丙产品的成本=（5.3+0.8）×100=610（万元），丙产品的可变现净值=（6-0.2）×100=580（万元），成本大于可变现净值，丙产品发生了减值，所以用于生产丙产品的乙原材料发生了减值。

乙原材料的成本=100×5.3=530（万元），乙原材料的可变现净值=100×（6−0.8−0.2）=500（万元），所以乙原材料应计提的存货跌价准备=530−500=30（万元）。

3.3 金融资产的减值

3.3.1 金融资产减值概述

新企业会计准则对金融资产减值的规定，通常称为“预期信用损失法”。该方法与过去规定的、根据实际已发生减值损失确认减值准备的方法有着根本性不同。在预期信用损失法下，减值准备的计提不以减值的实际发生为前提，而是以未来可能的违约事件造成的损失的期望值来计量当前（资产负债表日）应当确认的减值准备。

1）预期信用损失的定义

预期信用损失是指以发生违约的风险为权重的金融工具信用损失的加权平均值。这里的发生违约的风险，可以理解为发生违约的概率。这里的信用损失，是指企业根据合同应收的现金流量与预期能收的现金流量之间的差额（以下称现金流缺口）的现值。根据现值的定义，即使企业能够全额收回合同约定的金额，但如果收款时间晚于合同规定的时间，也会产生信用损失。

2）金融资产减值的三个阶段

按照准则相关规定，可以将金融资产发生信用减值的过程分为三个阶段，对于不同阶段的金融资产的减值有不同的会计处理方法。

（1）信用风险自初始确认后未显著增加（第一阶段）。

对于处于该阶段的金融资产，企业应当按照未来12个月的预期信用损失计量损失准备，并按其账面余额（即未扣除减值准备）和实际利率计算利息收入。

（2）信用风险自初始确认后已显著增加但尚未发生信用减值（第二阶段）。

对于处于该阶段的金融资产，企业应当按照该工具整个存续期的预期信用损失计量损失准备，并按其账面余额和实际利率计算利息收入。

（3）初始确认后发生信用减值（第三阶段）。

对于处于该阶段的金融资产，企业应当按照该工具整个存续期的预期信用损失计量损失准备，但对利息收入的计算不同于处于前两个阶段的金融资产。对于已发生信用减值的金融资产，企业应当按其摊余成本（账面余额减已计提减值准备，也即账面价值）和实际利率计算利息收入。

上述三个阶段的划分，适用于购买或源生时未发生信用减值的金融资产。对于购买或源生时已发生信用减值的金融资产，企业应当仅将初始确认后整个存续期内预期信用损失的变动确认为损失准备，并按其摊余成本和经信用调整的实际利率计算利息收入。

3.3.2 对信用风险显著增加的评估

1）一般原则

企业应当在资产负债表日评估金融资产信用风险自初始确认后是否已显著增

加。这里的信用风险，是指发生违约的概率。

（1）判断标准。

企业应当通过比较金融资产在初始确认时所确定的预计存续期内的违约概率和该工具在资产负债表日所确定的预计存续期内的违约概率，来判定金融资产信用风险是否显著增加。

（2）评估信用风险变化所考虑的因素。

在确定金融资产的信用风险水平时，企业应当考虑以合理成本即可获得的、可能影响金融资产信用风险的、合理且有依据的信息。合理成本即无须付出额外成本或努力。

（3）逾期与信用风险显著增加。

金融资产发生逾期，是指交易对手未按合同规定时间支付约定的款项，既包括本金不能按时足额支付的情况，也包括利息不能按时足额支付的情况。

逾期是金融资产信用风险显著增加的常见结果。因此，逾期可能被作为信用风险显著增加的标志。但是，信用风险显著增加作为逾期的主要原因，通常先于逾期发生。企业只有在难于获得前瞻性信息，从而无法在逾期发生前确定信用风险显著增加的情况下才能以逾期的发生来确定信用风险的显著增加。换言之，企业应尽可能在逾期发生前确定信用风险的显著增加。

如果以合理成本即可获得合理且有依据的前瞻性信息，企业在确定信用风险是否显著增加时，不得仅依赖逾期信息。

（4）逾期与违约。

企业在确定信用风险时所采用的违约定义，应当与其内部基于信用风险管理目的而采用的违约定义保持一致，并在必要时考虑其他定性指标，如借款合同对债务人财务指标做出的限制性条款。

在实务中，一些企业以逾期达到一定天数作为违约的标准。企业可以根据所处环境和债务工具特点对构成违约的逾期天数做出定义，但是如果一项金融资产逾期超过（含）90日，则企业应当推定该金融资产已发生违约，除非企业有合理且有依据的信息，表明以更长的逾期时间作为违约标准更为恰当。

2）特殊情形

出于简化会计处理、兼顾现行实务的考虑，准则规定了两类特殊情形，在这两类情形下，企业无须就金融资产初始确认时的信用风险与资产负债表日的信用风险进行比较分析。

（1）较低信用风险。

如果企业确定金融资产的违约风险较低，借款人在短期内履行其支付合同现金流量义务的能力很强，并且即使较长时期内经济形势和经营环境存在不利变化，也不一定会降低借款人履行其支付合同现金流量义务的能力，那么该金融资产可被视为具有较低的信用风险。例如，企业在具有较高信用评级的商业银行的定期存款可能被视为具有较低的信用风险。

（2）应收款项和合同资产。

企业对于《企业会计准则第14号——收入》所规定的、不含重大融资成分的应收款项和合同资产，应当始终按照整个存续期内预期信用损失的金额计量其损失准备。

3.3.3 预期信用损失的计量

根据准则的规定，预期信用损失是以违约概率为权重的、金融资产现金流缺口（即合同现金流量与预期收到的现金流量之间的差额）的现值的加权平均值。这一定义说明了预期信用损失的基本计算方法。

对于金融资产，信用损失应为以下两者差额的现值：①企业依照合同应收取的合同现金流量；②企业预期能收到的现金流量。

企业可在计量预期信用损失时运用简便方法。例如，对于应收账款的预期信用损失，企业可参照历史信用损失经验，编制应收账款逾期天数与固定准备率对照表（如若未逾期为1%；若逾期不到30日为2%；若逾期天数30~90（不含）日为3%；若逾期天数90~180（不含）日为20%等），以此为基础计算预期信用损失。

1）折现率

对于购买或源生已发生信用减值的金融资产，企业应当采用在初始确认时确定的经信用调整的实际利率。

2）预期信用损失的概率加权属性

企业对预期信用损失的估计是概率加权的结果，应当始终反映发生信用损失的可能性以及不发生信用损失的可能性，而不是仅对最坏或最好的情形做出估计。

在实务中，这一要求可能并不需要企业开展复杂的分析。在某些情形下，运用相对简单的模型可能足以满足上述要求，而不需要使用大量具体的情景模拟。例如，一个较大的具有共同风险特征的金融工具组合（如小额贷款）的平均信用损失，可能是概率加权金额的合理估计值。而在其他情形下，企业可能需要识别关于现金流量金额、时间分布以及各种结果估计概率的具体数值。在这种情形下，预期信用损失应当至少反映发生信用损失和不发生信用损失两种可能性。

3）估计预期信用损失的期间

估计预期信用损失的期间，是指相关金融资产可能发生的现金流缺口所属的期间。企业计量预期信用损失的最长期限应当为企业面临信用风险的最长合同期限。

12个月内预期信用损失，是指因资产负债表日后12个月内（若金融资产的预计存续期少于12个月，则为更短的存续期间）可能发生的违约事件而导致的金融资产在整个存续期内现金流缺口的加权平均现值，而非发生在12个月内的现金流缺口的加权平均现值。例如，企业预计一项剩余存续期为3年的债务工具在未来12个月内将发生债务重组，重组将对该工具整个存续期内的合同现金流量进行调整，则所有合同现金流量的调整（无论归属在哪个期间）都属于计算12个月内预期信用损失的考虑范围。

3.3.4　金融工具减值的账务处理

1）减值准备的计提和转回

会计分录为：

借：信用减值损失

　贷：贷款损失准备

　　　债权投资减值准备

　　　坏账准备

　　　合同资产减值准备

　　　预计负债（用于贷款承诺及财务担保合同）

　　　其他综合收益

如果资产负债表日计算的预期信用损失小于该资产当前减值准备的账面金额（如从按照整个存续期预期信用损失计量损失准备转为按照未来12个月预期信用损失计量损失准备时可能出现这一情况），则应当将差额确认为减值利得，做相反的会计分录。

2）已发生信用损失金融资产的核销

企业实际发生信用损失，认定相关金融资产无法收回，经批准予以核销的，应当根据批准的核销金额，借记“贷款损失准备”等科目，贷记相应的资产科目，如“贷款”“应收账款”“合同资产”等。若核销金额大于已计提的损失准备，还应按其差额借记“信用减值损失”科目。

3.4　长期非金融资产的减值

3.4.1　《企业会计准则第8号——资产减值》的适用范围

本章所涉及的资产主要是企业的长期非金融资产。由于企业不同资产的特性不同，其减值的会计处理也有差异，适用的会计准则也不同。

（1）资产减值准则不是规范所有资产的减值，而是主要规范以下长期资产的减值：对子公司、联营企业和合营企业的长期股权投资，采用成本模式进行后续计量的投资性房地产、固定资产、生产性生物资产、无形资产、商誉，以及探明石油天然气矿区权益和井及相关设施等。

（2）资产减值准则不涉及下列资产减值的会计处理：存货、消耗性生物资产、以公允价值模式进行后续计量的投资性房地产、建造合同形成的资产、递延所得税资产、融资租赁中出租人未担保余值，以及金融资产等。

（3）资产减值准则所规范的长期资产的减值损失不允许转回。

3.4.2　资产减值的迹象

企业应当在资产负债表日判断资产是否存在可能发生减值的迹象。如果资产存在发生减值的迹象，应当进行减值测试，估计资产的可收回金额。资产存在减值迹象是资产需要进行减值测试的必要前提，但对于企业合并所形成的商誉和使用寿命不确定的无形资产，无论是否存在减值迹象，至少应当每年进行减值测试。

资产可能发生减值的迹象，主要可从外部信息来源和内部信息来源两个方面加以判断：

1）从企业外部信息来源来看

（1）如果出现了资产的市价在当期大幅度下跌，其跌幅明显高于因时间的推移或者正常使用而预计的下跌；

（2）企业经营所处的经济、技术或者法律等环境以及资产所处的市场在当期或者将在近期发生重大变化，从而对企业产生不利影响；

（3）市场利率或者其他市场投资报酬率在当期已经提高，从而影响企业计算资产预计未来现金流量现值的折现率，导致资产可收回金额大幅度降低；

（4）企业所有者权益的账面价值远高于其市价等。

2）从企业内部信息来源来看

（1）如果有证据表明资产已经陈旧过时或者其实体已经损坏；

（2）资产已经或者将被闲置、终止使用或者计划提前处置；

（3）企业内部报告的证据表明资产的经济绩效已经低于或者将低于预期。

3.4.3　资产可收回金额的计量

可收回金额是指资产的公允价值减去处置费用后的净额与资产预计未来现金流量的现值两者之间较高者。

1）资产的公允价值减去处置费用后的净额的估计

企业在估计资产的公允价值减去处置费用后的净额时，应当按照下列顺序进行：

（1）应当根据公平交易中资产的销售协议价格减去可直接归属于该资产处置费用的金额来确定资产的公允价值减去处置费用后的净额。

（2）在资产不存在销售协议但存在活跃市场的情况下，应当根据该资产的市场价格减去处置费用后的金额确定。资产的市场价格通常应当按照资产的买方出价确定。

（3）在既不存在资产销售协议又不存在资产活跃市场的情况下，企业应当以可获取的最佳信息为基础，根据在资产负债表日处置资产，熟悉情况的交易双方自愿进行公平交易所提供的交易价格减去资产处置费用后的金额确定。该金额可以参考同行业类似资产的最近交易价格或者结果进行估计。

（4）如果企业按照上述要求仍然无法可靠估计资产的公允价值减去处置费用后的净额的，应当以该资产预计未来现金流量的现值作为其可收回金额。

2）资产预计未来现金流量的现值的估计

资产预计未来现金流量的现值，应当按照资产在持续使用过程中和最终处置时所产生的预计未来现金流量，选择适当的折现率对其进行折现后的金额加以确定。预计资产未来现金流量的现值需要综合考虑：资产预计未来现金流量；资产使用寿命；折现率。

（1）预计资产未来现金流量应当包括的内容。

①资产持续使用过程中预计产生的现金流入。

②为实现资产持续使用过程中产生的现金流入所必需的预计现金流出（包括为使资产达到预定可使用状态所发生的现金流出）。

③资产使用寿命结束时，处置资产所收到或者支付的净现金流量。

（2）预计资产未来现金流量应当考虑的因素。

①以资产的当前状况为基础预计资产未来现金流量。

②预计资产未来现金流量不应当包括筹资活动和所得税收付产生的现金流量。

③对于通货膨胀因素的考虑应当和折现率相一致。

④内部转移价格应当予以调整。

（3）预计资产未来现金流量的方法。

①预计资产未来现金流量，通常应当根据资产未来每期最有可能产生的现金流量进行预测。它使用的是单一的未来每期预计现金流量和单一的折现率预计资产未来现金流量的现值。

【例3-3】

甲企业拥有A固定资产，该固定资产剩余使用年限为3年，企业预计未来3年在正常的情况下，该资产每年可为企业产生的净现金流量分别为：第1年100万元；第2年50万元；第3年10万元。该现金流量通常即为最有可能产生的现金流量，企业应以该现金流量的预计数为基础计算A固定资产的现值。

②在实务中，有时影响资产未来现金流量的因素较多，情况较为复杂，带有较大的不确定性，为此，使用单一的现金流量可能无法如实反映资产创造现金流量的实际情况。在这种情况下，如果采用期望现金流量法更为合理的，企业应当采用期望现金流量法预计资产未来现金流量。

【例3-4】

假定A固定资产生产的产品受市场行情波动影响较大，在产品行情好、一般和差三种可能情况下，其实现的现金流量有较大差异。有关该资产预计未来3年每年的现金流量情况见表3-1。

表3-1 A固定资产预计未来3年产品行情 单位：万元

市场行情 / 年数	产品行情好（30%的可能性）	产品行情一般（60%的可能性）	产品行情差（10%的可能性）
第1年	150	100	50
第2年	80	50	20
第3年	20	10	0

第1年的预计现金流量（期望现金流量）=150×30%+100×60%+50×10%=110（万元）

第2年的预计现金流量（期望现金流量）=80×30%+50×60%+20×10%=56（万元）

第3年的预计现金流量（期望现金流量）=20×30%+10×60%+0×10%=12（万元）

建立在预算或者预测基础上的预计现金流量最多涵盖5年，企业管理层如能证明更长的期间是合理的，则可以涵盖更长的期间。

（4）折现率的确定。

折现率的确定，应当首先以该资产的市场利率为依据。如果该资产的利率无法从市场获得，可以使用替代利率估计折现率。替代利率在估计时，可以根据企业加权平均资金成本、增量借款利率或者其他相关市场借款利率做适当调整后加以确定。

（5）资产未来现金流量现值的预计。

资产未来现金流量的现值(PV) =∑［第t年预计资产未来现金流量（NCF）÷（1+折现率（r））］

3.4.4 资产减值损失的确定与账务处理

1）资产减值损失确认与计量的一般原则

（1）资产可收回金额确定后，如果可收回金额低于其账面价值的，企业应当将资产的账面价值减记至可收回金额，减记的金额确认为资产减值损失，计入当期损益，同时计提相应的资产减值准备。资产的账面价值是指资产成本扣减累计折旧（或累计摊销）和累计减值准备后的金额。

（2）资产减值损失确认后，减值资产的折旧或者摊销费用应当在未来期间做相应调整，以使该资产在剩余使用寿命内系统地分摊调整后的资产账面价值（扣除预计净残值）。

（3）资产减值损失一经确认，在以后会计期间不得转回。但是，遇到资产处置、出售、对外投资、以非货币性资产交换方式换出、在债务重组中抵偿债务等情况，同时符合资产终止确认条件的，企业应当将相关资产减值准备予以转销。

2）资产减值损失的账务处理

企业根据资产减值准则规定确定资产发生了减值的，应当根据所确认的资产减值金额，借记“资产减值损失”科目，贷记“固定资产减值准备”“在建工程减值准备”“投资性房地产减值准备”“无形资产减值准备”“商誉减值准备”“长期股权投资减值准备”“生产性生物资产减值准备”等科目。在期末，企业应当将“资产减值损失”科目余额转入“本年利润”科目，结转后“资产减值损失”科目应当没有余额。各资产减值准备科目余额，直至相关资产被处置等时才予以转出。

【例3-5】

2×17年12月31日，A公司发现2×14年12月31日购入的一项利用专利技术的设备，由于类似的专利技术在市场上已经出现，此项设备可能发生减值。该项设备相关信息如下：①该专利技术设备的公允价值减去处置费用后的净额为2 200 000元。②如继续使用，尚可使用5年，未来5年的现金流量分别为500 000元、480 000元、460 000元、440 000元、420 000元，第5年使用寿命结束时预计处置带来的现金流量为380 000元。③采用折现率5%，假设2×17年年末账面原价8 000 000元，已经计提折旧2 000 000元，以前年度已计提减值准备500 000

元。④利率5%、期数1～5期的复利现值系数分别为：0.9524、0.9070、0.8638、0.8227、0.7835。

要求：（1）计算预计未来现金流量现值；（2）计算该资产的可收回金额；（3）计算该资产计提的减值准备并编制相关会计分录。

解析：预计未来现金流量现值的计算结果见表3-2。

表3-2　**预计未来现金流量现值计算表**　金额单位：元

年　份	预计未来现金流量	折现率	折现系数	现　值
2×18	500 000	5%	0.9524	476 200
2×19	480 000	5%	0.9070	435 360
2×20	460 000	5%	0.8638	397 348
2×21	440 000	5%	0.8227	361 988
2×22	800 000	5%	0.7835	626 800
合　计	2 680 000	—	—	2 297 696

资产预计未来现金流量现值为2 297 696元，公允价值减去处置费用后的净额为2 200 000元，取两者较高者为资产可收回金额，即2 297 696元。

账面价值＝原价-累计折旧-已计提减值准备=8 000 000-2 000 000-500 000=5 500 000（元）

比较账面价值和可收回金额，若可收回金额低于账面价值，则确认减值损失。

确认资产减值损失=5 500 000-2 297 696=3 202 304（元）

会计分录如下：

借：资产减值损失　3 202 304

　贷：固定资产减值准备　3 202 304

3.4.5　商誉减值损失的确定

1）商誉减值测试的基本要求

企业至少应当在每年年度终了进行减值测试，应当结合与其相关的资产组或者资产组组合进行减值测试。对于因企业合并形成的商誉的账面价值，应当自购买日起按照合理的方法分摊至相关的资产组；难以分摊至相关的资产组的，应当将其分摊至相关的资产组组合。已分摊商誉的一个或者若干资产组或者资产组组合构成受到影响时，应当按照合埋的方法，重新分摊商誉。

2）吸收合并形成的商誉减值测试

（1）对不包含商誉的资产组或者资产组组合进行减值测试，计算可收回金额，并与相关账面价值相比较，确认相应的减值损失。

（2）对包含商誉的资产组或者资产组组合进行减值测试，比较这些相关资产组或者资产组组合的账面价值（包括所分摊的商誉的账面价值部分）与其可收回金额，如相关资产组或者资产组组合的可收回金额低于其账面价值的，应当确认相应的减值损失。

（3）减值损失金额的分摊。

①先抵减分摊至资产组或者资产组组合中商誉的账面价值；

②再根据资产组或者资产组组合中除商誉之外的其他各项资产的账面价值所占比重，按比例抵减其他各项资产的账面价值。

相关减值损失的处理顺序和方法与有关资产组减值损失的处理顺序和方法相一致。

3）控股合并形成的商誉减值测试

（1）将归属于少数股东权益的商誉的账面价值计入与商誉相关的资产组或者资产组组合。对与商誉相关的资产组或者资产组组合进行减值测试时，由于其可收回金额的预计包括归属于少数股东的商誉价值部分，因此为了使减值测试建立在相一致的基础上，企业应当调整资产组或者资产组组合的账面价值，将归属于少数股东权益的商誉的账面价值包括在内，然后根据调整后的资产组或者资产组组合的账面价值与其可收回金额进行比较，以确定资产组或者资产组组合（包括商誉）是否发生了减值。

（2）将商誉减值损失在可归属于母公司和少数股东权益之间按比例进行分摊。上述资产组或者资产组组合如发生减值的，应当首先抵减商誉的账面价值，但由于根据上述方法计算的商誉减值损失包括了应由少数股东权益承担的部分，而少数股东权益拥有的商誉价值及其减值损失都不在合并财务报表中反映，合并财务报表只反映归属于母公司的商誉减值损失，因此，应当将商誉减值损失在可归属于母公司和少数股东权益之间按比例进行分摊，以确认归属于母公司的商誉减值损失。

【例 3-6】

2×17 年 12 月 31 日，甲公司以银行存款 4 200 万元从二级市场购入乙公司 80% 的有表决权股份，能控制乙公司并将其作为一个资产组。合并前，甲公司和乙公司不存在关联方关系。当日，乙公司可辨认净资产的公允价值和账面价值均为 4 000 万元。2×18 年 12 月 31 日，甲公司在合并财务报表层面确定的乙公司按购买日公允价值持续计算的可辨认净资产的账面价值为 5 400 万元，乙公司可收回金额为 5 000 万元。

要求：计算甲公司合并财务报表中，2×18 年 12 月 31 日对乙公司投资产生商誉的减值损失金额为多少？

解析：2×17 年 12 月 31 日合并财务报表中确认的商誉=4 200−4 000×80%=1 000（万元），乙公司完全商誉=1 000÷80%=1 250（万元），2×18 年 12 月 31 日包含完全商誉的乙公司净资产账面价值=5 400+1 250=6 650（万元），乙公司可收回金额为 5 000 万元，应计提减值准备=6 650−5 000=1 650（万元），计提减值准备首先冲减商誉 1 250 万元，因为合并财务报表中只反映归属于母公司的商誉，所以，2×18 年 12 月 31 日对乙公司投资产生商誉的减值损失金额=1 250×80%=1 000（万元）。

【例 3-7】

甲公司为保健品龙头企业，上市多年并一向保持业绩稳健增长，而 2×19 年度出现了首度亏损。一件自2×18年开始的海外收购案，曾经溢价34倍收购的公司，如今却成为其商誉计提减值15.7亿元的导火索。2×20年3月12日，甲公司发布2×19年度财务报告，显示2×19年度营业收入达52.62亿元，较2×18年度营业收入增加9.11亿元，同比增长20.94%。但报告期内，归属于母公司所有者的净利润亏损达3.56亿元，同比大幅下滑135.51%。尤其值得注意的是，这是自2×10年12月在深圳证券交易所创业板挂牌上市以来，该公司出现的首次亏损。

关于2×19年无法保持继续增长、出现亏损的原因，甲公司解释称，因受到《中华人民共和国电子商务法》实施的影响，2×18年公司收购的澳大利亚益生菌公司L公司市场业务未达预期，因此，对L公司形成的商誉计提减值准备10.09亿元，计提无形资产减值准备5.62亿元，并转销递延所得税负债1.69亿元。在未对因合并L公司形成的商誉及无形资产计提减值的情况下，归属于上市公司股东的净利润为10.46亿元。

2×18年，甲公司开始向海外市场进行收购拓展。据其相关数据显示，2×17年度、2×18年度L公司的营业收入分别达4.74亿元、2.73亿元。收购后，L公司的营业收入不增反而出现大幅减少。2×18年8月，甲公司斥资35.14亿元收购L公司，当时该公司净资产仅1亿元左右，溢价高达34倍，计提商誉和无形资产超过15亿元。尽管注重并购有利于上市公司进军海外市场，有助于甲公司快速进入益生菌细分领域，但这场收购案也为如今的商誉计提减值埋下了伏笔。

要求：

①上市公司的巨额商誉是从哪里来的？

②商誉减值会对上市公司财务报表产生什么影响？

③上市公司是否可以通过商誉调节利润？

解析：

①商誉只产生于企业合并过程，体现在财务报表上，它是合并方支付的对价超过被合并方可辨认净资产公允价值的份额。由于商誉的产生与并购重组紧密相关，一些高溢价并购的公司容易产生大额商誉。

②利润表上减少当期利润，资产负债表上减少非流动资产、总资产、净资产。

③营业利润=营业收入−营业成本−税金及附加−销售费用−管理费用−财务费用−资产减值损失−/+公允价值变动收益−/+投资收益等。

3.5　其他资产的减值

3.5.1　资产组减值测试

1）资产组的认定

资产组的认定，应当以资产组产生的主要现金流入是否独立于其他资产或者资产组的现金流入为依据。同时，在认定资产组时，应当考虑企业管理层管理生产经营活动的方式（如按照生产线、业务种类还是按照地区或者区域等）和对资产的持续使用或者处置的决策方式等。

几项资产的组合生产的产品（或者其他产出）存在活跃市场的，即使部分或者所有这些产品（或者其他产出）均供内部使用，也应当在符合前述规定的情况下，将这几项资产的组合认定为一个资产组。如果该资产组的现金流入受内部转移价格的影响，企业应当按照其管理层在公平交易中对未来价格的最佳估计数来确定资产组的未来现金流量。

资产组一经确定，各个会计期间应当保持一致，不得随意变更，如需变更，企业管理层应当证明该变更是合理的，并根据准则的相关规定在附注中做出相应说明。

【例 3-8】

丙矿业公司拥有一个煤矿，与煤矿的生产和运输相配套，建设有一条专用铁路线。该铁路线除非报废出售，其在持续使用过程中，难以脱离与煤矿的生产和运输相关的资产而产生单独的现金流入。因此，丙矿业公司难以对专用铁路线的可收回金额进行单独估计，专用铁路线和煤矿其他相关资产必须结合在一起，成为一个资产组，以估计该资产组的可收回金额。

【例 3-9】

甲家具制造有限公司由M车间和N车间两个生产车间组成，M车间专门生产家具部件且该部件没有活跃市场，生产后由N车间负责组装并对外销售。甲家具制造有限公司对M车间和N车间资产的使用和处置等决策是一体化的。在这种情况下，M车间和N车间通常应当认定为一个资产组。

2）资产组可收回金额和账面价值的确定

资产组的可收回金额，应当按照该资产组的公允价值减去处置费用后的净额与其预计未来现金流量的现值两者之间较高者确定。

资产组的账面价值应当包括可直接归属于资产组与可以合理和一致分摊至资产组的资产账面价值，通常不应当包括已确认负债的账面价值，但如不考虑该负债金额就无法确定资产组可收回金额的除外。这是因为在预计资产组的可收回金额时，既不包括与该资产组的资产无关的现金流量，也不包括与已在财务报表中确认的负债有关的现金流量。

3）资产组的减值测试

资产组减值测试的原理和单项资产是一致的，即企业需要预计资产组的可收回金额和计算资产组的账面价值，并将两者进行比较，如果资产组的可收回金额低于其账面价值的，表明资产组发生了减值损失，应当予以确认。

（1）抵减分摊至资产组中商誉的账面价值。

（2）根据资产组中除商誉之外的其他各项资产的账面价值所占比重，按比例抵减其他各项资产的账面价值。

（3）以上资产账面价值的抵减，应当作为各单项资产（包括商誉）的减值损失处理，计入当期损益。抵减后的各项资产的账面价值不得低于以下三者之中最高者：该资产的公允价值减去处置费用后的净额（如可确定的）、该资产预计未来现金流量的现值（如可确定的）和零。因此而导致的未能分摊的减值损失金额，应当按照相关资产组中其他各项资产的账面价值所占比重进行分摊。

【例3-10】

丙公司拥有一条生产线生产某精密仪器，该生产线由A、B、C三部机器构成，成本分别为80万元、120万元、200万元，使用年限均为10年，预计净残值为零，采用年限平均法计提折旧。

2×19年，该生产线生产的精密仪器有替代产品上市，导致公司精密仪器的销售锐减40%，该生产线可能发生了减值。因此，丙公司在2×19年12月31日对该生产线进行减值测试。假定至2×19年12月31日，丙公司整条生产线已经使用5年，预计尚可使用5年，以前年度未计提固定资产减值准备，因此，A、B、C三部机器在2×19年12月31日的账面价值分别为40万元、60万元、100万元。

丙公司在综合分析后认为，A、B、C三部机器均无法单独产生现金流量，但整条生产线构成完整的产销单元，属于一个资产组。丙公司估计A机器的公允价值减去处置费用后的净额为300 000元，B和C机器都无法合理估计其公允价值减去处置费用后的净额以及未来现金流量的现值。

丙公司估计整条生产线未来5年的现金流量及其适当的折现率后，得到该生产线预计未来现金流量现值为120万元。由于无法合理估计整条生产线的公允价值减去处置费用后的净额，丙公司以该生产线预计未来现金流量现值为其可收回金额。

2×19年12月31日，该生产线的账面价值为200万元，可收回金额为120万元，生产线的账面价值高于其可收回金额，该生产线发生了减值，应当确认减值损失80万元，并将该减值损失分摊至构成生产线的A、B、C三部机器，分摊过程见表3-3。

表3-3　**减值损失分摊过程**　金额单位：万元

项　目	机器A	机器B	机器C	整条生产线(资产组)
账面价值	40	60	100	200
可收回金额				120
减值损失				80
减值损失分摊比例	20%	30%	50%	
分摊减值损失	10	24	40	74
分摊后账面价值	30	36	60	
尚未分摊的减值损失				6
二次分摊比例		37.5%	62.5%	
二次分摊减值损失		2.25	3.75	6
二次分摊后应确认减值损失总额		26.25	43.75	
二次分摊后账面价值		33.75	56.25	

3.5.2　总部资产减值测试

1）总部资产减值概述

企业总部资产包括企业集团或其事业部的办公楼、电子数据处理设备、研发中心等资产。总部资产的显著特征是难以脱离其他资产或者资产组产生独立的现金流入，而且其账面价值难以完全归属于某一资产组。因此，总部资产通常难以单独进行减值测试，需要结合其他相关资产组或者资产组组合进行。资产组组合是指由若干资产组组成的最小的资产组组合，包括资产组或者资产组组合，以及按合理方法分摊的总部资产部分。在资产负债表日，如果有迹象表明某项总部资产可能发生减值的，企业应当计算确定该总部资产所归属的资产组或者资产组组合的可收回金额，然后将其与相应的账面价值相比较，据以判断是否需要确认减值损失。

2）总部资产减值的处理

企业对某一资产组进行减值测试时，应当先认定所有与该资产组相关的总部资产，再根据相关总部资产能否按照合理和一致的基础分摊至该资产组分别下列情况处理：

（1）对于相关总部资产能够按照合理和一致的基础分摊至该资产组的部分，应当将该部分总部资产的账面价值分摊至该资产组，再据以比较该资产组的账面价值（包括已分摊的总部资产的账面价值部分）和可收回金额，并按照前述有关资产组减值测试的顺序和方法处理。

①先将总部资产分摊到各资产组中，按照账面价值所占比重分摊。如果各资产组使用寿命不同，还要考虑时间权重。

【例 3–11】

已知总部资产账面价值为2 000万元，有A、B、C三个资产组，账面价值分别为800万元、900万元、1 300万元，预计剩余年限分别为15年、5年、20年。

A资产组分摊的总部资产账面价值 = 2 000×［800×15/5÷（800×15/5 + 900×5/5 + 1 300×20/5）］

= 564.71（万元）（考虑了时间权重）

②计算各资产组（含分摊进的总部资产的账面价值）的减值损失。即按资产组（含分摊进的总部资产的账面价值）的账面价值与可收回金额比较。

③再将各资产组的资产减值损失在总部资产和各资产组之间按照账面价值的比例进行分摊。

（2）对于相关总部资产中有部分资产难以按照合理和一致的基础分摊至该资产组的，应当按照下列步骤处理：

①在不考虑相关总部资产的情况下（无法分摊的部分），估计和比较资产组的账面价值和可收回金额，并按照前述有关资产组减值测试的顺序和方法处理。

②认定由若干资产组组成的最小的资产组组合，该资产组组合应当包括所测试的资产组与可以按照合理和一致的基础将该部分总部资产的账面价值分摊其上的部分。

③比较所认定的资产组组合的账面价值（包括已分摊的总部资产的账面价值部分）和可收回金额，并按照前述有关资产组减值测试的顺序和方法处理。

【例 3–12】

长江公司在A、B、C三地拥有三家分公司，这三家分公司的经营活动由一个总部负责运作。由于A、B、C三家分公司均能产生独立于其他分公司的现金流入，所以该公司将这三家分公司确定为三个资产组。2×18年12月31日，企业经营所处的技术环境发生了重大不利变化，出现减值迹象，需要进行减值测试。假设总部资产的账面价值为200万元，能够按照各资产组账面价值的比例进行合理分摊，A、B、C三家分公司和总部资产的使用寿命均为20年。减值测试时，A、B、C三个资产组的账面价值分别为320万元、160万元、320万元。长江公司计算得出A分公司资产的可收回金额为420万元，B分公司资产的可收回金额为160万元，C分公司资产的可收回金额为380万元。

要求：计算A、B、C三个资产组和总部资产分别计提的减值准备（金额用万元表示）。

解析：首先将总部资产分配至各资产组：总部资产应分配给A资产组的金额=200×320/800=80（万元）；总部资产应分配给B资产组的金额=200×160/800=40（万元）；总部资产应分配给C资产组的金额=200×320/800=80（万元）。分配后各资产组的账面价值为：A资产组的账面价值=320+80=400（万元）；B资产组的账面价值=160+40=200（万元）；C资产组的账面价值=320+80=400（万元）。

其次，对各资产组进行减值测试：A资产组的账面价值为400万元，可收回金额为420万元，没有发生减值；B资产组的账面价值为200万元，可收回金额为160万元，发生减值40万元；C资产组的账面价值为400万元，可收回金额为380万元，发生减值20万元。

最后，将各资产组的减值额在总部资产和各资产组之间分配：B资产组减值额分配给总部资产的金额=40×40/200=8（万元），其分配给B资产组本身的金额=40×160/200=32（万元）；C资产组减值额分配给总部资产的金额=20×80/400=4（万元），其分配给C资产组本身的金额=20×320/400=16（万元）。A资产组没有发生减值，B资产组发生减值32万元，C资产组发生减值16万元，总部资产发生减值=8+4=12（万元）。

3.6　综合案例分析

1）案例资料

2018年4月28日，獐子岛集团股份有限公司（以下简称獐子岛）对外公布了2017年度报告，让投资者哗然的是公司再现了2014年“冷水团”事件中业绩突变即由预计盈利变为巨额亏损的情形。公司在年报中指出，根据2017年底可消耗生物资产的清查结果，在某些海域再次发现底栖贝类种群存货异常，公司又一次决定对底播虾夷扇贝计提约6 000万元的存货跌价准备，该批存货的账面成本为1.26亿元、海域面积为24.3万亩，使得公司在2017年亏损7.11亿元。2019年11月11日，獐子岛发布公告称，基于实地抽测的情况来看，近期有相当大比例的底播虾夷扇贝死亡，在一些海域扇贝的死亡率甚至高达80%以上。同时，抽测结果显示，已抽测区域近两年底播虾夷扇贝的平均亩产比前十月降低了约26千克，公司由此初步判断重大存货减值风险已经形成。该报告进一步指出，公司有账面价值为3亿元的资产面临重大减值风险。同月15日，公司对抽测结果发布公告称，根据结果需对其中海域面积达39.07万亩，并且亩产过低，采捕变现价值低于采捕成本的底播虾夷扇贝进行核销，计入营业外支出约1.96亿元，同时对海域面积约14万亩的低产1区计提0.82亿元的存货跌价准备，公司预计两者的金额合计约达2.78亿元。在2020年1月23日公司发布的2019年度业绩预告中，预计獐子岛2019年全年将亏损3.5亿元~4.5亿元，而上年同期的净利润为0.32亿元，相比之下，本期下滑了约1 350%。

资料来源：根据獐子岛2014年《重大事项停牌公告》、《2017年度业绩预告修正公告》、2020年《中国证监会行政处罚决定书（獐子岛集团股份有限公司、吴厚刚等16名责任人员）》及公司年报整理而得。

请结合本章所讲内容，思考如下问题：

（1）为什么獐子岛能够频繁大额地对存货计提跌价准备？

（2）獐子岛是如何利用存货跌价准备进行盈余管理的？

2）案例解析

（1）我国水产业、农业上市公司的存货基本上使用历史成本计量，但由于生物资产的生产周期长、保鲜期短、受市场价格以及环境因素的影响较大，所以存货的减值测试是十分重要的环节。相比于国外水产业、农业上市公司选择合适的公允价值模式计量，我国企业在这方面可以通过资产处置操控利润实现盈余。

獐子岛的主要存货扇贝、鲍鱼、海参等都生活在海里并具备生命，相较于其他类型的存货，獐子岛的存货盘查更具艰难性与风险性。

獐子岛在存货采购环节未存在对过程进行记录或者聘请第三方实施监督的情况，早在2016年年初就有多人实名举报獐子岛的航海记录存在人为篡改的痕迹。

（2）存货跌价准备的内在构成包括两个方面，即存货跌价准备的计提与转回转销。根据企业会计准则的规定，计提的存货跌价准备、消耗性生物资产跌价准备在影响其减值的因素消失后可以在原已计提的金额内转回，这为企业进行盈余管理创造了机会。分析各年獐子岛对于消耗性生物资产与存货跌价准备的计提和转回可以看出明显的盈余管理迹象。

【总结与结论】

本章主要梳理了如何理解资产减值的范围；掌握存货和金融资产的减值；掌握长期非金融资产减值损失的会计处理——第一程序，即企业在资产负债表日应当判断资产是否存在可能发生减值的迹象，如果资产存在减值迹象的，转入第二程序，即估计资产的可收回金额（资产的公允价值减去处置费用后的净额和资产预计未来现金流量的现值两者孰高），可收回金额低于账面价值的，转入第三程序，即应当按照可收回金额低于账面价值的金额，计提减值准备；熟悉商誉减值测试的方法与会计处理；掌握资产组的认定及其减值处理；熟悉总部资产的减值处理。

【课程思政案例】

对赌黑洞下的资产减值

2015年，从事中高档贵金属和珠宝首饰设计及销售的浙江明牌珠宝股份有限公司（以下简称明牌珠宝）跨界投资，共出资7亿元获得从事互联网房地产经纪的苏州好屋25%的股权。苏州好屋100%股权的预估值达32.5亿元，增值率为5.7倍。根据苏州好屋对明牌珠宝的业绩承诺，截至2016年、2017年、2018年、2019年各年末，苏州好屋需累计实现净利润分别不低于1.9亿元、4.4亿元、7.6亿元、11.6亿元。

但在2016年，苏州好屋仅完成1.31亿元的净利润，和对赌的业绩承诺相差近5 000万元。一般情况下，如果对赌业绩没有完成，从而导致购买股权付出的对价出现减值迹象，要根据对赌业绩与实际业绩的差异情况计提减值准备。但在实务操作中，计提减值具有一定的弹性。例如，如果对赌涉及的期限比较长，当年未完成的预计明年可以完成，也可以不进行计提，且长期股权投资的资产减值一经计提，是无法转回的。

苏州好屋2016年的实际业绩与业绩承诺差了近5 000万元，而其2017年承诺的4.4亿元到上半年也只完成了4 503万元，最后，明牌珠宝对该笔长期股权投资进行了减值。明牌珠宝在2016年度报告中对苏州好屋这笔长期股权投资计提减值准备1 156.29万元，到2017年上半年，又计提了5 438.71万元的长期股权投资减值准备。如此大额的资产减值损失对于收益本就不佳的明牌珠宝来说更是雪上加霜，最后这项重大资产重组事项也就此告终了。

思考题：

（1）企业在哪些情况下需要对资产计提减值准备？

（2）结合案例分析你认为明牌珠宝的资产减值反映了其在收购股权时的什么问题？

小提示：

股票市场每年都有众多上市公司陆续爆雷，雷区首当其冲的就是资产减值。资产减值准备的存在是为了让被高估的资产回归其真实价值，资本市场的减值准备爆雷也反映了众多公司在并购时对标的资产普遍高估。作为一名财务人员，应该站在谨慎性原则的角度去衡量资产的真实价值，从而对标的资产进行估值，以及后期进行相关的资产减值准备计提。

相关链接：

［1］佚名.长期资产计提的减值准备为什么不能转回［EB/OL］.［2017-11-22］. https：//zhidao.baidu.com/question/1928553719563480787.html.

［2］佚名.资产减值的归纳总结及再深化［EB/OL］.［2017-07-13］. https：//zhuanlan.zhihu.com/p/27873303.

［3］佚名.资产减值拖累业绩 华斯股份2020净利亏损3.46亿元［EB/OL］.［2021-04-12］. http：//stock.10jqka.com.cn/20210412/c628485593.shtml.

［4］佚名.资产减值准备的计提与上市公司的盈余管理［EB/OL］.［2010-11-05］. https：//www.chinaacc.com/new/287_295_201011/05yi783630207.shtml.

［5］佚名.资产减值一分钟揭秘［EB/OL］.［2020-09-26］. https：//www.bilibili.com/video/av669674700.

［6］佚名.资产减值与核销资产的区别［EB/OL］.［2017-03-25］. http：//www.360doc.com/content/17/0325/20/179886_640102618.shtml.

第4章

租赁会计

【学习目标】

通过本章的学习，了解租赁相关概念及分类；熟悉新租赁准则下承租人的会计处理；掌握新租赁准则下出租人的会计处理。

4.1 租赁会计概述

租赁活动自古已有，存续时间比较长，实务中对租赁活动的会计核算也在不断发生变革。国际会计准则理事会（IASB）和美国财务会计准则委员会（FASB）早于2010年和2013年就两次联合发布征求意见稿，意在对《国际财务报告准则第17号——租赁》进行修订。直到2016年1月，国际会计准则理事会发布《国际财务报告准则第16号——租赁》（IFRS16），标志着此次关于租赁准则的修订迈出实质性的一步，租赁活动的经济实质在会计核算中得到进一步强化。2019年是我国企业会计准则实现持续全面趋同的重要时间点，基于此，我国财政部企业会计准则委员会于2018年12月7日修订并发布了新《企业会计准则第21号——租赁》（以下简称"新租赁准则"），并于2019年1月1日开始分步骤实施。

新租赁准则与国际会计准则理事会于2016年1月发布的《国际财务报告准则第16号——租赁》（IFRS16）基本趋同，承租人不再区分经营租赁和融资租赁，除企业会计准则规定的豁免之外，所有承租业务均需确认使用权资产和租赁负债，与财务报告格式的修订相协调，尽可能实现租赁会计处理结果"入表"，但对出租人而言，新租赁准则基本上延续了现行会计处理[①]。除此之外，新租赁准则在转租赁、售后回租等业务的会计处理方面，也适时做出了新的规范。

① 由于执行新租赁准则的出租人，需要按照租赁的特征将租赁严格区分为经营租赁和融资租赁，从而导致承租人与出租人的会计处理模式存在差异，特别是在出租人认定经营租赁的情况下，继续保留对租赁资产的确认，承租人则同时新确认该项资产，出现"单一模式"与"双重模式"处理的不一致。

4.1.1 租赁的概念

1）租赁的定义

按照新《企业会计准则第21号——租赁》的规定，租赁是指在一定期间内，出租人将资产的使用权让与承租人以获取对价的合同。就经济实质而言，资产使用权的转移可以引起控制权甚至所有权的转移，因此，资产使用权转移是判断租赁的重要条件。同时，通过强调对价，尽可能规范租赁的公平。

2）租赁的识别

新《企业会计准则第21号——租赁》对于如何判断合同是否为租赁或包含租赁，明确规定了租赁的三要素，这是新租赁准则修订的重要变化之处，对于区分租赁活动与提供劳务等非租赁活动，具有重要的指导意义。

（1）存在一定期间（租赁期）：这是租赁活动得以发生与存续的前提，一般而言，租赁期的长短直接影响了承租人对已识别资产的使用量，进而影响了承租人的租赁负债、出租人的租赁收入；

（2）存在已识别资产：租赁资产现实存在且被合同明确指定或隐性指定，资产供应方在整个使用期间不拥有资产的实质性替换权；

（3）资产提供方向客户转移了对已识别资产使用权的控制：在合同的规范下，客户主导了租赁资产的使用，不受出租方的干预。

【例4-1】

甲企业向乙企业租入一台管理办公用设备，并就设备租赁价款及相关支付方式达成一致。同时，乙企业出于对该设备的保护，要求甲企业必须严格按照其指定的时间、地点、方式来使用该设备，并将该条款写入租赁合同之中。

要求：请论述该合同属于新《企业会计准则第21号——租赁》所规范的租赁吗？

解析：从上述资料可知，该合同中存在识别的租赁资产（管理办公用设备），然而，甲企业（承租方）并未控制该租赁资产的使用权，由该租赁资产所产生的经济利益不能认为必然归属于甲企业。因此，该项活动不同时具备租赁的三要素，不符合租赁识别的要求，不属于租赁。

3）租赁期

租赁期是指承租人有权使用租赁资产的期间，该期间受到租赁合同（协议）的约束，是不可撤销的期间，出租人与承租人协商撤销或就同一租赁资产签订了新的租赁合同（协议）、承租人愿意承担违约责任、不可抗力因素影响租赁合同（协议）履行除外。

租赁实践中，出租人为了租赁及其收益的实现，会与承租人约定续租选择权，如果租赁开始日有合理证据证明承租人会行使该选择权，则续租期应该包含在租赁期内；或承租人有终止租赁选择权，但能够合理证明承租人不会行使该选择权，则终止租赁选择权涵盖的期间应该视作正常的租赁期。除此之外，如果租赁合同（协议）存在免租期，则根据经济实质的原则，免租期也应该纳入租赁期之内。

4）租赁的分拆

承租方与出租方的同一租赁合同包含下列两种情况，可将租赁进行分拆，以此满足单项资产确认的基本要求：

（1）同一租赁合同包含多项单独租赁，可将该租赁合同分拆至各项符合准则规定条件的单独租赁。

（2）同一租赁合同包含租赁部分和非租赁部分，通常需将租赁部分和非租赁部分分拆，分别适用不同的准则进行会计处理。如果承租人选择不分拆，则应将各租赁部分与其相关的非租赁部分分别合并为租赁。

5）租赁的合并

根据新《企业会计准则第21号——租赁》的规定，企业与同一交易方或其关联方在同一时间或相近的时间订立的两份或多份包含租赁的合同，该两份或多份合同如果基于总体商业目的订立并构成一揽子交易；或某份合同的对价金额取决于其他合同的定价或履行情况；或让渡的资产使用权合并起来构成一项单独租赁的，可以将该租赁进行合并，按照单一租赁合同进行会计处理。

4.1.2 租赁的类型

由于新《企业会计准则第21号——租赁》主要基于承租人会计处理进行修订，其最显著的变化在于取消承租人关于融资租赁与经营租赁的划分，统一按照表内租赁模式进行会计处理，因此，融资租赁和经营租赁的划分主要针对出租人而言。

1）融资租赁

融资租赁是指实质上转移了与租赁资产所有权有关的几乎全部风险和报酬的租赁，其所有权最终可能转移，也可能不转移。按照新《企业会计准则第21号——租赁》的规定，满足下列条件（迹象）之一的，出租人可以将该项租赁认定为融资租赁[①]：

（1）在租赁期届满时，租赁资产的所有权转移给承租人；

（2）租赁资产性质特殊，如果不做较大改造，只有承租人才能使用；

（3）承租人有购买租赁资产的选择权，所订立的购买价款与预计行使选择权时租赁资产的公允价值相比足够低，因而在租赁开始日就可以合理确定承租人将行使该选择权；

（4）资产的所有权虽然不转移，但租赁期占租赁资产使用寿命的绝大部分；

（5）在租赁开始日，租赁收款额的现值几乎相当于租赁资产的公允价值；

（6）若承租人撤销租赁，撤销租赁对出租人造成的损失由承租人承担；

（7）资产余值的公允价值波动所产生的利得或损失归属于承租人；

（8）承租人有能力以远低于市场水平的租金继续租赁至下一期间。

① 由于新《企业会计准则第21号——租赁》中承租人与出租人的会计处理不一致，通过简化融资租赁的判断条件和增加判别迹象，实际上降低了融资租赁的确认门槛，在出租人划分融资租赁的情况下，终止对该项租赁资产的确认，尽可能减少承租人和出租人对同一租赁资产都确认的情况。

2）经营租赁

经营租赁是指除融资租赁以外的其他租赁。出租人对同一合同所规范的租赁是唯一的、互拆的。

4.1.3 新租赁准则生效日与适用范围

1）新租赁准则生效日

新《企业会计准则第21号——租赁》的修订实施，参照了诸如《企业会计准则第14号——收入》《企业会计准则第22号——金融工具确认和计量》等其他准则，分步骤逐步实施：境内外同时上市或者境外上市的企业，于2019年1月1日开始执行；其他企业则于2021年1月1日开始执行；如果母公司或子公司在境外上市且适用国际财务报告准则或企业会计准则的企业可提前执行，但不应早于新《企业会计准则第14号——收入》和新《企业会计准则第22号——金融工具确认和计量》执行的日期，目的在于保证新租赁准则中关于租赁债权债务、租赁收入费用的确认与新《企业会计准则第14号——收入》和新《企业会计准则第22号——金融工具确认和计量》一致，实现准则之间的协调性。

2）新租赁准则适用范围

根据新《企业会计准则第21号——租赁》的规定，新租赁准则适用于所有租赁，但下列情况除外：

（1）承租人通过许可使用协议取得的电影、录像、剧本、文稿等版权、专利等项目的权利，以出让、划拨或转让方式取得的土地使用权，适用于《企业会计准则第6号——无形资产》；

（2）出租人授予的知识产权许可，适用于《企业会计准则第14号——收入》；

（3）勘探或使用矿产、石油、天然气及类似非可再生资源租赁，适用于《企业会计准则第26号——石油天然气开采》；

（4）承租人承租生物资产，适用于《企业会计准则第5号——生物资产》；

（5）采用建设经营移交等方式参与公共基础设施建设或运营，可参照《企业会计准则第6号——无形资产》《企业会计准则第14号——收入》《企业会计准则第22号——金融工具确认和计量》等具体准则来处理。

4.1.4 新旧租赁准则衔接规定

根据新《企业会计准则第21号——租赁》的规定，新旧租赁准则的实施遵循下列衔接规定：

1）承租人应当选择下列方法之一对租赁进行衔接会计处理

（1）按照《企业会计准则第28号——会计政策、会计估计变更和差错更正》的规定采用追溯调整法处理；

（2）根据首次执行新租赁准则的累积影响数，调整首次执行日当年年初留存收益及财务报表其他相关项目金额，不调整可比期间信息。

2）关于首次执行日以前已存在的合同是否为租赁合同的评估问题

（1）首次执行日可以选择不重新评估其是否为租赁或者包含租赁；

（2）选择不重新评估的，应在财务报表附注中披露这一事实，并一致应用于前述所有合同。

3）其他问题

（1）首次执行日前的经营租赁中租赁资产属于低价值资产且按准则有关规定选择不确认使用权资产和租赁负债的，承租人该如何处理？

承租人无须对该经营租赁按衔接规定进行调整，自首次执行日起按照准则规定进行处理。

（2）首次执行日前划分为经营租赁且在首次执行日后仍存续的转租赁，转租出租人该如何处理？

转租出租人无须对该经营租赁按衔接规定进行调整，自首次执行日起按照准则规定进行处理。

（3）首次执行日前已存在的售后租回交易，该如何处理？

①对于首次执行日前已存在的售后租回交易，企业在首次执行日不重新评估资产转让是否符合收入准则作为销售进行会计处理的规定；

②对于首次执行日前应当作为销售和融资租赁进行会计处理的售后租回交易，卖方（承租人）应按照与首次执行日存在的其他融资租赁相同的方法对租回进行会计处理，并继续在租赁期内摊销相关递延收益或损失；

③对于首次执行日前应当作为销售和经营租赁进行会计处理的售后租回交易，卖方（承租人）应按照与首次执行日存在的其他经营租赁相同的方法对租回进行会计处理，并根据首次执行日前计入资产负债表的相关递延收益或损失调整使用权资产。

4.2　承租人的会计处理

基于新《企业会计准则第21号——租赁》的规范，承租人遵循单一模式进行会计处理，初始确认时记入“使用权资产”和“租赁负债”科目，后续计量中考虑使用权资产折旧、使用权资产减值、可变租赁付款额（或有租金），租赁期届满时分别续租、返还租赁资产和购买租赁资产处理。

4.2.1　会计核算需设置的主要账户

1）使用权资产

“使用权资产”账户，用来核算承租人在租赁期内使用租赁资产的权利，其实质是特定资产使用的权利，而非直接产生经济利益的流入。

2）租赁负债

“租赁负债”账户，用来核算租赁期开始日尚未支付的租赁付款额的现值。

3）租赁付款额

“租赁付款额”账户，用来核算承租人向出租人支付与在租赁期内使用租赁资产的权利相关的款项，具体包括：固定付款额及实质固定付款额，扣除租赁激励；

取决于指数或比率的可变租赁付款额；购买选择权的行权价格；行使终止租赁选择权需支付的款项；承租人担保余值等内容。

4）预计负债

“预计负债”账户，用来核算承租人租赁期届满时拆除、复原、恢复租赁资产预计发生的成本。

5）使用权资产累计折旧

“使用权资产累计折旧”账户，用来核算承租人在租赁存续期间，参照自有资产并采用直线法所计算的每期折旧额。

6）使用权资产减值准备

“使用权资产减值准备”账户，用来核算承租人在租赁存续期间，参照自有资产对租赁资产进行减值测试计提减值准备的金额。

4.2.2　初始计量

承租人按成本对使用权资产进行初始计量，初始成本包括：租赁负债的初始计量金额（现值）；在租赁期开始日或之前支付的租赁付款额，存在租赁激励的，扣除已享受的租赁激励相关金额；承租人发生的初始直接费用（增量费用）；承租人为拆卸及移除租赁资产、复原租赁资产所在场地或将租赁资产恢复至租赁条款约定状态预计将发生的成本。因此，承租人的会计分录如下：

借：使用权资产

　贷：租赁负债（租赁期开始日尚未支付的租赁付款额的现值）

　　银行存款等（初始直接费用）

　　预计负债（预计的拆除、复原、恢复等成本）

　　银行存款等（租赁期开始日或之前支付的租赁付款额，扣除租赁激励）

其中，在对租赁付款额进行折现时，折现率首选出租人所要求的租赁内含利率，无法确定租赁内含利率的，可采用承租人增量借款利率，即承租人在类似经济环境下为获得与使用权资产价值接近的资产，在类似期间以类似抵押条件借入资金需支付的中长期商业贷款利率，不再采用合同约定的利率。

【例 4-2】

承租人甲公司与出租人乙公司签订了为期10年的租赁协议，并拥有5年的续租选择权。有关资料如下：

（1）初始租赁期内的不含税租金为每年50 000元，续租期间为每年55 000元，所有款项均于每年年初支付；

（2）甲公司发生的初始直接费用为20 000元，其中5 000元为支付的佣金（作为激励，乙公司同意补偿这5 000元的佣金）；

（3）承租人为将租赁资产恢复至租赁条款约定状态，预计将发生的成本为10 000元；

（4）甲公司无法确定租赁内含利率，其增量借款利率为每年5%。

要求：假设（P/A，5%，9）=7.1078，则：

（1）计算确定承租人甲公司的使用权资产入账价值；

（2）编制承租人甲公司上述租赁业务的会计分录。

解析：

（1）承租人使用权资产入账价值=50 000+50 000×7.1078+15 000+10 000

=430 390（元）

（2）承租人初始确认时的会计分录为：

借：使用权资产 430 390

贷：租赁负债 405 390

预计负债 10 000

银行存款 15 000

4.2.3 后续计量

1）支付租金（偿还租赁负债）

承租人按照租赁合同的约定，按期支付租金（偿还租赁负债），其会计分录如下：

借：租赁负债

贷：银行存款

2）使用权资产折旧

承租人在租赁存续期间，参照《企业会计准则第 4 号——固定资产》的规定，采用直线法按月计提折旧，其会计分录如下：

借：生产成本

贷：使用权资产累计折旧

3）使用权资产减值

承租人在租赁存续期间，参照《企业会计准则第 8 号——资产减值》的规定，对租赁资产进行减值测试并计提减值准备，其会计分录如下：

借：资产减值损失

贷：使用权资产减值准备

4）利息费用

承租人采用固定的周期性利率计算租赁期各期间的利息费用（周期性利率是指初始计算租赁付款额现值时所采用的折现率，或者重新确定租赁付款额现值时所采用的修订后的折现率），其会计分录如下：

借：财务费用

贷：租赁负债

5）可变租赁付款额

未纳入租赁负债计量的可变租赁付款额，应当在实际发生时计入当期损益，其会计分录如下：

借：财务费用

贷：银行存款

6）重新计量租赁负债

按照新《企业会计准则第21号——租赁》的规定，承租人重新计量租赁负债时，调整使用权资产的账面价值，以调减至零为限，需进一步调减的，剩余金额应计入当期损益，其会计分录如下：

借：租赁负债

贷：使用权资产

财务费用

4.2.4 转租赁

转租赁是指承租人在租赁期内将租入资产出租给第三方的行为。

在不违反合同约定的情况下，原承租人将租赁资产转给第三方，不需要原出租人的同意，不影响原出租人的经济利益，因此，原出租人和原承租人之间的租约仍属有效，转租对原出租人的会计处理无影响，其原有会计处理不变[①]。

新承租人和原出租人及原租约无任何直接联系，应根据和原承租人（新出租人）所订租约规定的条件，做出相应的会计处理。

4.2.5 租赁豁免

根据新《企业会计准则第21号——租赁》的规定，对于短期租赁和低价值租赁，承租人可以选择不确认使用权资产和租赁负债，将租赁付款额在租赁期内各个期间按照直线法或其他系统合理的方法计入相关资产成本或当期损益[②]。

其中，短期租赁是指在租赁开始日，租赁期不超过12个月的租赁；低价值租赁是指单项租赁资产为价值较低的租赁（可参照国际财务报告准则将5 000元作为标准，租赁资产价值在5 000元以下的直接认定为低价值租赁）。新租赁准则的修订体现了租赁业务“入表”的特征，短期租赁和低价值租赁是仅有的例外情况，可以采用与现行准则中经营租赁类似的简化处理。

4.3 出租人的会计处理

由于新《企业会计准则第21号——租赁》对出租人而言，保留了现行的经营租赁和融资租赁的分类。因此，在租赁开始日，出租人需将租赁明确区分为经营租赁和融资租赁，分别按照经营租赁和融资租赁进行会计处理，其判断条件（迹象）参照前文所述。

4.3.1 经营租赁的会计处理

出租人针对经营租赁，采用直线法核算每期的租金收入及其实现，确认租金收入时：借记“应收账款”科目，贷记“租赁收入”科目；收到租金收入时：借记

① 当承租人将租赁资产转租时，实际上由租赁资产衍生出两个租赁合同，即原出租人与原承租人的租赁合同、原承租人（新出租人）和新承租人的租赁合同，由此可见，原承租人实际承担了承租人和出租人的双重角色。

② 该规定主要基于重要性考虑，在不影响利益相关者决策的基础上，允许承租人简化处理模式，即按照现行的经营租赁的模式来处理。

“银行存款”科目，贷记“应收账款”科目。

4.3.2　融资租赁的会计处理

1）租赁开始日的会计处理

在租赁开始日，出租人应按最低租赁收款额与初始直接费用之和，借记“长期应收款——应收融资租赁款”科目，按未担保余值，借记“未担保余值”科目，按租赁资产的公允价值（即最低租赁收款额的现值和未担保余值的现值之和），贷记“融资租赁资产”科目，租赁资产公允价值与其账面价值的差额，借记或贷记“资产处置收益”科目，按发生的初始直接费用，贷记“银行存款”等科目，按借方与贷方的差额，贷记“未实现融资收益”科目。

注意：由于计算租赁内含利率时已考虑了初始直接费用①，为了避免未实现融资收益的高估，在初始确认时应对未实现融资收益进行调整，按发生的初始直接费用，借记“未实现融资收益”科目，贷记“长期应收款——应收融资租赁款”科目。

会计分录如下：

借：长期应收款——应收融资租赁款（租赁投资净额）
　　未担保余值
　贷：融资租赁资产（租出资产的账面价值）
　　　资产处置损益（租出资产的转让利得）
　　　未实现融资收益
　　　银行存款等（支付的初始直接费用）

2）租赁期内的会计处理

在融资租赁下，出租人收到承租人支付的租金时，一方面应减少长期应收款，另一方面应确认融资收入。根据新《企业会计准则第21号——租赁》的规定，未实现融资收益应当采用实际利率法，在租赁期内各个期间进行分配并确认为当期的融资收入。出租人每期收到租金时：借记“银行存款”科目，贷记“长期应收款——应收融资租赁款”科目；每期分摊未实现融资收益时：借记“未实现融资收益”科目，贷记“租赁收入”科目。

同时，出租人在租赁期内参照《企业会计准则第8号——资产减值》和《企业会计准则第22号——金融工具确认和计量》，采用预期信用减值模型对应收融资租赁款进行减值测试，如果存在明显减值迹象的，则应该对应收融资租赁款计提坏账准备。计提坏账准备时：借记“信用减值损失”科目，贷记“坏账准备”科目；应收融资租赁款确实无法收回需冲销坏账准备时：借记“坏账准备”科目，贷记“长期应收款——应收融资租赁款”科目；对于以后期间收回已转销的坏账损失时：借记“长期应收款——应收融资租赁款”科目，贷记“坏账准备”科目，同时，借记“银行存款”科目，贷记“长期应收款——应收融资租赁款”科目。

在融资租赁期内，如果出租人将应收融资租赁款按照金融工具准则进行终止确

① 租赁内含利率是指在租赁开始日，使最低租赁收款额的现值与未担保余值的现值之和等于租赁资产的公允价值与出租人的初始直接费用之和的折现率，体现了出租人所要求的最低报酬率。

认和减值处理，进行终止确认时：借记“银行存款”等科目，贷记“长期应收款——应收融资租赁款”“租赁收入”等科目；确认减值损失时：借记“信用减值损失”科目，贷记“坏账准备”科目。出租人将应收融资租赁款或其所在的处置组划分为持有待售资产的，按照《企业会计准则第42号——持有待售的非流动资产、处置组和终止经营》相关规定进行会计处理。

3）租赁期届满时的会计处理

按照新《企业会计准则第21号——租赁》的规定，租赁期届满时，出租人应区别以下情况进行会计处理：

（1）收回租赁资产。

①存在担保余值，不存在未担保余值，即承租人对资产余值全额担保。

出租人收到承租人返还的租赁资产时，借记“融资租赁资产”科目，贷记“长期应收款——应收融资租赁款”科目；如果收回租赁资产的价值低于担保余值，则可以从承租人处收取价值损失补偿金，借记“其他应收款”科目，贷记“营业外收入”科目。

②存在担保余值，同时存在未担保余值，即承租人对资产余值仅部分担保。

出租人收到承租人返还的租赁资产时，借记“融资租赁资产”科目，贷记“长期应收款——应收融资租赁款”“未担保余值”等科目；如果收回租赁资产的价值扣除未担保余值后的余额低于担保余值，则可以从承租人处收取价值损失补偿金，借记“其他应收款”科目，贷记“营业外收入”科目。

③存在未担保余值，不存在担保余值，即承租人对资产余值全部未担保。

出租人收到承租人返还的租赁资产时，借记“融资租赁资产”科目，贷记“未担保余值”科目。

④担保余值和未担保余值均不存在，即租赁资产不存在余值。

此时，出租人无须进行会计处理，只需做相应的备查登记。

（2）优惠续租租赁资产。

承租人行使优惠续租选择权，则出租人应视同该项租赁一直存在而做相应的会计处理，参照前文所述。

（3）留购租赁资产。

租赁期届满，如果承租人行使优惠购买选择权留购租赁资产，则出租人按实际收到的购买价款，借记“银行存款”等科目，贷记“长期应收款——应收融资租赁款”科目；如果还存在未担保余值，借记“资产处置损益”科目，贷记“未担保余值”科目。

4.4 特殊租赁业务的会计处理

4.4.1 生产商或经销商出租人的融资租赁会计处理

当生产商或经销商改变资产销售业务，通过资产租赁来收取租金时，生产商或经销商成为直接出租人，基于经济实质原则，生产商或经销商按照租赁资产公允价值与租赁收款额按市场利率折现的现值两者孰低计入收入，借记“长期应收款——应收融资租赁款”科目，贷记“主营业务收入”科目；按照租赁资产账面价值扣除未担保余值的现值后的余额结转销售成本，借记“主营业务成本”科目，贷记“库存商品”科目；生产商或经销商出租人取得融资租赁所发生的初始直接费用计入损益，不计入租赁投资净额，借记“管理费用”科目，贷记“银行存款”等科目；销售利得应限制为采用市场利率所能取得的销售利得。

4.4.2　售后租回

1）承租人的会计处理

（1）资产转让属于销售。

承租人将原资产账面价值中与租回获得的使用权有关的部分计入收回所形成的使用权资产，仅就转让至出租人的权利确认相关利得和损失。出售资产时，借记“固定资产清理”“累计折旧”“固定资产减值准备”等科目，贷记“固定资产”；收到出售资产的价款时，借记“银行存款”科目，贷记“固定资产清理”科目，同时，借记或贷记“递延收益——未实现售后租回损益（融资租赁或经营租赁）”科目或“资产处置收益”科目；租回资产时，如果形成融资租赁，可参照现行租赁准则，借记“融资租赁资产”“未确认融资费用”等科目，贷记“长期应付款——应付融资租赁款”科目，而如果形成经营租赁，则做备查登记。

（2）资产转让不属于销售。

承租人继续确认被转让资产，同时确认一项与转让收入等额的金融负债。

2）出租人的会计处理

（1）资产转让属于销售。

出租人可参照《企业会计准则第 4 号——固定资产》的规定，按照实际成本对外部购入资产进行初始确认；同时，根据新《企业会计准则第 21 号——租赁》的规定，对资产租出进行会计处理。

（2）资产转让不属于销售。

承租人在资产转让时不确认被转让资产，在出租时确认一项与转让收入等额的金融资产（长期应收款）。

4.5　综合案例分析

4.5.1　综合案例一

1）案例资料

甲公司（卖方兼承租人）以 2 000 万元的价格向乙公司（买方兼出租人）出售一栋建筑物，交易前该建筑物的账面原值为 1 200 万元，累计折旧为 200 万元。与此同时，甲公司与乙公司签订了合同，取得了该建筑物 18 年的使用权（全部剩余使用年限为 40 年），年租金为 120 万元，于每年年末支付。根据交易的条款和条件，甲公司转让该建筑物符合收入准则中关于销售成立的条件。假设不考虑初始直接费用和各项税费的影响，该建筑物在销售当日的公允价值为1 800万元。

2）案例解析

由于该建筑物的销售对价并非公允价值，甲公司和乙公司分别进行了调整，以按照公允价值计量销售收益和应收融资租赁款，超额售价200万元（2 000−1 800）作为乙公司向甲公司提供的额外融资进行确认。

甲、乙公司均确定租赁内含年利率为4.5%，则年付款额现值=120×（P/A，4.5%，18）=120×12.16=1 459.2（万元）。

其中，与额外融资相关年付款额=200÷1 459.2×120=16.45（万元）；与租赁相关年付款额=120−16.45=103.55（万元）。

（1）在租赁期开始日，甲公司对该交易的会计处理如下：

第一步，按与租回获得的使用权部分占该建筑物的原账面金额的比例计算售后租回所形成的使用权资产：

使用权资产=1 000（该建筑物的账面价值）×［1 459.2（18年使用权资产的租赁付款额现值）÷1 800（该建筑物的公允价值）］=810.67（万元）

第二步，计算与转让至乙公司的权利相关的利得：

出售该建筑物的全部利得=1 800−1 000=800（万元）

其中：

与该建筑物使用权相关的利得=800×（1 459.2÷1 800）=648.53（万元）

与转让至乙公司的权利相关的利得=800−648.53=151.47（万元）

第三步，会计分录如下（金额单位为万元）：

①与额外融资相关：

	借方	贷方
借：银行存款	200	
贷：长期应付款		200

②与租赁相关：

	借方	贷方
借：银行存款	1 800	
使用权资产	810.67	
累计折旧	200	
租赁负债——未确认融资费用（1 863.9−1 459.2）	404.7	
贷：固定资产		1 200
租赁负债——租赁付款额（103.55×18）		1 863.9
资产处置损益		151.47

（2）综合考虑租赁期占该建筑物剩余使用年限的比例等因素，乙公司将该建筑物的租赁分类为经营租赁。

在租赁期开始日，乙公司对该交易的会计处理如下（金额单位为万元）：

	借方	贷方
借：固定资产——建筑物（公允价值）	1 800	
长期应收款（对应的融资部分）	200	
贷：银行存款		2 000

租赁期开始日之后，乙公司进行如下会计处理：

①将从甲公司处年收款额120万元中的103.55万元作为租赁收款额进行会计处理。

②从甲公司处年收款额中的其余16.45万元作为以下两项进行会计处理：

A.结算金融资产200万元而收到的款项；

B.利息收入。

以第一年年末为例，会计分录如下（金额单位为万元）：

借：银行存款（年租金）　120

　贷：租赁收入（租赁相关的年收款额）　103.55

　　利息收入（200×4.5%）　9

　　长期应收款（16.45−200×4.5%）　7.45

4.5.2　综合案例二

1）案例资料

2×19年12月31日，甲公司与乙公司签订了一份为期6年的租赁协议，从乙公司租入生产设备一台，并拥有3年的续租选择权。有关资料如下：

（1）租赁资产：生产设备。

（2）租赁期开始日：2×20年1月1日。

（3）租金支付：初始租赁期内的不含税租金为每年800万元，续租期间为每年850万元，所有款项应于每年年末支付，如果甲公司能够在每年年末的最后一天及时付款，则给予减少租金50万元的奖励。

（4）在租赁期开始日，甲公司评估后认为，不能合理确定将行使续租选择权，因此，将租赁期确定为6年。

（5）取决于指数或比率的可变租赁付款额：在租赁期限内，如遇中国人民银行贷款基准利率调整，出租人将对租赁利率做出同方向、同幅度的调整。基准利率调整日之前各期和调整日当期租金不变，从下一期开始按调整后的租金金额收取。

（6）租赁期开始日租赁资产的公允价值：该设备在2×19年12月31日的公允价值为3 500万元，账面价值为3 000万元。

（7）初始直接费用：签订租赁合同过程中，乙公司发生可归属于租赁项目的手续费、佣金为50万元，甲公司发生的初始直接费用为30万元。

（8）承租人的购买选择权：租赁期届满时，甲公司享有优惠购买该设备的选择权，购买价为100万元，估计该日租赁资产的公允价值为400万元。

（9）取决于租赁资产绩效的可变租赁付款额：2×21年和2×22年，甲公司每年按该设备所生产产品的年销售收入的10%向乙公司支付。2×21年和2×22年，甲公司分别实现销售收入100万元和150万元。

（10）承租人的终止租赁选择权：甲公司享有终止租赁选择权。在租赁期间，如果甲公司终止租赁，需支付的款项为剩余租赁期间的固定租金支付金额。

（11）担保余值和未担保余值均为0。

（12）全新生产设备的使用寿命为7年。

请结合本章所讲内容，思考如下问题：

①甲公司（承租人）无法确定乙公司（出租人）的租赁内含利率，其增量借款利率为7%，则甲公司应如何进行初始计量与后续计量的会计处理？

②乙公司（出租人）应如何进行会计处理？

③若在2×22年1月1日甲公司将该设备转租给丙公司，期限为原租赁的剩余4年时间（转租赁），则甲公司（原租赁承租人）应如何对转租赁进行分类及会计处理？

2）案例解析

（1）承租人（甲公司）的会计处理（金额单位为万元）：

第一步，计算租赁期开始日租赁付款额的现值，并确认租赁负债和使用权资产。

在租赁期开始日，甲公司以6年租金（每年750万元）按7%的年利率折现后的现值计量租赁负债：

租赁付款额=750×6+100=4 600（万元）

$$租赁负债=\frac{租赁付款额}{的现值}+\frac{购买选择权的}{行权价格的现值}=750\times(P/A,7\%,6)+100\times(P/F,7\%,6)$$

=3 574.88+66.63=3 641.51（万元）

未确认融资费用=租赁付款额-租赁负债=4 600-3 641.51=958.49（万元）

借：使用权资产　3 641.51

　租赁负债——未确认融资费用　958.49

　贷：租赁负债——租赁付款额　4 600

第二步，将初始直接费用计入使用权资产的初始成本。

借：使用权资产　30

　贷：银行存款　30

第三步，支付租赁付款额。

2×20年12月31日支付第1期租金时：

借：租赁负债——租赁付款额　750

　贷：银行存款　750

确认租赁负债的利息时：

借：财务费用——利息费用　254.91

　贷：租赁负债——未确认融资费用　254.91

此时：

已付的利息=3 641.51×7%=254.91（万元）

已付的本金=750-254.91=495.09（万元）

未付的本金=3 641.51-495.09=3 146.42（万元）

2×21年12月31日支付第2期租金时：

借：租赁负债——租赁付款额 750

贷：银行存款 750

确认租赁负债的利息时：

借：财务费用——利息费用 220.25

贷：租赁负债——未确认融资费用 220.25

此时：

已付的利息=3 146.42×7%=220.25（万元）

已付的本金=750−220.25=529.75（万元）

未付的本金=3 146.42−529.75=2 616.67（万元）

（2）出租人（乙公司）的会计处理（金额单位为万元）：

第一步，判断租赁类型。

一方面，存在优惠购买选择权，优惠购买价100万元远低于行使选择权日租赁资产的公允价值400万元，因此，在2×19年12月31日就可以合理确定甲公司将会行使这种选择权。

另一方面，租赁期6年占租赁开始日租赁资产使用寿命的85.71%，即6÷7=85.71%≥75%，占租赁资产使用寿命的大部分。

同时，乙公司综合考虑其他各种情形和迹象，认为该租赁实质上转移了与该设备所有权有关的几乎全部风险和报酬，因此将这项租赁认定为融资租赁。

第二步，确定租赁收款额。

①承租人的固定付款额为考虑扣除租赁激励后的金额，即（800−50）×6=4 500（万元）。

②取决于指数或比率的可变租赁付款额：该款项在初始计量时根据租赁期开始日的指数或比率确定，因此在租赁期开始日不做考虑。

③承租人购买选择权的行权价格：租赁期届满时，甲公司享有优惠购买该设备的选择权，购买价为100万元，估计该日租赁资产的公允价值为400万元。优惠购买价远低于行使选择权日租赁资产的公允价值，因此，在2×19年12月31日就可以合理确定甲公司将会行使这种选择权。租赁付款额中应包括承租人购买选择权的行权价格100万元。

④终止租赁的罚款：虽然甲公司享有终止租赁选择权，但若终止租赁，甲公司需支付的款项为剩余租赁期间的固定租金支付金额。根据上述条款，可以合理确定甲公司不会行使终止租赁选择权。

⑤由承租人向出租人提供的担保余值：甲公司向乙公司提供的担保余值为0。

综上所述，租赁收款额=4 500+100=4 600（万元）。

第三步，确认租赁投资总额。

租赁投资总额（未折现金额）=融资租赁下出租人应收的租赁收款额+未担保余值

=4 600+0=4 600（万元）

第四步，确认租赁投资净额和未实现融资收益。

租赁投资净额=租赁收款额的现值+未担保余值的现值=租赁资产在租赁期开始日的公允价值+出租人发生的租赁初始直接费用

=3 500+50=3 550（万元）

未实现融资收益=租赁投资总额-租赁投资净额=4 600-3 550=1 050（万元）

第五步，计算租赁内含利率。

由于（800-50）×（P/A，r，6）+100×（P/F，r，6）=3 550，计算可得租赁内含利率r=7.82%。

第六步，2×20年1月1日账务处理如下：

借：应收融资租赁款——租赁收款额　4 600

　贷：银行存款　50

　　融资租赁资产　3 000

　　资产处置损益（3 500-3 000）　500

　　应收融资租赁款——未实现融资收益　1 050

此时，未收的本金=租赁投资净额=（800-50）×（P/A，r，6）+100×（P/F，r，6）=租赁资产在租赁期开始日的公允价值+出租人发生的租赁初始直接费用=3 500+50=3 550（万元）。

第七步，计算租赁期内各期的利息收入。

2×20年12月31日收到第1期租金时：

借：银行存款　750

　贷：应收融资租赁款——租赁收款额　750

借：应收融资租赁款——未实现融资收益　277.61

　贷：其他业务收入　277.61

此时：

收到的利息=3 550×7.82%=277.61（万元）

收到的本金=750-277.61=472.39（万元）

未收到的本金=3 550-472.39=3 077.61（万元）

2×21年12月31日收到第2期租金时：

借：银行存款　750

　贷：应收融资租赁款——租赁收款额　750

借：应收融资租赁款——未实现融资收益　240.67

　贷：其他业务收入　240.67

此时：

收到的利息=3 077.61×7.82%=240.67（万元）

收到的本金=750-240.67=509.33（万元）

未收到的本金=3 077.61-509.33=2 568.28（万元）

第八步，根据租赁合同，乙公司2×21年和2×22年应向甲公司收取的与销售收入挂钩的租金分别为10万元和15万元。

2×21年：

借：银行存款　10

　贷：其他业务收入　10

2×22年：

借：银行存款　15

　贷：其他业务收入　15

第九步，租赁期届满时，承租人行使购买权。

借：银行存款　100

　贷：应收融资租赁款——租赁收款额　100

（3）甲公司应基于原租赁形成的使用权资产对转租赁进行分类。

转租赁的期限覆盖了原租赁的所有剩余期限，综合考虑其他因素，甲公司判断其实质上转移了与该项使用权资产有关的几乎全部风险和报酬，甲公司将该项转租赁分类为融资租赁。

甲公司的会计处理为：

①终止确认与原租赁相关且转给丙公司（转租承租人）的使用权资产，并确认转租赁投资净额；

②将使用权资产与转租赁投资净额之间的差额确认为损益；

③在资产负债表中保留原租赁的租赁负债，该负债代表应付原租赁出租人的租赁付款额；

④在转租赁期间，中间出租人既要确认转租赁的融资收益，也要确认原租赁的利息费用。

资料来源：［1］中国注册会计师协会.CPA会计［M］．北京：中国财政经济出版社，2020.［2］张志凤.2020注册会计师考试应试指导及全真模拟测试——会计［M］．北京：北京科学技术出版社，2020.

【总结与结论】

本章基于新《企业会计准则第21号——租赁》的相关规定，较为系统地阐述了租赁的定义、租赁的识别、租赁的分拆与合并、租赁的类型及其判断，并重点阐述了承租人一般租赁、转租赁、租赁豁免相关会计处理，出租人经营租赁和融资租赁相关会计处理，以及特殊租赁业务的会计处理。结合新租赁准则修订实施进度与处理实践，总结新租赁准则在实务运用中的重点和难点。

【课程思政案例】

飞机“上不上表”

中国南方航空股份有限公司（以下简称南航）的总部设在广州，以蓝色垂直尾翼镶红色木棉花为公司标志，旅客运输量居世界前列。飞机作为航空公司的重要资产，主要有三种引进方式，从南航2019年的年度报告中可以看到，其拥有的862架飞机中经营租赁的飞机320架、融资租赁的飞机257架、自购的飞机285架。为什么经营租赁的飞机占比较多？经营租赁和融资租赁在会计报表上的体现一样吗？

（一）旧租赁准则“不上表”

为什么经营租赁的飞机占比较多？经营租赁可以缓解公司的资金压力、减少承担的风险，对机队的控制更加灵活。同时，在2006年的旧租赁准则中，租赁是指在约定的期间内，出租人将资产使用权让与承租人，以获取租金的协议。承租人会计处理需要区分经营租赁和融资租赁，经营租赁并未将与资产使用权有关的所有风险和报酬转移给承租人，不需要计入资产负债表，而融资租赁需要计入资产负债表。航空公司具有高资产负债率的特点，采用经营租赁不会改变公司资产结构，可以实现表外融资，资产负债率就不会改变。

（二）新租赁准则“上表”

自2019年1月1日起，作为同时在境内外上市的企业，南航开始实施新租赁准则。2018年发布的新租赁准则中，租赁是指在一定期间内，出租人将资产的使用权让与承租人以获取对价的合同。除短期租赁和低价值资产租赁外，新租赁准则对承租人采用单一会计模型，即不区分经营租赁和融资租赁，也就是说，经营租赁要做“上表”处理，表外融资行为受到规范。

新租赁准则下，南航对所有租赁（选择简化处理方法的短期租赁和低价值资产租赁除外）确认使用权资产和租赁负债。公司的财务指标受到准则变化的影响：南航在2019年资产和负债同时增加，资产总额增加599亿元，负债总额增加611亿元，资产负债率从68.30%变为74.87%，增长了6.57%。航空公司应该主动适应实施新租赁准则的变化，维持公司的稳定发展。

思考题：

（1）新租赁准则对承租人会计处理不再区分经营租赁和融资租赁，而采取单一会计处理模式，以规范表外融资的原因是什么？

（2）除了资料中所提到的租赁定义和承租人会计处理模式的变化，新租赁准则相对于旧租赁准则，还有什么变化？

（3）新租赁准则的落地给企业带来巨大的挑战，请对如何做好新旧准则的转换提出建议。

小提示：

在旧租赁准则中，可能存在航空公司为了降低企业资产负债率，将实质上的融资租赁以经营租赁的形式进行处理，以实现资产和负债都“不上表”的目的。在新租赁准则下，规范了表外融资行为，公司财报披露的信息透明度和可读性得到提高。新租赁准则重新定义了租赁，增加了租赁识别、分拆、合并等内容，对承租人的会计处理进行了修改，而保留了出租人的会计处理方法，在列报和披露方面也有所调整。新租赁准则的实施将对经营租赁比重大的承租方带来较大的冲击，比如航空、零售、电信等行业的企业。

相关链接：

[1] 中华人民共和国财政部.企业会计准则第21号——租赁（财会〔2006〕3号）[EB/OL]. [2005-03-11]. http://kjs.mof.gov.cn/zt/kjzzss/kuaijizhunzeshishi/200806/t20080618_46198.htm.

[2] 中华人民共和国财政部.企业会计准则第21号——租赁（财会〔2018〕35号）[EB/OL]. [2019-10-28]. http://kjs.mof.gov.cn/zt/kjzzss/kuaijizhunzeshishi/201910/t20191028_3411190.htm.

[3] 中华人民共和国中央人民政府.财政部会计司有关负责人就新租赁准则发布实施答记者问 [EB/OL]. [2018-12-14]. http://www.gov.cn/zhengce/2018-12/14/content_5348849.htm.

[4] 巨潮资讯网.南方航空：2019年年度报告 [EB/OL]. [2020-03-31]. http://www.cninfo.com.cn/new/disclosure/detail?stockCode=600029&announcementId=1207430467&orgId=gssh0600029&announcementTime=2020-03-31.

[5] 普华永道深度解析.新租赁准则2021年1月1日全面实施 深度解析新租赁准则核心变化及影响 [EB/OL]. [2020-12-12]. https://m.sohu.com/a/437809712_99901196.

第5章

所得税会计

【学习目标】

通过本章的学习，了解所得税会计的含义及所得税会计处理方法的变迁；熟悉资产的账面价值及计税基础的计算，负债的账面价值及计税基础的计算；熟悉资产负债表债务法的核算程序，掌握资产负债表债务法的应用。

5.1 所得税会计概述

5.1.1 所得税会计的含义

会计和税法是经济领域里的两个不同的分支，企业的会计核算和税收处理分别遵循不同的原则，服务于不同的目的。在我国，会计的确认、计量、记录和报告应当遵从企业会计准则的规定，目的在于真实、完整地反映企业的财务状况、经营成果和现金流量等，为投资者、债权人以及其他会计信息使用者提供对其决策有用的信息。税法则是以课税为目的，根据国家有关税收法律、法规的规定，确定一定时期内纳税人应交的税额，从所得税的角度，主要是确定企业的应纳税所得额，以对企业的经营所得征税。由于所得税法规与企业会计准则是基于不同的目的、遵循不同的原则分别制定的，因此二者在收入和费用确认原则、资产和负债计量标准等方面存在着一定的差异，导致企业在一定期间按税法规定计算的应纳税所得额与按会计准则要求确认的会计利润不一致。这样就出现了如何确认所得税费用的会计问题。所得税会计就是研究如何处理按照会计制度和会计准则计算的税前会计利润或亏损（即利润表中的利润总额）与按照税法计算的应税所得或亏损（即按税法计算的应纳税所得额）之间差异的会计理论和方法。

5.1.2 所得税会计的处理方法

1）基本概念

（1）永久性差异

永久性差异是指某一会计期间由于会计制度和税法在计算收益、费用或损失时的口径不同所产生的税前会计利润与应纳税所得额之间的差异。这种差异在本期发生，不会在以后各期转回。

（2）时间性差异

时间性差异是指会计制度和税法在确认收益、费用或损失的时间不同而产生的税前会计利润与应纳税所得额之间的差异。

2）所得税会计的具体处理方法

所得税会计的形成和发展是所得税法规和企业会计准则规定相互分离的必然结果，两者分离的程度和差异的种类、数量直接影响和决定了所得税会计处理方法的改进。所得税会计诞生于西方的会计学领域，最早出现于20世纪初的美国。1953年，美国会计师协会宣布采用应付税款法，这开启了所得税会计的历史进程。从那以后至今，所得税会计核算方法已经历以利润表为基础的纳税影响会计法，发展到今天许多国家采用的资产负债表债务法。目前，我国实行的所得税会计核算方法有应付税款法和资产负债表债务法两种，其中，小规模企业采用应付税款法，大中型企业采用资产负债表债务法。所得税会计的处理方法按是否确认递延所得税，分为应付税款法和纳税影响会计法两类；纳税影响会计法按是否根据未来变化的适用税率调整递延所得税余额，分为递延法和债务法两种；债务法按是否着眼于利润表或资产负债表，分为利润表债务法和资产负债表债务法两种。以下分别介绍所得税会计的处理方法。

（1）应付税款法

应付税款法是将本期税前会计利润与应纳税所得额之间的差额所造成的影响纳税的金额直接计入当期损益，而不递延至以后各期的一种所得税会计处理方法。在应付税款法下，本期所得税费用等于本期应交所得税。其会计处理为：

借：所得税费用

　贷：应交税费——应交所得税

此种方法按应税利润计算所得税费用，使本期所得税费用的发生额与本期的应交税款相同。其优点是：计算方法简单，易于操作。而其缺点是：从利润表角度看，其产生的时间性差异对所得税的影响不进行跨期分摊，导致所确认的所得税费用与税前会计利润不配比；从资产负债表角度看，其只反映法定的应交所得税，而不确认未来的递延所得税资产或递延所得税负债，使得资产负债表不能如实反映企业的财务状况，利润表不能如实反映企业的经营成果。

【例5-1】

2×16年某公司实现利润总额2 000 000元，适用所得税税率为25%。当年发生下列与纳税有关的事项：

（1）会计上确认了国债利息收入20 000元。

（2）全年发生超标业务招待费160 000元。

（3）2×15年12月购入的一台新设备，成本为60 000元，折旧年限为5年，预计无残值。会计上采用直线法计提折旧，税法也规定采用直线法，但折旧年限为3年。

其会计处理如下：

2×16年会计折旧=60 000÷5=12 000（元）

2×16年计税折旧=60 000÷3=20 000（元）

2×16年应纳税所得额=2 000 000−20 000+160 000−（20 000−12 000）=2 132 000（元）

2×16年应纳所得税额=2 132 000×25%=533 000（元）

借：所得税费用　　533 000

　贷：应交税费——应交所得税　　533 000

（2）纳税影响会计法

纳税影响会计法是将本期由税前会计利润与应纳税所得额之间产生的时间性差异造成的影响纳税的金额，递延和分配至以后各期的一种所得税会计处理方法。

①递延法

递延法是将本期时间性差异产生的影响所得税的金额，递延和分配至以后各期，并同时转回原已确认的时间性差异对本期所得税的影响金额。其特点是在税率变动或开征新税时，对递延税款的账面余额不做调整，即在资产负债表上反映的递延税款余额并不代表收款的权利或付款的义务，不能完全反映为企业的一项资产或负债。

【例5-2】

沿用【例5-1】资料，按照递延法进行会计处理如下：

会计确认折旧=12 000元

税法规定税前可扣除折旧=20 000元

产生时间性差异=8 000元

造成本年应税利润小于会计利润，未来期间将有应税利润大于会计利润，本期应确认递延税款贷项2 000元（8 000×25%）。

2×16年年末，确认所得税费用：

所得税费用=应交所得税+递延税款贷项=533 000+2 000=535 000（元）

借：所得税费用　　535 000

　贷：应交税费——应交所得税　　533 000

　　　递延税款　　2 000

假设无其他时间性差异，则2×17年和2×18年每年确认的递延税款贷项为2 000元。

2×19年，该设备会计上仍确认折旧12 000元，计税折旧为0，假设本年会计利润为2 200 000元，无其他纳税调整事项。

应纳税所得额=2 200 000+12 000=2 212 000（元）

应交所得税=2 212 000×25%=553 000（元）

转回递延税款贷项=−12 000×25%=−3 000（元）

所得税费用=553 000−3 000=550 000（元）

借：所得税费用 550 000

递延税款 3 000

贷：应交税费——应交所得税 553 000

2×20年递延税款确认与2×19年相同，转回递延税款3 000元。

②利润表债务法

利润表债务法是将本期时间性差异产生的影响所得税的金额，递延和分配至以后各期，并同时转回原已确认的时间性差异对本期所得税的影响金额，在税率变动或开征新税时，需要调整递延税款的账面余额。其特点是，本期时间性差异预计对未来所得税的影响金额在资产负债表上作为未来应付税款的债务或者作为代表预付未来税款的资产。采用利润表债务法进行会计处理时，递延税款的账面余额按照现行所得税税率计算。

【例5−3】

沿用【例5−1】【例5−2】资料，假设从2×18年起该公司适用的所得税税率变动为20%，2×18—2×20年每年税前会计利润均为2 200 000元，无其他纳税调整事项。其会计处理如下：

2×16年和2×17年的会计处理同【例5−2】。

2×18年确认递延税款：

应纳税所得额=2 200 000−8 000=2 192 000（元）

应交所得税=2 192 000×20%=438 400（元）

应确认递延税款贷项=8 000×20%=1 600（元）

借：所得税费用 440 000

贷：应交税费——应交所得税 438 400

递延税款 1 600

采用利润表债务法，需调整前两年按25%税率计算的对纳税的影响金额：

递延税款调整数额=8 000×2×（25%−20%）=800（元）

借：递延税款 800

贷：所得税费用 800

2×19年确认所得税费用，转回递延税款贷项：

应纳税所得额=2 200 000+12 000=2 212 000（元）

应交所得税=2 212 000×20%=442 400（元）

每年转回递延税款贷项=−12 000×20%=−2 400（元）

借：所得税费用 440 000

递延税款 2 400

贷：应交税费——应交所得税 442 400

2×20年的有关会计处理同2×19年。

③资产负债表债务法

资产负债表债务法是将资产、负债的账面价值与其计税基础之间产生的暂时性差异对未来期间的纳税影响，在资产负债表中予以递延，并根据每一会计期间确认的递延所得税和应交所得税确认所得税费用的会计处理方法。

与利润表债务法相比，资产负债表债务法立足于资产负债表，较为完全地体现了资产负债表观，在所得税的会计核算方面贯彻了资产、负债的界定。从资产负债表角度考虑，资产的账面价值代表的是企业在持续持有及最终处置某项资产的一定期间内，该项资产为企业带来的未来经济利益，而其计税基础代表的是在这一期间内，就该项资产按照税法规定可以税前扣除的金额。一项资产的账面价值小于其计税基础的，表明该项资产于未来期间产生的经济利益流入低于按照税法规定允许税前扣除的金额，产生可抵减未来期间应纳税所得额的因素，减少未来期间以应交所得税的方式流出企业的经济利益，从其产生时点来看，应确认为资产。反之，一项资产的账面价值大于其计税基础的，两者之间的差额将会于未来期间产生应税金额，增加未来期间的应纳税所得额及应交所得税，对企业形成经济利益流出的义务，应确认为负债。

3）资产负债表债务法核算的一般程序

我国所得税会计采用了资产负债表债务法，要求企业从资产负债表出发，通过比较资产负债表上列示的资产、负债按照企业会计准则规定确定的账面价值与按照税法规定确定的计税基础，对于两者之间的差异分别应纳税暂时性差异与可抵扣暂时性差异，确认相关的递延所得税负债与递延所得税资产，在综合考虑当期应交所得税的基础上，确定每一会计期间利润表中的所得税费用。递延所得税负债与递延所得税资产的确认体现了交易或事项发生以后，对未来期间计税的影响，即会增加未来期间的应交所得税还是会减少未来期间的应交所得税，它在所得税会计核算方面贯彻了资产、负债等基本会计要素的界定与确认。

在采用资产负债表债务法核算所得税的情况下，企业一般应于每一资产负债表日进行所得税的核算。企业合并等特殊交易或事项发生时，在确认因交易或事项取得的资产、负债时即应同时确认相关的所得税影响。企业进行所得税核算一般应遵循以下程序：

（1）根据当期应纳税所得额和所得税税率，确定当期应交所得税。

（2）根据相关会计准则的规定，确定资产负债表中除递延所得税资产和递延所得税负债以外的其他资产和负债项目的账面价值。其中，资产、负债的账面价值是指企业按照相关会计准则的规定进行核算后在资产负债表中列示的金额。对于计提了减值准备的各项资产的账面价值，是指其账面余额减去已计提的减值准备后的金额。例如，企业持有的应收账款账面余额为200万元，企业对该应收账款计提了10万元的坏账准备，其账面价值为190万元。

（3）根据相关会计准则中对于资产和负债计税基础的确定方法，以适用的税收法规为基础，确定资产负债表中有关资产、负债项目的计税基础。

（4）比较资产、负债的账面价值及其计税基础，确定暂时性差异。对于两者之间存在差异的，分析其性质，除准则中规定的特殊情况外，分别确定应纳税暂时性差异与可抵扣暂时性差异并乘以所得税税率，确定资产负债表日递延所得税负债和递延所得税资产的应有金额，并与期初递延所得税资产和递延所得税负债的余额相比，进而确定当期递延所得税资产和递延所得税负债发生额或应予转销的金额，作为递延所得税。

（5）按照适用的税法规定计算确定当期应纳税所得额，将应纳税所得额与适用的所得税税率计算的结果确认为当期应交所得税，作为当期所得税。

当期所得税=应纳税所得额×所得税税率

借：所得税费用——当期所得税

　贷：应交税费——应交所得税

（6）确定利润表中的所得税费用。利润表中的所得税费用包括当期应交所得税和递延所得税两个组成部分，企业在计算确定了当期所得税和递延所得税后，两者之和（或之差），即是利润表中的所得税费用。

5.2 资产、负债的计税基础和暂时性差异

所得税会计的关键在于确定资产、负债的计税基础。在确定资产、负债的计税基础时，应严格遵循税收法规中对于资产的税务处理以及可税前扣除的费用等相关规定。

5.2.1 资产的计税基础

资产的计税基础，是指企业收回资产账面价值的过程中计算应纳税所得额时按照税法规定可以从应税经济利益中抵扣的金额，即某一项资产在未来期间计税时可以税前扣除的金额。其中，收回资产账面价值的过程可以理解为从现在到终止确认这一未来期间；可以从应税经济利益中抵扣的金额实际上是指某一资产在未来期间计税时可以税前扣除的金额。资产的计税基础用公式表示如下：

资产的计税基础=未来期间可税前列支或扣除的金额

某一资产资产负债表日的计税基础=成本-以前期间已经税前列支的金额

现举例说明部分资产项目计税基础的确定：

1）固定资产

以各种方式取得的固定资产，初始确认时按照企业会计准则规定确定的入账价值基本上是被税法认可的，即取得时账面价值一般等于计税基础。

固定资产在持有期间进行后续计量时，由于会计与税法规定就折旧方法、折旧年限以及固定资产减值准备的提取等处理的不同，可能造成固定资产的账面价值与计税基础的差异。

（1）折旧方法、折旧年限的差异。

企业会计准则规定，企业应当根据与固定资产有关的经济利益的预期实现方式

合理选择折旧方法，如可以按照直线法计提折旧，也可以按照加速折旧法计提折旧，前提是有关的方法能够反映固定资产为企业带来经济利益的消耗情况。税法一般会规定固定资产的折旧方法，除了某些按照规定可以加速折旧的情况外，基本上可以税前扣除的是按照直线法计提折旧。

另外，税法还就每一类固定资产的折旧年限做出了规定，而会计处理时按照准则规定的折旧年限是由企业根据固定资产的性质和使用情况合理确定的。会计处理时确定的折旧年限与税法规定不同，也会产生固定资产持有期间账面价值与计税基础的差异。

（2）因计提固定资产减值准备产生的差异。

持有固定资产的期间内，在对固定资产计提了减值准备以后，因税法规定按照企业会计准则规定计提的资产减值准备在资产发生实质性损失前不允许税前扣除，也会造成固定资产的账面价值与计税基础的差异。

固定资产账面价值=实际成本-会计累计折旧-固定资产减值准备

固定资产计税基础=实际成本-税法累计折旧

【例5-4】

某项环保设备原价为1 000万元，使用年限为10年，会计处理时按照直线法计提折旧，税收处理允许加速折旧，企业在计税时对该项资产按双倍余额递减法计提折旧，净残值为0。计提了2年的折旧后，在会计期末企业对该项固定资产计提了80万元的固定资产减值准备。

该项固定资产计提了2年折旧后的账面价值与计税基础金额计算如下：

该项固定资产的账面价值=1 000-100-100-80=720（万元）

该项固定资产的计税基础=1 000-200-160=640（万元）

【例5-5】

A企业于2×19年年末以600万元购入一项生产用固定资产，按照该项固定资产的预计使用情况，A企业估计其使用寿命为20年，按照直线法计提折旧，预计净残值为0。假定税法规定的折旧年限、折旧方法及净残值与会计规定相同。2×21年12月31日，A企业估计该项固定资产的可收回金额为500万元。

该项固定资产2×21年12月31日的账面价值与计税基础金额计算如下：

该项固定资产2×21年12月31日的账面价值=600-600÷20×2-40=500（万元）

该项固定资产2×21年12月31日的计税基础=600-600÷20×2=540（万元）

2）无形资产

除内部研究开发形成的无形资产以外，以其他方式取得的无形资产，初始确认时其入账价值与税法规定的成本之间一般不存在差异。无形资产的账面价值与计税基础之间的差异主要产生于内部研究开发形成的无形资产以及使用寿命不确定的无形资产。

（1）对于内部研究开发形成的无形资产，企业会计准则规定，有关研究开发支出分为两个阶段，研究阶段的支出应当费用化计入当期损益，而开发阶段符合资本化条件以后至达到预定用途前发生的支出应当资本化作为无形资产的成本。按照税法的规定，企业开展研发活动中实际发生的研发费用，未形成无形资产计入当期损益的，在按规定据实扣除的基础上，按照本年度实际发生额的75%，从本年度应纳税所得额中扣除；形成无形资产的，按照无形资产成本的175%在税前摊销。

此外，企业会计准则中规定有例外条款，即如果该无形资产的确认不是产生于企业合并交易，同时在确认时既不影响会计利润也不影响应纳税所得额，则不确认有关暂时性差异的所得税影响金额。

（2）无形资产在后续计量时，会计与税法的差异主要产生于对无形资产是否需要摊销，以及摊销方法和年限的差异及无形资产减值准备的提取。

无形资产账面价值=实际成本-会计累计摊销-无形资产减值准备

无形资产计税基础=实际成本-税法累计摊销

企业会计准则规定，无形资产在取得之后，应根据其使用寿命情况，区分为使用寿命有限的无形资产与使用寿命不确定的无形资产。对于使用寿命不确定的无形资产，不要求摊销，但在会计期末应进行减值测试。根据税法的规定，企业取得的无形资产成本，应在一定期限内摊销。对于使用寿命不确定的无形资产，会计处理时不予摊销，但计税时按照税法规定确定的摊销额允许税前扣除。在持有期间，因会计和税法摊销规定的不同，会造成该类无形资产的账面价值与计税基础的差异。

在对无形资产计提减值准备的情况下，因税法对按照企业会计准则规定计提的无形资产减值准备在形成实质性损失前不允许税前扣除，即无形资产的计税基础不会随减值准备的提取发生变化，但其账面价值会因资产减值准备的提取而下降，从而造成其账面价值与计税基础的差异。

【例5-6】

甲企业于2×20年1月1日取得某项无形资产，取得成本为1 200万元，企业根据各方面情况判断，无法合理预计其为企业带来未来经济利益的期限，故将其作为使用寿命不确定的无形资产。2×20年12月31日，对该项无形资产进行减值测试表明未发生减值。甲企业在计税时，对该项无形资产按照10年的期限采用直线法摊销，摊销金额允许税前扣除。

解析：会计上将该项无形资产作为使用寿命不确定的无形资产，在未发生减值的情况下，其在2×20年12月31日的账面价值为取得成本1 200万元。

该项无形资产在2×20年12月31日的计税基础为1 080万元（取得成本1 200万元-按照税法规定可予税前扣除的摊销额120万元）。

该项无形资产的账面价值1 200万元与其计税基础1 080万元之间的差额120万元，将计入未来期间企业的应纳税所得额。

3）以公允价值计量且其变动计入当期损益的金融资产

按照《企业会计准则第22号——金融工具确认和计量》的规定，对于以公允价值计量且其变动计入当期损益的金融资产，其于某一会计期末的账面价值为公允价值，如果税法规定按照企业会计准则确认的公允价值变动损益在计税时不予考虑，即有关金融资产在某一会计期末的计税基础为其取得成本，会造成该类金融资产账面价值与其计税基础之间的差异。

会计：账面价值=其公允价值

税法：计税基础=其（取得）成本

【例 5-7】

2×20年10月20日，乙公司自公开市场取得一项权益性投资，支付价款600万元，作为交易性金融资产核算。2×20年12月31日，该项权益性投资的市价为580万元。

解析：该项交易性金融资产2×20年12月31日的账面价值应为580万元；该项交易性金融资产2×20年12月31日的计税基础应为600万元。

4）其他资产

因企业会计准则规定与税法规定的不同，企业持有的其他资产可能造成其账面价值与计税基础之间存在差异，如采用公允价值模式计量的投资性房地产以及其他计提了资产减值准备的各项资产（应收账款、存货等）。

（1）投资性房地产。

对于采用公允价值模式进行后续计量的投资性房地产，其期末的账面价值为公允价值；而税法规定其计税基础应以取得时支付的历史成本为基础计算确定，从而会造成账面价值与计税基础之间的差异。

会计：账面价值=其公允价值

税法：计税基础=以历史成本为基础确定

【例 5-8】

某项土地使用权取得时实际支付的土地出让金为2 000万元，使用年限为50年。取得以后，作为投资性房地产核算。1年后，该项土地使用权的公允价值为2 100万元。

解析：1年后该项土地使用权的账面价值为该时点的公允价值2 100万元，规定的计税基础为1 960万元（成本2 000万元–按照税法规定可予税前扣除的摊销额40万元）。

（2）其他计提了资产减值准备的各项资产。

有关资产计提了减值准备以后，其账面价值会随之下降，而按照税法的规定，资产在发生实质性损失之前，预计的减值损失不允许税前扣除，即其计税基础不会因减值准备的提取而发生变化，从而造成资产的账面价值与计税基础之间的差异。

【例 5-9】

A公司2×20年购入原材料成本为4 000万元，因部分生产线停工，当年未领用任何该原材料。在2×20年资产负债表日考虑到该原材料的市价及用其生产产成品的市价情况，估计其可变现净值为3 200万元。假定该原材料在2×20年的期初余额为0。

解析：该原材料因期末可变现净值低于其成本，应计提存货跌价准备金额=4 000–3 200=800（万元），计提该存货跌价准备后，该原材料的账面价值为3 200

万元。

该原材料的计税基础应维持原取得成本4 000万元不变。

【例5-10】

甲公司2×20年12月31日应收账款余额为3 500万元，该公司期末对应收账款计提了350万元的坏账准备。按照税法的规定，计提的坏账准备不允许税前扣除。假定该公司期初应收账款及坏账准备的余额均为0。

解析：该项应收账款2×20年12月31日的账面价值=3 500-350=3 150（万元）；该项应收账款2×20年12月31日的计税基础为3 500万元。

5.2.2 负债的计税基础

负债的计税基础，是指负债的账面价值减去未来期间计算应纳税所得额时按照税法规定可予抵扣的金额。负债的计税基础用公式表示如下：

负债的计税基础=账面价值-未来期间按照税法规定可予税前扣除的金额

一般情况下，负债的确认与偿还不会影响企业的损益和应纳税所得额，未来期间计算应纳税所得额时按照税法规定可予扣除的金额为0，计税基础=账面价值，如企业的短期借款、应付账款等。但在某些情况下，负债的确认可能会影响企业的损益，进而影响不同期间的应纳税所得额，使得其计税基础与账面价值之间产生差额，如按照准则规定确认的某些预计负债。

1）企业因销售商品、提供售后服务等原因确认的预计负债

按照《企业会计准则第13号——或有事项》的规定，企业应将预计提供售后服务发生的支出在销售当期确认为费用，同时确认预计负债。

税法规定，与销售产品有关的支出应于发生时税前扣除，由于该类事项产生的预计负债在期末的计税基础为其账面价值与未来期间可税前扣除的金额之间的差额，有关的支出实际发生时可全部税前扣除，其计税基础为0。

其他交易或事项中确认的预计负债，应按照税法规定的计税原则确定其计税基础。在某些情况下，因有些事项确认的预计负债，如果税法规定其支出无论是否实际发生均不允许税前扣除，即未来期间按照税法规定可予抵扣的金额为0，则其账面价值与计税基础相等。

【例5-11】

甲企业2×20年因销售产品承诺提供售后保修服务，在当年利润表中确认了200万元的销售费用，同时确认为预计负债，当年年末没有发生其他保修支出。假定按照适用税法规定，与产品售后服务相关的费用在实际发生时允许税前列支。

解析：2×20年年末预计负债账面价值为200万元；2×20年年末预计负债计税基础=账面价值-可从未来经济利益中扣除的金额=200-200=0。

2）预收账款

企业在收到客户预付的款项时，因不符合收入确认条件，会计上将其确认为负债。税法中对于收入的确认原则，一般与会计规定相同，即会计上未确认收入时，计税时一般亦不计入应纳税所得额，该部分经济利益在未来期间计税时可予税前扣

除的金额为0，计税基础等于账面价值。

在某些情况下，如果不符合企业会计准则规定的收入确认条件，未确认为收入的预收款项，按照税法规定应计入当期应纳税所得额时，有关预收账款的计税基础为0，即因其产生时已经计算交纳所得税，未来期间可全额税前扣除，计税基础为账面价值减去在未来期间可全额税前扣除的金额，即其计税基础为0。

【例5-12】

甲公司于2×20年12月20日自客户收到一笔合同预付款，金额为1 300万元，因不符合收入确认条件，故将其作为预收账款核算。假定按照适用税法规定，该款项应计入当期应纳税所得额来计算交纳所得税。

解析：甲公司2×20年12月31日该预收账款的账面价值为1 300万元；该预收账款的计税基础=账面价值-未来期间计算应纳税所得额时按照税法规定可予抵扣的金额=1 300-1 300=0。

5.2.3 暂时性差异

暂时性差异是指资产、负债的账面价值与其计税基础不同而产生的差额。按照暂时性差异对未来期间应纳税金额的影响不同，分为应纳税暂时性差异和可抵扣暂时性差异。

1）应纳税暂时性差异

应纳税暂时性差异是指在确定未来收回资产或清偿负债期间的应纳税所得额时，将导致产生应纳税金额的暂时性差异。该差异在未来期间转回时，会增加转回期间的应纳税所得额和应交所得税金额。在该暂时性差异发生的当期，应当确认相应的递延所得税负债。

应纳税暂时性差异通常产生于以下两种情况：

（1）资产的账面价值大于其计税基础。

一项资产的账面价值代表的是企业在持续使用及最终出售该项资产时会取得的经济利益的总额，而计税基础代表的是一项资产在未来期间可予税前扣除的总金额。若资产的账面价值大于其计税基础，意味着该项资产未来期间产生的经济利益超过可予税前扣除的金额，两者之间的差额需要交税，从而将增加未来期间的应纳税所得额，会产生应纳税暂时性差异。例如，一项固定资产账面价值为300万元，计税基础为250万元，两者之间的差额50万元会造成未来期间应纳税所得额和应交所得税的增加。在其产生当期，符合确认条件的情况下，应确认相关的递延所得税负债。

（2）负债的账面价值小于其计税基础。

一项负债的账面价值为企业预计在未来期间清偿该项负债时的经济利益流出，而其计税基础代表的是账面价值在扣除税法规定未来期间允许税前扣除的金额之后的差额。因负债的账面价值与其计税基础不同产生的暂时性差异，实质上是税法规定就该项负债在未来期间可以税前扣除的金额。若负债的账面价值小于其计税基础，则意味着就该项负债在未来期间可以税前扣除的金额为负数，从而将增加未来期间应纳税所得额和应交所得税，产生应纳税暂时性差异，应确认相关的递延所得税负债。

2）可抵扣暂时性差异

可抵扣暂时性差异是指在确定未来收回资产或清偿负债期间的应纳税所得额时，将导致产生可抵扣金额的暂时性差异。该差异在未来期间转回时会减少转回期间的应纳税所得额，减少未来期间的应交所得税。在该暂时性差异产生当期，符合有关确认条件时，应当确认相关的递延所得税资产。

可抵扣暂时性差异一般产生于以下两种情况：

（1）资产的账面价值小于其计税基础。

当资产的账面价值小于其计税基础时，意味着该项资产未来期间产生的经济利益低于可税前扣除的金额，两者之差可予扣除，形成可抵扣暂时性差异。例如，一项固定资产的账面价值为300万元，计税基础为350万元，则企业在未来期间就该项资产可以在其自身取得经济利益的基础上多扣除50万元，未来期间应纳税所得额会减少，应交所得税也会减少，形成可抵扣暂时性差异，符合确认条件时，应确认相关的递延所得税资产。

（2）负债的账面价值大于其计税基础。

负债产生的暂时性差异实质上是税法规定就该项负债可以在未来期间税前扣除的金额。

负债产生的暂时性差异=账面价值-计税基础

=账面价值-（账面价值-未来期间计税时按照税法规定可予税前扣除的金额）

一项负债的账面价值大于其计税基础，意味着未来期间按照税法规定构成负债的全部或部分金额可以从未来应税经济利益中扣除，减少未来期间的应纳税所得额和应交所得税，产生可抵扣暂时性差异，符合确认条件时，应确认相关的递延所得税资产。

3）特殊项目产生的暂时性差异

（1）未作为资产、负债确认的项目产生的暂时性差异。

某些交易或事项发生以后，因为不符合资产、负债的确认条件而未体现为资产负债表中的资产或负债，但按照税法规定能够确定其计税基础的，其账面价值与计税基础之间的差异也构成暂时性差异，如企业发生的广告费。

【例5-13】

甲公司2×20年发生了5 000万元的广告费支出，发生时已经作为销售费用计入当期损益。按照税法规定，该类支出不超过当年销售（营业）收入15%的部分，允许当期税前扣除，超过的部分，准予在以后纳税年度结转扣除。甲公司2×20年实现销售收入26 000万元。

解析：该广告费支出因按照企业会计准则规定在发生时已计入当期损益，不体现为期末资产负债表中的资产，即如果将其视为资产，其账面价值为0。

按照税法规定，该类支出税前扣除有一定的标准限制，根据当期甲公司销售收入的15%计算，当期可予税前扣除3 900（26 000×15%）万元。当期未予税前扣除的1 100万元可以在以后纳税年度结转扣除，其计税基础为1 100万元。

该项资产的账面价值为0，与其计税基础1 100万元之间产生1 100万元的可抵扣暂时性差异，符合有关确认条件时，应确认相关的递延所得税资产。

（2）可抵扣亏损及税款抵减产生的暂时性差异。

对于按照规定可以结转以后年度的未弥补亏损及税款抵减，虽不是因资产、负债的账面价值与其计税基础不同产生的，但本质上可抵扣亏损和税款抵减与可抵扣暂时性差异具有同样的作用，均能减少未来期间的应纳税所得额和应交所得税，视同可抵扣暂时性差异。在符合有关确认条件时，应确认相关的递延所得税资产。

【例5-14】

甲公司于2×20年因政策性原因发生经营亏损3 400万元，按照税法规定，该项亏损可用于抵减以后5个年度的应纳税所得额。该公司预计于未来5年内能够产生足够的应纳税所得额来弥补该项经营亏损。

解析：该项经营亏损虽不是因资产、负债的账面价值与其计税基础不同产生的，但从其性质上来看可以减少未来期间企业的应纳税所得额和应交所得税，属于可抵扣暂时性差异。在企业预计未来期间能够产生足够的应纳税所得额利用该可抵扣经营亏损时，应确认相关的递延所得税资产。

5.3 递延所得税资产和递延所得税负债的确认和计量

企业在计算确定了应纳税暂时性差异与可抵扣暂时性差异之后，应当按照企业会计准则规定的原则确认相关的递延所得税负债以及递延所得税资产。

5.3.1 递延所得税资产的确认和计量

1）确认递延所得税资产的一般原则

因资产、负债的账面价值与其计税基础不同而产生可抵扣暂时性差异的，在估计未来期间能够取得足够的应纳税所得额用以利用该可抵扣暂时性差异时，应当以很可能取得用来抵扣可抵扣暂时性差异的应纳税所得额为限，确认相关的递延所得税资产。

（1）递延所得税资产的确认应以未来期间很可能取得的应纳税所得额为限。考虑到可抵扣暂时性差异转回的期间内可能取得应纳税所得额的限制，因无法取得足够的应纳税所得额而未确认相关的递延所得税资产的，应在会计报表附注中进行披露。

（2）按照税法规定可以结转以后年度的未弥补亏损和税款抵减，应视同可抵扣暂时性差异处理。与可抵扣亏损和税款抵减相关的递延所得税资产，其确认条件与可抵扣暂时性差异产生的递延所得税资产相同。

（3）在企业合并中，按照会计规定确定的合并中取得各项可辨认资产、负债的入账价值与其计税基础之间形成可抵扣暂时性差异的，应确认相应的递延所得税资产，并调整合并中应予确认的商誉等。

（4）与直接计入所有者权益的交易或事项相关的可抵扣暂时性差异，其相应的递延所得税资产应计入所有者权益。

【例5-15】

甲公司2×17年的会计利润为-100万元，按照税法允许用以后5年的税前利润弥补亏损。甲公司预计2×18—2×20年每年应税收益分别为40万元、20万元、50万元，假设适用税率始终为25%，且无其他暂时性差异。

解析：3年的盈利已经超过100万元的亏损，说明可抵扣暂时性差异能够在税法规定的5年经营期内转回，应确认这部分所得税利益。其会计分录如下（金额单位为万元）：

2×17年：

借：递延所得税资产　25

　贷：所得税费用　25

2×18年：

借：所得税费用　10

　贷：递延所得税资产　10

2×19年：

借：所得税费用　5

　贷：递延所得税资产　5

2×20年：

借：所得税费用　12.5

　贷：递延所得税资产　10

　　应交税费——应交所得税［（50-40）×25%］　2.5

如果判断5年内只能弥补80万元亏损，根据“以很可能取得用来抵扣可抵扣暂时性差异的应纳税所得额为限”的原则，应以80万元为可抵扣暂时性差异。

2）不确认递延所得税资产的特殊情况

在某些情况下，如果企业发生的某项交易或事项不是企业合并，并且交易发生时既不影响会计利润也不影响应纳税所得额，且该项交易中产生的资产、负债的初始确认资金与计税基础不同，产生可抵扣暂时性差异，则企业会计准则中规定在交易或事项发生时不确认相应的递延所得税资产。其原因是，在这种情况下，如果确认递延所得税资产，则需调整资产、负债的入账价值，对实际成本进行调整将有违会计核算中的历史成本原则，影响会计信息的可靠性，因此，企业会计准则中规定不确认相应的递延所得税资产。

【例5-16】

甲企业进行内部研究开发所形成的无形资产成本为1 200万元，因按照税法规定可于未来期间税前扣除的金额为1 800万元，其计税基础为1 800万元。

解析：该项无形资产并非产生于企业合并，同时在初始确认时既不影响会计利润也不影响应纳税所得额，确认其账面价值与计税基础之间产生暂时性差异的所得税影响需要调整该项资产的历史成本，企业会计准则中规定该种情况下不确认相关的递延所得税资产。

3）递延所得税资产的计量

（1）适应税率的确认。确认递延所得税资产时，应估计相关可抵扣暂时性差异的转回期间，采用转回期间适用的所得税税率为基础计算确定。无论相关的可抵扣暂时性差异转回期间如何，递延所得税资产均不折现。

（2）递延所得税资产账面价值的复核。在资产负债表日，企业应当对递延所得税资产的账面价值进行复核。如果未来期间很可能无法取得足够的应纳税所得额用以利用递延所得税资产的利益，应当减记递延所得税资产的账面价值。递延所得税资产的账面价值减记以后，继后期间根据新的环境和情况判断能够产生足够的应纳税所得额利用可抵扣暂时性差异，使得递延所得税资产包含的经济利益能够实现的，应相应恢复递延所得税资产的账面价值。

5.3.2　递延所得税负债的确认和计量

应纳税暂时性差异在转回期间将增加未来期间企业的应纳税所得额和应交所得税，导致企业经济利益的流出。从其发生当期来看，构成企业应支付税金的义务，因此，应作为递延所得税负债确认。

1）确认递延所得税负债的一般原则

企业在确认因应纳税暂时性差异产生的递延所得税负债时，应遵循以下原则：

（1）除企业会计准则中明确规定可不确认递延所得税负债的情况外，企业对于所有的应纳税暂时性差异均应确认相关的递延所得税负债。除直接计入所有者权益的交易和事项以及企业合并外，在确认递延所得税负债的同时，应增加利润表中的所得税费用。

（2）确认应纳税暂时性差异产生的递延所得税负债时，交易和事项发生时影响到会计利润或应纳税所得额的，相关的所得税影响应作为利润表中所得税费用的组成部分，即递延所得税负债的确认应导致利润表中所得税费用的增加；与直接计入所有者权益的交易和事项相关的，其所得税影响应增加或减少所得者权益；企业合并产生的，相关的递延所得税影响应调整购买日应确认的商誉或计入当期损益的金额。

【例 5-17】

假定2×16年12月22日A公司购入一台价值3 500 000元不需要安装的设备。该设备预计使用年限为5年，会计上采用直线法计提折旧，预计净残值为50 000元。假定该设备符合税法规定的税收优惠条件，计税时可采用双倍余额递减法计提折旧，折旧年限为5年，预计净残值为50 000元，适用的所得税税率为25%。假定A公司各会计期间均未对固定资产计提减值准备。

要求：采用资产负债表债务法做出A公司各年所得税会计处理。

解析：A公司固定资产账面价值与计税基础以及递延所得税负债计算见表5-1。

表5-1 **A公司各年账面价值与计税基础以及递延所得税负债计算表** 单位：元

项 目	2×16年	2×17年	2×18年	2×19年	2×20年
实际成本	3 500 000	3 500 000	3 500 000	3 500 000	3 500 000
累计会计折旧	690 000	1 380 000	2 070 000	2 760 000	3 450 000
账面价值	2 810 000	2 120 000	1 430 000	740 000	50 000
累计计税折旧	1 400 000	2 240 000	2 744 000	3 097 000	3 450 000
计税基础	2 100 000	1 260 000	756 000	403 000	50 000
应纳税暂时性差异	710 000	860 000	674 000	337 000	0
适用税率	25%	25%	25%	25%	25%
递延所得税负债余额	177 500	215 000	168 500	84 250	0
当期应确认递延所得税负债	177 500	37 500	-46 500	-84 250	-84 250

A公司各年所得税会计处理如下：

（1）2×16年资产负债表日。

该固定资产的账面价值=实际成本-会计折旧=3 500 000-690 000=2 810 000（元）

该固定资产的计税基础=实际成本-税前扣除的折旧额=3 500 000-1 400 000=2 100 000（元）

该设备的账面价值与计税基础之间的差额710 000（2 810 000-2 100 000）元为应纳税暂时性差异，应确认递延所得税负债177 500（710 000×25%）元。

会计分录为：

借：所得税费用 177 500

　贷：递延所得税负债 177 500

（2）2×17年资产负债表日。

该固定资产的账面价值=实际成本-会计累计折旧=3 500 000-1 380 000=2 120 000（元）

该固定资产的计税基础=实际成本-累计税前扣除的折旧额=3 500 000-2 240 000=1 260 000（元）

该设备的账面价值与计税基础之间的差额860 000（2 120 000-1 260 000）元为应纳税暂时性差异，应保留的递延所得税负债余额为215 000（860 000×25%）元。但年初余额为177 500元，应再确认递延所得税负债37 500（215 000-177 500）元。

会计分录为：

借：所得税费用 37 500

　贷：递延所得税负债 37 500

（3）2×18年资产负债表日。

该固定资产的账面价值=3 500 000-2 070 000=1 430 000（元）

该固定资产的计税基础=3 500 000-2 744 000=756 000（元）

该设备的账面价值与计税基础之间的差额674 000（1 430 000-756 000）元为应纳税暂时性差异，应保留的递延所得税负债余额为168 500（674 000×25%）元。但年初余额为215 000元，当期应转回原已确认的递延所得税负债46 500（215 000-168 500）元。

会计分录为：

借：递延所得税负债　　46 500

　贷：所得税费用　　46 500

（4）2×19年资产负债表日。

该固定资产的账面价值=3 500 000−2 760 00=740 000（元）

该固定资产的计税基础=3 500 000−3 097 000=403 000（元）

该设备的账面价值与计税基础之间的差额337 000（740 000−403 000）元为应纳税暂时性差异，应保留的递延所得税负债余额为84 250（337 000×25%）元。但年初余额为168 500元，当期应转回原已确认的递延所得税负债84 250（168 500−84 250）元。

会计分录如下：

借：递延所得税负债　　84 250

　贷：所得税费用　　84 250

（5）2×20年资产负债表日。

该固定资产的账面价值=3 500 000−3 450 000=50 000（元）

该固定资产的计税基础=3 500 000−3 450 000=50 000（元）

该设备的账面价值与计税基础之间的差额0（50 000−50 000）为应纳税暂时性差异，应保留的递延所得税负债余额为0。但年初余额为84 250元，应转回递延所得税负债84 250元。

会计分录为：

借：递延所得税负债　　84 250

　贷：所得税费用　　84 250

2）不确认递延所得税负债的特殊情况

在某些情况下，虽然资产、负债的账面价值与其计税基础不同，产生了应纳税暂时性差异，但出于各方面考虑，企业会计准则中规定不确认相应的递延所得税负债，具体情况如下：

（1）商誉的初始确认。非同一控制下的企业合并中，企业合并成本大于合并中取得的被购买方可辨认净资产公允价值份额的差额，按照企业会计准则规定应确认为商誉。

如因会计与税收的划分标准不同，按照税收法规规定作为免税合并的情况下，计税时不认可商誉的价值，即从税法角度，商誉的计税基础为0，两者之间的差额形成应纳税暂时性差异。对于商誉的账面价值与其计税基础不同产生的该项应纳税暂时性差异，企业会计准则中规定不确认与其相关的递延所得税负债。其原因为：一是确认该部分暂时性差异产生的递延所得税负债，则意味着购买方在企业合并中获得的可辨认净资产的价值下降，企业应增加商誉的价值，当商誉的账面价值增加后，可能就要计提减值准备，同时商誉账面价值的增加还会进一步产生应纳税暂时性差异，这样就会使得递延所得税负债和商誉价值的变化进入不断循环的状态。二是商誉本身即是企业合并成本在取得的被购买方可辨认资产、负债之间进行分配后的剩余价值，确认递延所得税负债会进一步增加其账面价值，从而影响会计信息的可靠性。

【例 5-18】

甲企业以增发市场价值为 12 000 万元的本企业普通股为对价购入乙企业 100% 的净资产，对乙企业进行吸收合并。假定该项合并符合税法规定的免税合并条件，购买日各项可辨认资产、负债的公允价值及其计税基础见表 5-2。

表 5-2 **各项可辨认资产、负债的公允价值及其计税基础** 单位：万元

项 目	公允价值	计税基础	暂时性差异
固定资产	5 400	3 100	2 300
应收账款	4 200	4 200	0
存货	3 480	2 480	1 000
其他应付款	（600）	0	（600）
应付账款	（2 400）	（2 400）	0
不包括递延所得税的可辨认资产、负债的公允价值	10 080	7 380	2 700

乙企业适用的所得税税率为 25%，该项交易中应确认递延所得税负债及商誉的金额计算如下：

可辨认净资产公允价值（不包括应确认的递延所得税） 10 080 万元

递延所得税资产（600×25%） 150 万元

递延所得税负债（3 300×25%） 825 万元

考虑递延所得税后可辨认资产、负债的公允价值（10 080+150-825） 9 405 万元

企业合并成本 12 000 万元

商誉（12 000-9 405×100%） 2 595 万元

所确认的商誉金额 2 595 万元与其计税基础 0 之间产生的应纳税暂时性差异，不再进一步确认相关的所得税影响。

（2）与子公司、联营企业、合营企业投资等相关的应纳税暂时性差异，一般应确认相关的递延所得税负债。但同时满足以下两个条件的除外：一是投资企业能够控制暂时性差异转回的时间；二是该暂时性差异在可预见的未来很可能不会转回。满足上述条件时，投资企业可以运用自身的影响力决定暂时性差异的转回，如果不希望其转回，则在可预见的未来期间，该项暂时性差异即不会转回，对未来期间计税不产生影响，从而无须确认相应的递延所得税负债。

（3）除企业合并以外的其他交易或事项中，如果该项交易或事项发生时既不影响会计利润，也不影响应纳税所得额，则所产生的资产、负债的初始确认金额与其计税基础不同，形成应纳税暂时性差异的，则该交易或事项发生时不确认相应的递延所得税负债。该规定主要是考虑到由于交易发生时既不影响会计利润，也不影响

应纳税所得额，确认递延所得税负债的直接结果将是增加有关资产的账面价值或是降低所确认负债的账面价值，使得资产、负债在初始确认时违背历史成本原则，从而影响会计信息的可靠性。

3）递延所得税负债的计量

企业会计准则规定，递延所得税负债应以相关应纳税暂时性差异转回期间适用的所得税税率计量。在我国，除享受优惠政策的情况外，企业适用的所得税税率在不同年度之间一般不会发生变化，企业在确认递延所得税负债时，可以以现行适用税率为基础计算确定，递延所得税负债的确认不要求折现。

【例 5-19】

假定A公司2×17年12月31日递延所得税负债余额为6 600元，2×17年适用的所得税税率为33%，2×17年发生应纳税暂时性差异为40 000元，从2×18年起适用的所得税税率为25%。

解析：2×17年12月31日递延所得税负债的余额=（6 600÷33%+40 000）×25%=15 000（元）

2×17年递延所得税负债的发生额=15 000−6 600=8 400（元）（贷方）

5.4 所得税费用的确认和计量

所得税会计的主要目的之一是确定当期应交所得税以及利润表中的所得税费用。在按照资产负债表债务法核算所得税的情况下，利润表中的所得税费用包括当期所得税费用和递延所得税费用（或收益）两个部分。

5.4.1 当期所得税费用

当期所得税费用是根据应纳税所得额和适用税率计算的当期应交所得税，其中应纳税所得额是指企业根据所得税税法的规定计算的应税收益。

企业在确定当期应交所得税时，对于当期发生的交易或事项中会计处理与税收处理不同的，应在会计利润的基础上，按照适用税收法规的规定进行调整，计算出当期应纳税所得额，按照应纳税所得额与适用所得税税率计算确定当期应交所得税。一般情况下，应纳税所得额可在会计利润的基础上，考虑会计与税收法规之间的差异，其公式为：

应纳税所得额=会计利润+按照企业会计准则规定计入利润表但计税时不允许税前扣除的费用±按照企业会计准则规定计入利润表的费用与按照税法规定可予税前抵扣的费用金额之间的差额±按照企业会计准则规定计入利润表的收入与按照税法规定应计入应纳税所得额的收入之间的差额−税法规定的不征税收入±其他需要调整的因素

当期所得税费用=当期应交所得税=应纳税所得额×当期适用的所得税税率

【例 5-20】

甲公司2×20年度利润表中利润总额为2 400万元，该公司适用的所得税税率为25%。2×20年发生的有关交易和事项中，会计处理与税收处理存在差异如下：

（1）向关联企业捐赠现金400万元。假定按照税法规定，企业向关联方的捐赠不允许税前扣除。

（2）期末持有的以公允价值计量且其变动计入当期损益的金融资产成本为600万元，公允价值为660万元。按照税法规定，以公允价值计量的金融资产持有期间公允价值变动不计入应纳税所得额。

（3）违反环保规定应支付罚款200万元，税法规定不允许税前扣除。

（4）期末对持有的存货计提了60万元的存货跌价准备。按照税法规定，企业计提的资产减值准备在资产发生实质性损失前不允许税前扣除。

根据上述资料，甲公司2×20年度应交所得税即当期所得税费用计算如下：

应纳税所得额=2 400+400−60+200+60=3 000（万元）

应交所得税=3 000×25%=750（万元）

当期所得税费用=应交所得税=750万元

会计分录为：

借：所得税费用　　7 500 000

　贷：应交税费——应交所得税　　7 500 000

5.4.2 递延所得税费用

递延所得税费用是指按照准则规定当期应予确认的递延所得税资产和递延所得税负债金额，即递延所得税资产及递延所得税负债当期发生额的综合结果，但不包括计入所有者权益的交易或事项的所得税影响。其用公式表示为：

$$\text{递延所得税}=\left(\begin{matrix}\text{递延所得税负债}\\\text{的期末余额}\end{matrix}-\begin{matrix}\text{递延所得税负债}\\\text{的期初余额}\end{matrix}\right)-\left(\begin{matrix}\text{递延所得税资产}\\\text{的期末余额}\end{matrix}-\begin{matrix}\text{递延所得税资产}\\\text{的期初余额}\end{matrix}\right)$$

需要说明的是，企业因确认递延所得税资产和递延所得税负债产生的递延所得税，一般应当计入所得税费用，但以下两种情况除外：

一是某项交易或事项按照企业会计准则规定应计入所有者权益的，由该交易或事项产生的递延所得税资产或递延所得税负债及其变化亦应计入所有者权益，不构成利润表中的递延所得税费用（或收益）。

【例5-21】

甲企业持有的某项以公允价值计量且其变动计入其他综合收益的其他债权投资成本为500万元，会计期末其公允价值为600万元，该企业适用的所得税税率为25%。除该事项外，该企业不存在其他会计与税收法规之间的差异，且递延所得税资产和递延所得税负债不存在期初余额。

会计期末在确认100万元的公允价值变动时，账务处理为：

借：其他债权投资　　1 000 000

　贷：其他综合收益　　1 000 000

确认应纳税暂时性差异的所得税影响时，账务处理为：

借：其他综合收益　　250 000

　贷：递延所得税负债　　250 000

二是企业合并中取得的资产、负债，其账面价值与计税基础不同应确认相关递延所得税的，该递延所得税的确认影响合并中产生的商誉或计入当期损益的金额，不影响所得税费用，有关举例参见【例5-18】。

5.4.3 所得税费用

计算确定了当期所得税费用及递延所得税费用以后，利润表中应予确认的所得税费用为两者之和，即所得税费用=当期所得税费用+递延所得税费用。

【例5-22】

A公司2×20年度利润表中利润总额为3 000万元，该公司适用的所得税税率为25%。递延所得税资产及递延所得税负债不存在期初余额。2×20年发生的有关交易和事项中，会计处理与税收处理存在差别的有：

（1）2×20年1月开始计提折旧的一项固定资产，成本为1 500万元，使用年限为10年，净残值为0，会计处理按双倍余额递减法计提折旧，税收处理按直线法计提折旧。假定税法规定的使用年限及净残值与会计规定相同。

（2）向关联企业捐赠现金500万元。假定按照税法规定，企业向关联方的捐赠不允许税前扣除。

（3）当期取得作为交易性金融资产核算的股票投资成本为800万元，2×20年12月31日的公允价值为1 200万元。假定按照税法规定，以公允价值计量的金融资产持有期间市价变动不计入应纳税所得额。

（4）违反环保规定应支付罚款250万元。

（5）期末对持有的存货计提了75万元的存货跌价准备。

A公司2×20年的会计处理如下：

（1）2×20年当期应交所得税。

应纳税所得额=3 000+150+500−400+250+75=3 575（万元）

应交所得税=3 575×25%=893.75（万元）

（2）2×20年递延所得税。

递延所得税资产=225×25%=56.25（万元）

递延所得税负债=400×25%=100（万元）

递延所得税=100−56.25=43.75（万元）

（3）利润表中应确认的所得税费用。

所得税费用=893.75+43.75=937.50（万元）

确认所得税费用的账务处理为：

借：所得税费用	9 375 000	
递延所得税资产	562 500	
贷：应交税费——应交所得税		8 937 500
递延所得税负债		1 000 000

A公司2×20年资产负债表相关项目金额及其计税基础见表5-3。

表5-3　**资产负债表相关项目金额及其计税基础**　单位：万元

项　目	账面价值	计税基础	差　异	
			应纳税暂时性差异	可抵扣暂时性差异
存货	2 000	2 075		75
固定资产				
固定资产原价	1 500	1 500		
减：累计折旧	300	150		
减：固定资产减值准备	0	0		
固定资产账面价值	1 200	1 350		150
交易性金融资产	1 200	800	400	
其他应付款	250	250		
总　计			400	225

【例5-23】

沿用【例5-22】资料，假定A公司2×21年当期应交所得税为1 155万元，资产负债表中有关资产、负债的账面价值与其计税基础相关资料见表5-4，除所列项目外，其他资产、负债项目不存在会计和税收的差异。

表5-4　**有关资产、负债的账面价值与其计税基础**　单位：万元

项　目	账面价值	计税基础	差　异	
			应纳税暂时性差异	可抵扣暂时性差异
存货	4 000	4 200		200
固定资产				
固定资产原价	1 500	1 500		
减：累计折旧	540	300		
减：固定资产减值准备	50	0		
固定资产账面价值	910	1 200		290
交易性金融资产	1 675	1 000	675	
预计负债	250	0		250
总　计			675	740

A公司2×21年的会计处理如下：

（1）当期所得税=当期应交所得税=1 155万元。

（2）计算递延所得税：

①期末递延所得税负债（675×25%）	168.75万元
期初递延所得税负债	100万元
递延所得税负债增加	68.75万元
②期末递延所得税资产（740×25%）	185万元
期初递延所得税资产	56.25万元
递延所得税资产增加	128.75万元

递延所得税=68.75-128.75=-60（万元）（收益）

（3）确认所得税费用：

所得税费用=1 155-60=1 095（万元）

确认所得税费用的账务处理为：

借：所得税费用 10 950 000

递延所得税资产 1 287 500

贷：递延所得税负债 687 500

应交税费——应交所得税 11 550 000

5.4.4 所得税的列报

1）列报的基本原则

（1）递延所得税资产和递延所得税负债，一般应当分别作为非流动资产和非流动负债在资产负债表中列示。

（2）所得税费用应当在利润表中单独列示。

（3）一般情况下，在个别财务报表中，当期所得税资产与负债以及递延所得税资产与负债可以以抵销后的净额列示。

（4）在合并财务报表中，纳入合并范围的企业中，一方的当期所得税资产或递延所得税资产与另一方的当期所得税负债或递延所得税负债一般不能予以抵销，除非所涉及的企业具有以净额结算的法定权利并且意图以净额结算。

2）所得税费用（或收益）与会计利润关系的说明

企业会计准则要求企业在会计报表附注中就所得税费用（或收益）与会计利润的关系进行说明，其用意在于说明在利润表中已列示所得税费用的基础上，对当期以会计利润为起点，考虑会计与税收规定之间的差异，计算得到所得税费用的调节过程。自会计利润到所得税费用之间的调整包括两个方面：一是未包括在利润总额的计算中，但包含在当期或递延所得税计算中的项目；二是未包括在当期或递延所得税计算中，但包含在利润总额计算中的项目。其具体调整项目一般包括：

（1）与税率相关的调整；

（2）税法规定的非应税收入、不得税前扣除的成本费用和损失等永久性差异；

（3）本期未确认递延所得税资产的可抵扣暂时性差异或可抵扣亏损的影响、使用前期未确认递延所得税资产的可抵扣亏损的影响；

（4）对以前期间所得税进行汇算清缴的结果与以前期间确认金额不同调整报告期间所得税费用等。

5.5 综合案例分析

1）案例资料

财政部发布与国际财务报告准则趋同的企业会计准则体系，并率先在上市公司范围内实施。新的企业会计准则要求公司在进行所得税核算时采用资产负债表债务法，并引入“递延所得税资产”和“递延所得税负债”账户。然而，不少上市公司自此开始利用递延所得税对财务报表进行“调节”。

瑞派尔（宜昌）科技集团股份有限公司（以下简称瑞派尔）是一家进行化学灌浆材料、建筑材料等生产制造以及提供水利水电工程服务的企业，于2019年在新三板挂牌上市。

瑞派尔2018年和2019年财务报表中的部分数据见表5-5。

表5-5 **财务报表中的部分数据** 单位：元

项　目	2018年	2019年
递延所得税资产	1 111 314.83	1 651 519.36
递延所得税负债	0	0
利润总额	1 781 754.05	−1 869 919.91
所得税费用	−188 414.54	−1 065 276.58
净利润	1 970 168.59	−804 643.33

瑞派尔2018年和2019年所得税费用明细见表5-6。

表5-6 **所得税费用明细表** 单位：元

项　目	2018年	2019年
按税法及相关规定计算的当期所得税费用	46 023.05	−519 927.89
递延所得税费用	−234 437.59	−545 348.69

资料来源：根据瑞派尔公司2018年和2019年年报整理而得。

请结合本章所讲内容，思考如下问题：

（1）根据新的企业会计准则，在资产负债表债务法下，当期所得税与所得税费用的概念有何区别？

（2）比较瑞派尔2018年和2019年的利润总额和净利润，分析所得税费用是如何影响净利润的？

（3）根据瑞派尔的财务数据，分析瑞派尔是如何利用递延所得税资产来“美化”财务报表的？

2）案例解析

（1）当期所得税不是利润表中的所得税费用，而是当期确认的应交所得税，其计算公式为：

应交所得税=应纳税所得额×所得税税率

应纳税所得额=税前会计利润（即利润总额）+纳税调整增加额−纳税调整减少额

所得税费用是指企业经营利润应交纳的所得税。企业在计算确定当期所得税（即当期应交所得税）以及递延所得税负债（或递延所得税资产）的基础上，应将两者之和确认为利润表中的所得税费用，但不包括直接计入所有者权益的交易或事项的所得税影响。

所得税费用=当期所得税+递延所得税负债−递延所得税资产

（2）瑞派尔2018年和2019年的利润总额分别为1 781 754.05元和-1 869 919.91元，而净利润分别为1 970 168.59元和-804 643.33元，两年的利润总额均小于净利润。根据净利润=利润总额-所得税费用，而瑞派尔两年的所得税费用均为负数，因此造成了净利润大于利润总额的现象。

（3）递延所得税资产来源于会计账面价值与计税基础产生的可抵扣暂时性差异。根据所得税费用的计算方法，当期所得税不变时，递延所得税资产越大，所得税费用越小。瑞派尔2019年的利润总额为负数，为了避免净利润亏损得太难看，公司2019年确认了金额高达1 651 519.36元的递延所得税资产，比2018年增长了48.61%，其目的就是让所得税费用减小至负数，以此来增加净利润，"美化"财务报表。

【总结与结论】

本章基于《企业会计准则第18号——所得税》的相关规定，较为系统地阐述了所得税会计的确认、计量、记录等相关内容，并重点阐述了资产负债表债务法的核算程序及其应用。

所得税会计是研究如何处理按照会计制度和准则计算的税前会计利润或亏损（即利润表中的利润总额）与按照税法计算的应税所得或亏损（即按照税法计算的应纳税所得额）之间差异的会计理论和方法。所得税会计的处理方法按是否确认递延所得税分为应付税款法和纳税影响会计法两类。纳税影响会计法按是否根据未来变化了的适用税率调整递延所得税余额分为递延法和债务法两种，其中的债务法按是否着眼于利润表或资产负债表分为利润表债务法和资产负债表债务法两种。我国企业会计准则规定，企业进行所得税会计处理采用资产负债表债务法。

【课程思政案例】

各有"所得"

企业所得税是对我国境内的企业和其他取得收入的组织的生产经营所得和其他所得征收的一种所得税。国家考虑到不同企业经营情况的不同，同时也为了鼓励各地区、各行业的企业健康发展，推出了一系列企业所得税优惠政策。

（一）促进高新技术企业茁壮成长

为了推动我国高新技术企业发展壮大，于2008年施行的《中华人民共和国企业所得税法》第二十八条规定："国家需要重点扶持的高新技术企业，减按15%的税率征收企业所得税"。这一优惠体现了国家对于科学技术的重视，加快了以高新技术企业为平台的科技成果的转化，是推进科技强国建设的重要途径。

（二）为防控"新冠肺炎"疫情贡献力量

2020年年初，为做好新型冠状病毒感染的肺炎疫情防控工作，支持相关企业发展，财政部发布了《关于支持新型冠状病毒感染的肺炎疫情防控有关税收政策的公告》和《关于支持新型冠状病毒感染的肺炎疫情防控有关捐赠税收政策的公告》。此举不仅是国家对疫情期间受到经济冲击的企业的关怀，更是对积极参与疫情防控的企业的鼓励和肯定。

（三）为描绘西部大开发新画卷增添色彩

2020年4月23日，财政部税务总局发布了《关于延续西部大开发企业所得税政策的公告》，自2021年1月1日至2030年12月31日，对设在西部地区的鼓励类产业企业减按15%的税率征收企业所得税，涉及的西部地区包括内蒙古自治区、广西壮族自治区、重庆市、四川省、贵州省、云南省、西藏自治区、陕西省、甘肃省、青海省、宁夏回族自治区、新疆维吾尔自治区和新疆生产建设兵团等。该政策优惠力度大、覆盖面广，给西部地区企业的经营发展带来了福音。

国家实行的各种企业所得税优惠政策，是切实从人民利益出发的举措。国家为企业的发展考虑，为企业减轻税负，反过来，企业的良好经营也会促进资本市场的健康发展，为社会主义市场经济建设添砖加瓦，真正实现各有“所得”。

思考题：

（1）除了上文中提到的所得税优惠政策，你还知道哪些企业所得税税收优惠政策？

（2）国家给企业减轻了税负，企业也应当遵守法律法规、合理使用税收优惠政策。不同类型的企业应用企业所得税优惠时，应当如何进行会计处理？

（3）有些企业打破了道德和法律的底线，滥用税收优惠政策进行偷税、漏税。假如你是一名注册会计师，你应该如何识破企业偷税、漏税的手段？应该如何进行防范？

小提示：

税收制度是我国经济政策的体现，为维护国家利益提供了保障。国家出台一系列的税收优惠政策，促进了企业的经营发展和公平竞争。企业应当认真研读并合理使用税收优惠政策，加大财务人员的专业培训力度，建立合理的内部控制制度，坚决抵制蓄意逃税、漏税的行为。有关监管部门也要对企业所得税税收优惠政策严把关口，防止税收优惠政策的滥用行为。

相关链接：

[1] 财政部税务总局.关于延续西部大开发企业所得税政策的公告[EB/OL].[2020-04-23]. http://szs.mof.gov.cn/zhengcefabu/202004/t20200426_3504576.htm.

[2] 财政部税务总局.关于支持新型冠状病毒感染的肺炎疫情防控有关税收政策的公告[EB/OL].[2020-02-06]. http://szs.mof.gov.cn/zhengcefabu/202002/t20200207_3466788.htm.

[3] 财政部税务总局.关于支持新型冠状病毒感染的肺炎疫情防控有关捐赠税收政策的公告[EB/OL].[2020-02-06]. http://jx.mof.gov.cn/xxgk/zhengcefagui/202003/t20200312_3481761.htm.

[4] 南方融媒.防疫法律公益微课堂——企业助力疫情防控捐赠的支出如何扣除所得税［EB/OL］.［2020-04-11］. https://haokan.baidu.com/v?vid=7657911166754500098&pd=bjh&fr=bjhauthor&type=video.

第6章 金融工具会计

【学习目标】

通过本章的学习，了解金融工具的基本概况；理解并掌握金融资产、金融负债与权益工具分类和重分类的基本原则；掌握金融工具的初始、后续和终止确认与计量方法；理解并掌握金融资产转移的判断和会计处理方法；掌握套期会计基本核算方法；了解金融工具的列报要求。

6.1 金融工具概述

金融工具（financial instrument）是指金融活动中以书面形式发行和流通的各种具有法律效力的凭证，包括债权债务凭证（票据、债券等）以及所有权凭证（股票），它们是金融市场上交易的对象。

金融市场的运作最终需落实到每笔具体交易，而几乎所有的金融交易都需要借助某种金融工具来完成。在金融领域，金融工具通常也被称为证券（security）。

传统金融市场分为货币市场和资本市场。货币市场又称为短期资金市场或短期金融市场，是经营期限在1年以内的货币资金融通市场。资本市场又称为长期资金市场，是期限在1年以上的中长期资金借贷或证券交易的市场。金融工具也可以据此进行分类。货币市场的金融工具是短期的、可交易的、流动性的、低风险的债券，有时被称为现金等价物（简称现金）。而资本市场的金融工具包括一些长期的、风险较大的证券，可以分为长期固定收益市场、股票市场、衍生工具市场中的期权和期货市场。

1）货币市场金融工具

货币市场金融工具是期限在1年以下的短期金融工具，通常具有较高的安全性和流动性，但收益相对较低。

货币市场金融工具包括国库券（treasury bills）、回购协议（repurchase agreement)、逆回购协议（reverse repurchase agreement)、大额可转让定期存单（negotiable certificates of deposits，CDs)、商业票据[①]、银行承兑汇票、贷款承诺（loan commitments)、信贷额度（line of credit）和循环贷款安排等。

2）长期固定收益证券

长期固定收益证券一般称为债券，是一种要求借款人按预先规定的时间和方式向投资者支付利息和本金的债务契约。

债券的分类方式有很多种，但对本章内容而言，较为相关的分类方式为按票面利率不同和按嵌入期权不同来进行分类。

（1）按票面利率不同，债券可以分为固定利率债券、零息债券（zero-coupon)、浮动利息债券（floating rate bonds)、累息债券（accrual bonds)、递增债券（step-up notes)、推迟利息债券（deferred coupon bonds）等。其中，浮动利率债券中有一些特殊的债券，包括利差变动债券（stepped spread floaters)、降效浮动债券（deleveraged floaters)、反向浮动债券（inverse floaters)、双浮动债券（dual-indexed floaters)、区域债券（range notes)、棘轮债券（ratchet notes)、扩展调整债券（extendible reset bonds)、指数化还本债券（index amortizing notes)、非利率指数债券（non-interest rate indexed floaters）等。

（2）按嵌入期权不同，债券可以分为可赎回债券（callable bonds)、可转换债券（convertible bonds）和可交换债券（exchangeable bonds）等。

3）股权证券

股权证券主要是指股票。股权证券可以分为三种，即普通股、优先股和认股权证。

普通股是最常见的股权证券，是指在公司的经营管理和盈利及财产的分配上享有普通权利的股份，代表满足所有债权偿付要求及优先股股东的收益权与求偿权要求后对企业盈利和剩余财产的索取权。

普通股中有一种特殊的类型，即双级股票（dual-class common stock)，通常称为A类股和B类股。其与一般普通股的不同表现在每股代表的投票权数，其中的一类（B类）比另一类（A类）有更多的投票权。

优先股是与普通股相对应的，其股东享有优先分配权和优先求偿权，但一般无表决权。按照我国《优先股试点管理办法》的规定，根据不同的股息分配方式，优先股可以分为多个种类。

（1）固定股息率优先股和浮动股息率优先股。优先股股息率在存续期内不做调整的，称为固定股息率优先股；而根据约定的计算方法进行调整的，则称为浮动股息率优先股。

（2）强制分红优先股和非强制分红优先股。公司章程规定在有可分配税后利润时必须向优先股股东分配利润的，是强制分红优先股；否则即为非强制分红优

---

① 商业票据是指境外市场上大型公司为了筹措资金以贴现方式出售给投资者的短期无担保期票，与境内的商业本票和商业汇票不是同一金融工具。

先股。

（3）可累积优先股和非累积优先股。若公司在某一时期所获盈利不足，导致当年可分配利润不足以支付优先股股息时，则将应付股息累积到次年或以后某一年盈利时，在普通股的股息发放之前，连同本年优先股股息一并发放，该类优先股即为累积优先股；若公司不足以支付优先股的全部股息时，对所欠股息部分，优先股股东不能要求公司在以后年度补发，该类优先股即为非累积优先股。

（4）参与优先股和非参与优先股。持有人除可按规定的股息率优先获得股息外，还可与普通股股东分享公司的剩余收益的优先股，称为参与优先股；持有人只能获取一定股息但不能参加公司额外分红的优先股，称为非参与优先股。

（5）可转换优先股和不可转换优先股。可转换优先股是指在规定的时间内，优先股股东或发行人可以按照一定的转换比率把优先股换成该公司的普通股；否则即为不可转换优先股。

（6）可回购优先股和不可回购优先股。可回购优先股是指允许发行公司按发行价加上一定比例的补偿收益回购优先股；而不附有回购条款的优先股，则被称为不可回购优先股。

在实务中，优先股等金融工具发行时还可能附有与普通股股利支付相连结的合同条款。这类工具常见的连结条款包括“股利制动机制”“股利推动机制”等。其中，“股利制动机制”的合同条款要求企业如果不宣派或支付（视具体合同条款而定）优先股等金融工具的股利，则其也不能宣派或支付普通股股利；“股利推动机制”的合同条款要求企业如果宣派或支付普通股股利，则其也必须宣派或支付优先股等金融工具的股利。

认股权证本质上是一种衍生工具，它赋予持有者在规定的期限内以确定的价格买入企业股票的权利。

4）衍生工具

在金融市场中，衍生工具（derivative instrument，也称衍生产品）通常指这样一种金融工具或证券，其未来回报依赖一个潜在的（underlying）证券、商品、利率或指数的价值，而这一潜在的证券、商品、利率或指数就被称为标的（基础）证券或标的资产[①]。

根据标的物的性质，衍生工具可以分为商品衍生工具和金融衍生工具。商品衍生工具是以商品作为标的资产的衍生产品，如黄金期货；而金融衍生工具是以金融产品作为标的资产的衍生产品，如股票期权。

尽管衍生工具种类繁多，且创新层出不穷，但常见的衍生工具主要有远期、期货、期权和互换四类，而其他衍生工具大都可以在这四类基本衍生工具的框架中得

① CAS22也对衍生工具进行了定义。根据CAS22的规定，衍生工具是指属于金融工具准则范围并同时具备下列特征的金融工具或其他合同：（1）其价值随特定利率、金融工具价格、商品价格、汇率、价格指数、费率指数、信用等级、信用指数或其他标的变量的变动而变动，标的变量为非金融变量（比如特定区域的地震损失指数、特定城市的气温指数等）的，该变量不应与合同的任何一方存在特定关系；（2）不要求初始净投资，或者与对市场因素变化预期有类似反应的其他合同相比，要求较少的初始净投资；（3）在未来某一日期结算。

到解释和分析。

（1）远期和期货。

远期（forward）合约和期货（futures）合约都是交易双方约定在未来某一特定时间、以某一特定价格买卖某一特定数量和质量资产的交易形式。两者差别在于远期合约是根据买卖双方的特殊需求由买卖双方自行签订的合约，而期货合约是期货交易所制定的标准化合约，对合约到期日及其买卖的资产种类、数量、质量做出了统一规定。

对远期合约和期货合约而言，在合约到期日T，合约多方（long position，也称买方）的价值为S_T-K，其中，S_T为T时刻被交易资产的现货市场价格，K为合约中规定的交割价格（delivery price）或称协定价格（strike price）。与此相应，合约空方（short position，也称卖方）的价值为$K-S_T$。

（2）期权。

期权（option）交易是买卖权利的交易。期权合约规定了持有人在规定时间内，以某一特定价格买入或卖出某一特定种类、数量、质量基础资产的权利。期权合同有在证券交易所上市的标准化合同，也有在柜台交易的非标准化合同。远期合约和期货合约的多头方和空头方在签订合约后，既有权利也有义务；而期权合约的独特之处在于其多头方获得了按合约约定买（或卖）某种资产的权利，但没有必须买（或卖）的义务。因此，期权合约的多头方必须事先向空头方交纳期权费（或称权利金），才能获得相应的权利。

期权合约大致有两类：看涨期权（call option）和看跌期权（put option）。前者给予合约持有人在未来某时以事先约定的执行价格（exercise price，也称协定价格）购买基础资产的权利；而后者则给予以约定执行价格出售的权利。

每一种期权合约都有两种部位，多头部位的投资者购买期权合约，而空头部位的投资者出售期权合约。因此，期权共有四种基本部位：①看涨期权多头，即看涨期权合约的持有者；②看涨期权空头，即看涨期权合约的出售者；③看跌期权多头，即看跌期权合约的持有者；④看跌期权空头，即看跌期权合约的出售者。

四种部位的盈利或亏损取决于合约到期日或执行日基础资产的现货市场价格。以K表示合约中的执行价格，P表示期权费，S_T表示T时刻基础资产的现货市场价格。因为$S_T>K$时期权将被执行，而$S_T\leq K$时期权将被放弃，欧式看涨期权多头部位在到期日的价值为Max（S_T-K，0），损益为Max（S_T-K，0）-P；相应的空头部位价值为多头部位的负数，即-Max（S_T-K，0）或Min（$K-S_T$，0），损益为-Max（S_T-K，0）+P或Min（$K-S_T$，0）+P。而欧式看跌期权多头部位在到期日的价值为Max（$K-S_T$，0），损益为Max（$K-S_T$，0）-P；相应的空头部位价值为多头部位的负数，即-Max（$K-S_T$，0）或Min（S_T-K，0），损益为-Max（$K-S_T$，0）+P或Min（S_T-K，0）+P。

期权根据其价值的不同，可以分为实值期权、平值期权和虚值期权三种。实值期权（in the money，ITM，也称价内期权），是指看涨期权的行权价格低于基础资产的市场价格，或者看跌期权的行权价格高于基础资产的市场价格的状态。平值期权（at the money，ATM，也称等价期权），是指期权的行权价格等于基础资产的市场价格的状态。虚值期权（out of the money，OTM，也称价外期权），是指看涨期权的行权价格高于基础资产的市场价格，或者看跌期权的行权价格低于基础资产的市场价格的状态。

（3）互换。

互换（swap）合约也称掉期合约，是指交易双方按照商定条件，在约定的时期内，交换一系列未来现金流量的合约，较为常见的是利率掉期合约和货币掉期合约。掉期合约中规定的交换货币是同种货币，则为利率掉期合约；若为异种货币，则为货币掉期合约。

5）基金

基金（fund）是一种非直接的投资工具，它是通过专业投资经理的集成投资计划，故又称为集体或集资投资。基金成立的主要目标是汇集投资偏好相似的投资者资金，投资于不同的金融工具。

本章所涉及的基金主要是证券投资基金。根据不同的标准，可以将证券投资基金划分为不同的种类：

（1）根据投资对象的不同，可分为股票基金、债券基金、货币市场基金、混合型基金等；

（2）根据投资风险与收益的不同，可分为成长型基金、收入型基金和平衡型基金；

（3）根据组织形态的不同，可分为公司型基金和契约型基金；

（4）根据基金单位是否可增加或赎回，可分为开放式基金和封闭式基金。

其中，基金通过发行基金股份成立投资基金公司的形式设立，通常称为公司型基金；由基金管理人、基金托管人和投资人三方通过基金契约设立，通常称为契约型基金。我国的证券投资基金都是契约型基金。

根据基金是否可以赎回，证券投资基金可分为开放式基金和封闭式基金。其中，开放式基金是指投资者可以随时向基金管理人或其代理销售机构申购或赎回，因而规模不是固定不变的投资基金；封闭式基金是指在发行完毕后和规定的期限内，基金规模固定不变的投资基金。封闭式基金发起设立时，投资者可以向基金管理人或销售机构认购；封闭式基金上市交易时，投资者又可在证券交易所按市价买卖。而投资者投资于开放式基金时，则可以随时向基金管理人或代理销售机构申购或赎回。封闭式基金因在证券交易所上市，当市场供小于求时，基金份额买卖价格可能高于每份基金份额资产净值，反之基金价格则可能低于每份基金份额资产净值。而一般开放式基金（也称普通开放式基金）的买卖价格是以单位基金资产净值为基础计算的。

除上述分类外，还有一些特殊的基金，如对冲基金、分级基金和各类组合基金。

此外，银行理财产品与信托和基金相比，尽管有一定的区别，但仍具有较多的相似性，这里不再赘述。

6.2 金融资产的确认与计量

在会计学领域，金融工具是指形成一方的金融资产并形成其他方的金融负债或权益工具的合同。企业持有或发行金融工具，应当按照该金融工具的合同条款及其所反映的经济实质而非法律形式，以及金融资产、金融负债和权益工具的定义，在初始确认时将该金融工具或其组成部分分类为金融资产、金融负债或权益工具。

6.2.1 金融资产的确认

1）金融资产的定义

金融资产是指企业持有的现金、其他方的权益工具，以及符合下列条件之一的资产：

（1）从其他方收取现金或其他金融资产的合同权利；

（2）在潜在有利条件下，与其他方交换金融资产或金融负债的合同权利；

（3）将来须用或可用企业自身权益工具进行结算的非衍生工具合同，且企业根据该合同将收到可变数量的自身权益工具；

（4）将来须用或可用企业自身权益工具进行结算的衍生工具合同，但以固定数量的自身权益工具交换固定金额的现金或其他金融资产的衍生工具合同除外。

其中，条件（4）中所指的企业自身权益工具，不包括应当按照《企业会计准则第37号——金融工具列报》分类为权益工具的可回售工具或发行方仅在清算时才有义务向另一方按比例交付其净资产的金融工具，也不包括本身就要求在未来收取或交付企业自身权益工具的合同。对这些工具的详细论述，见本章6.3金融负债和权益工具的确认与计量相关内容。

根据条件（1），企业的银行存款、应收账款、应收票据和贷款等属于金融资产，而预付账款不是金融资产，因预付账款在未来预期收到的是商品或服务，而不是现金或其他金融资产。根据条件（2），企业买入的看涨期权或看跌期权等也属于金融资产。

本章不涉及以下金融资产的会计处理：

（1）长期股权投资（即企业对外能够形成控制、共同控制和重大影响的股权投资）；

（2）货币资金（即库存现金、银行存款、其他货币资金）。

2）金融资产的分类与确认

企业应当根据其管理金融资产的业务模式和金融资产的合同现金流量特征，将金融资产划分为以下三类：以摊余成本（amortized cost，AC）计量的金融资产；以公允价值计量且其变动计入其他综合收益（fair value through other comprehensive income，FVOCI或FVTOCI）的金融资产；以公允价值计量且其变动计入当期损益（fair value through profit and loss，FVTPL）的金融资产。

（1）关于企业管理金融资产的业务模式。

①业务模式评估。

企业管理金融资产的业务模式，是指企业如何管理其金融资产以产生现金流量。业务模式决定企业所管理金融资产现金流量的来源是收取合同现金流量、出售金融资产，还是两者兼有。

企业确定其管理金融资产的业务模式时，应当注意以下方面：

A.企业应当在金融资产组合的层次上确定管理金融资产的业务模式，而不必按照单个金融资产逐项确定业务模式。金融资产组合的层次应当反映企业管理该金融资产的层次。在有些情况下，企业可能将金融资产组合分拆为更小的组合，以合理反映企业管理该金融资产的层次。

B.一个企业可能会采用多个业务模式管理其金融资产。

C.企业应当以企业关键管理人员决定的对金融资产进行管理的特定业务目标为基础，确定管理金融资产的业务模式。其中，"关键管理人员"是指《企业会计准则第36号——关联方披露》中定义的关键管理人员。

D.企业的业务模式并非企业自愿指定，而是一种客观事实，通常可以从企业为实现其目标而开展的特定活动中得以反映。企业应当考虑在业务模式评估日可获得的所有相关证据，包括企业评价和向关键管理人员报告金融资产业绩的方式、影响金融资产业绩的风险及其管理方式以及相关业务管理人员获得报酬的方式（如报酬是基于所管理资产的公允价值还是所收取的合同现金流量）等。

E.企业不得以按照合理预期不会发生的情形为基础确定管理金融资产的业务模式。

此外，如果金融资产实际现金流量的方式不同于评估业务模式时的预期，只要企业在评估业务模式时已经考虑了当时所有可获得的相关信息，这一差异不构成企业财务报表的前期差错，也不改变企业在该业务模式下持有的剩余金融资产的分类。但是，企业在评估新的金融资产的业务模式时，应当考虑这些信息。

②以收取合同现金流量为目标的业务模式。

在以收取合同现金流量为目标的业务模式下，企业管理金融资产旨在通过在金融资产存续期内收取合同付款来实现现金流量，而不是通过持有并出售金融资产产生整体回报。

在以收取合同现金流量为目标的业务模式下，金融资产的信用质量影响着企业收取合同现金流量的能力。为减少因信用恶化所导致的潜在信用损失而进行的风险管理活动与以收取合同现金流量为目标的业务模式并不矛盾。因此，即使企业在金融资产的信用风险增加时为减少信用损失而将其出售，金融资产的业务模式仍然可能是以收取合同现金流量为目标的业务模式。

如果企业在金融资产到期日前出售金融资产，即使与信用风险管理活动无关，在出售只是偶然发生（即使价值重大）或者单独及汇总出售的价值非常小（即使频繁发生）的情况下，金融资产的业务模式仍然可能是以收取合同现金流量为目标。如果企业能够解释出售的原因并且证明出售并不反映业务模式的改变，出售频率或者出售价值在特定时期内增加不一定与以收取合同现金流量为目标的业务模式相矛盾。此外，如果出售发生在金融资产临近到期时，且出售所得接近待收取的剩余合同现金流量，金融资产的业务模式仍然可能是以收取合同现金流量为目标。

③以收取合同现金流量和出售金融资产为目标的业务模式。

在同时以收取合同现金流量和出售金融资产为目标的业务模式下，企业的关键管理人员认为收取合同现金流量和出售金融资产对实现其管理目标而言都是不可或缺的。

与以收取合同现金流量为目标的业务模式相比，此业务模式涉及的出售通常频率更高、价值更大。因为出售金融资产是此业务模式的目标之一，在该业务模式下不存在出售金融资产的频率或者价值的明确界限。

④其他业务模式。

如果企业管理金融资产的业务模式，不是以收取合同现金流量为目标，也不是以收取合同现金流量和出售金融资产为目标，则该企业管理金融资产的业务模式是其他业务模式。

需要注意的是，其他业务模式不仅仅指出售。对于《企业会计准则第22号——金融工具确认和计量》第二十二条（二）“以公允价值基础对金融负债组合或金融资产和金融负债组合进行管理和业绩评价”中涉及的金融资产，企业重点关注其公允价值信息，利用公允价值信息来评估相关金融资产的业绩并进行决策。企业管理这些金融资产的业务模式，不是以收取合同现金流量为目标，也不是以收取合同现金流量和出售金融资产为目标。

（2）关于金融资产的合同现金流量特征。

金融资产的合同现金流量特征，是指金融工具合同约定的、反映相关金融资产经济特征的现金流量属性。企业分类为以摊余成本计量的金融资产和以公允价值计量且其变动计入其他综合收益的金融资产，其合同现金流量特征应当与基本借贷安排相一致，即相关金融资产在特定日期产生的合同现金流量仅为对本金和以未偿付本金金额为基础的利息的支付（即“本金加利息的合同现金流量特征”，solely payments of principal and interest，SPPI）。无论金融资产的法律形式是否为一项贷款，都可能是一项基本借贷安排。

本金是指金融资产在初始确认时的公允价值，本金金额可能因提前还款等原因在金融资产的存续期内发生变动；利息包括对货币时间价值、与特定时期未偿付本金金额相关的信用风险，以及其他基本借贷风险、成本和利润的对价。企业应当使用金融资产的计价货币来评估金融资产的合同现金流量特征[①]。此外，如果一项贷款具有完全追索权并有抵押品作为担保，该事实并不影响企业对其合同现金流量特征的评估。

货币时间价值是利息要素中仅因为时间流逝而提供对价的部分，不包括为所持有金融资产的其他风险或成本提供的对价，但货币时间价值要素有时可能存在修正。在货币时间价值要素存在修正的情况下，企业应当对相关修正进行评估，以确

① 注意，不是记账本位币。

定其是否满足上述合同现金流量特征的要求。修正的货币时间价值要素评估的目标，是确定未折现合同现金流量与假如未对货币时间价值要素进行修正的情形下未折现的合同现金流量（基准现金流量）之间的差异。

此外，金融资产包含可能导致其合同现金流量的时间分布或金额发生变更的合同条款（如包含提前还款特征）的，企业应当对相关条款进行评估（如评估提前还款特征的公允价值是否非常小），以确定其是否满足上述合同现金流量特征的要求。

通常情况下，下列涉及合同现金流量的时间分布或金额变更的合同条款，符合本金加利息的合同现金流量特征：①浮动利率包含对货币时间价值、与特定时期未偿付本金金额相关的信用风险（对信用风险的对价可能仅在初始确认时确定，因此可能是固定的）、其他基本借贷风险、成本和利润的对价；②合同条款允许发行人（即债务人）在到期前提前偿付债务，或者允许持有人（即债权人）在到期前将债务工具卖回给发行人，而且这些提前偿付的金额实质上反映了尚未支付的本金及以未偿付本金金额为基础的利息，其中可能包括因提前终止合同而支付或收取的合理补偿；③合同条款允许发行人或持有人延长债务工具的合同期限（即展期选择权），并且展期选择权条款导致展期期间的合同现金流量仅为对本金及以未偿付本金金额为基础的利息的支付，其中可能包含为合同展期而支付的合理的额外补偿。

在一些交易中，发行人可利用多个合同挂钩工具来安排向金融资产持有人付款的优先劣后顺序（分级）。对于某一分级的金融资产持有人来说，仅当发行人取得足够的现金流量以满足更优先级的支付时，此类工具的持有人才有权取得对本金和未偿付本金的利息的偿付。当同时符合下列条件时，企业持有的某一分级的金融资产才符合本金加利息的合同现金流量特征：①分级的合同条款（在未穿透基础资产的情况下），产生的现金流量仅为对本金和以未偿付本金金额为基础的利息的支付；②基础资产包含一个或多个符合本金加利息的合同现金流量特征的工具（以下称基础工具）；③该分级所承担的基础资产的信用风险，等于或小于基础资产本身的信用风险。其中，基础资产中除基础工具外，还可以有满足以下条件的其他工具：可以降低基础资产中基础工具现金流量波动性，并且当与基础工具相结合时，能够产生仅为对本金和以未偿付本金金额为基础的利息的支付的现金流量；可以协调各分级的合同现金流量与基础工具的现金流量，以解决两者在利率、计价货币（包括通货膨胀因素）以及现金流量的时间分布上的差异。

合同现金流量评估还需要注意一些其他特殊情况：①某些金融资产的合同现金流量特征中包含杠杆因素，杠杆导致合同现金流量的变动性增加，不符合利息的经济特征；②某些金融资产合同中使用本金和利息描述合同现金流量，但此类合同可能并不符合本金加利息的合同现金流量特征；③借款合同中，对于劣后于其他工具的工具，如果债务人不付款构成违约，并且即使在债务人破产的情况下债权人也拥有收取本金及以未偿付本金金额为基础的利息的合同权利，则该工具可能符合本金加利息的合同现金流量特征，反之如果次级特征以任何方式限制了合同现金流量或产生了任何形式的其他现金流量，则该工具不符合本金加利息的合同现金流量特征；④如果合同现金流量特征仅对金融资产的合同现金流量构成极其微小的影响，则不会影响金融资产的分类。

（3）金融资产的具体分类。

金融资产分类的基本流程，如图6-1所示。

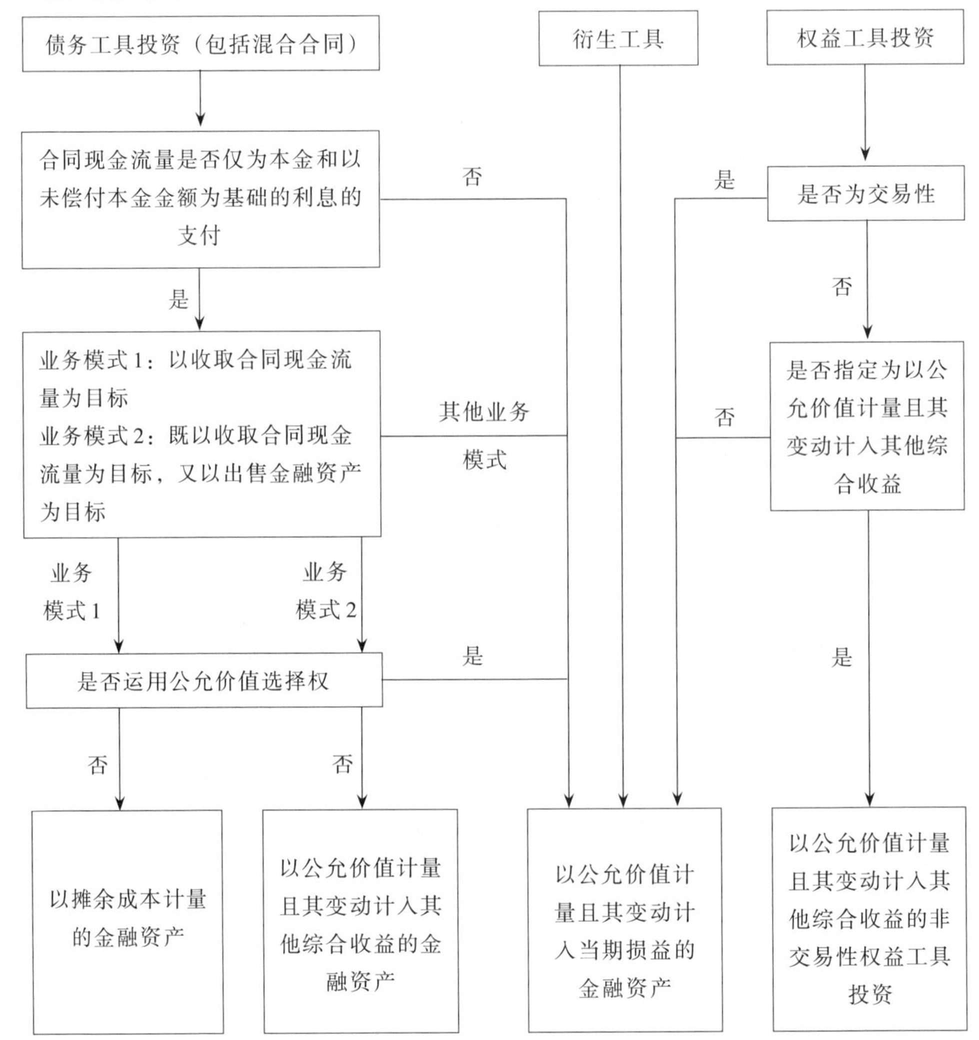

图6-1 金融资产分类流程图

第一类，金融资产同时符合下列条件的，应当分类为以摊余成本计量的金融资产：①企业管理该金融资产的业务模式是以收取合同现金流量为目标（业务模式测试）；②该金融资产的合同条款规定，在特定日期产生的现金流量，仅为对本金和以未偿付本金金额为基础的利息的支付。

企业一般应当设置“贷款”“应收账款”“债权投资”等科目核算分类为以摊余成本计量的金融资产。

第二类，金融资产同时符合下列条件的，应当分类为以公允价值计量且其变动计入其他综合收益的金融资产：①企业管理该金融资产的业务模式既以收取合同现金流量为目标又以出售该金融资产为目标；②该金融资产的合同条款规定，在特定日期产生的现金流量，仅为对本金和以未偿付本金金额为基础的利息的支付。

企业应当设置“其他债权投资”科目核算分类为以公允价值计量且其变动计入其他综合收益的金融资产。

第三类，按照分类为以摊余成本计量的金融资产和以公允价值计量且其变动计入其他综合收益的金融资产之外的金融资产，企业应当将其分类为以公允价值计量且其变动计入当期损益的金融资产。

股票、基金和可转换债券等常见的投资产品，通常应当分类为以公允价值计量且其变动计入当期损益的金融资产。此外，在初始确认时，如果能够消除或显著减少会计错配[①]，企业可以将金融资产指定为以公允价值计量且其变动计入当期损益的金融资产。该指定一经做出，不得撤销。

企业应当设置“交易性金融资产”科目核算分类为以公允价值计量且其变动计入当期损益的金融资产。企业持有的指定为以公允价值计量且其变动计入当期损益的金融资产可在本科目下单设“指定类”明细科目核算。

（4）金融资产分类的特殊规定。

权益工具投资一般不符合SPPI，因此应当分类为以公允价值计量且其变动计入当期损益的金融资产。然而，在初始确认时，企业可以将非交易性权益工具投资指定为以公允价值计量且其变动计入其他综合收益的金融资产，并按规定确认股利收入。该指定一经做出，不得撤销。企业投资其他上市公司股票或者非上市公司股权的，都可能属于这种情形。

①关于“非交易性”和“权益工具投资”的界定。

金融资产或金融负债满足下列条件之一的，表明企业持有该金融资产或承担该金融负债的目的是交易性的：

A.取得相关金融资产或承担相关金融负债的目的，主要是为了近期出售或回购。

B.相关金融资产或金融负债在初始确认时属于集中管理的可辨认金融工具组合的一部分，且有客观证据表明近期实际存在短期获利模式。在这种情况下，即使组合中有某个组成项目持有的期限稍长也不受影响。其中，“金融工具组合”是指金融资产组合或金融负债组合。

C.相关金融资产或金融负债属于衍生工具，但符合财务担保合同定义的衍生工具以及被指定为有效套期工具的衍生工具除外。

只有不符合上述条件的非交易性权益工具投资才可以进行该指定。

此处权益工具投资中的“权益工具”，是指对于工具发行方来说，满足本章中权益工具定义的工具。符合金融负债定义但被分类为权益工具的特殊金融工具（包括可回售工具和发行方仅在清算时才有义务向另一方按比例交付其净资产的金融工

---

① 会计错配是指当企业以不同的会计确认方法和计量属性，对在经济上相关的资产或负债进行确认或计量而产生利得或损失时，可能导致的会计确认和计量上的不一致。

具）本身并不符合权益工具的定义，因此，从投资方的角度也就不符合指定为以公允价值计量且其变动计入其他综合收益的金融资产的条件。例如，某些开放式基金，基金持有人可将基金份额回售给基金，该基金发行的基金份额并不符合权益工具的定义，只是按照规定符合列报为权益工具条件的可回售工具。在这种情况下，投资人持有的该基金份额，不能指定为以公允价值计量且其变动计入其他综合收益的金融资产。

②基本会计处理原则。

在初始确认时，企业可基于单项非交易性权益工具投资，将其指定为以公允价值计量且其变动计入其他综合收益的金融资产，其公允价值的后续变动计入其他综合收益，不需计提减值准备。除了获得的股利收入（明确作为投资成本部分收回的股利收入除外）计入当期损益外，其他相关的利得和损失（包括汇兑损益）均应当计入其他综合收益，且后续不得转入损益。当金融资产终止确认时，之前计入其他综合收益的累计利得或损失应当从其他综合收益中转出，计入留存收益。

需要注意的是，企业在非同一控制下的企业合并中确认的或有对价构成金融资产的，该金融资产应当分类为以公允价值计量且其变动计入当期损益的金融资产，不得指定为以公允价值计量且其变动计入其他综合收益的金融资产。

3）金融资产的重分类

企业改变其管理金融资产的业务模式时，应当按照规定对所有受影响的相关金融资产进行重分类。企业对所有金融负债均不得进行重分类。

企业对金融资产进行重分类，应当自重分类日起采用未来适用法进行相关会计处理，不得对以前已经确认的利得或损失（包括减值损失或利得）或利息进行追溯调整。重分类日是指导致企业对金融资产进行重分类的业务模式发生变更后的首个报告期间的第一天。

企业管理金融资产业务模式的变更是一种极其少见的情形。该变更源自外部或内部的变化，必须由企业的高级管理层进行决策，且其必须对企业的经营非常重要，并能够向外部各方证实。因此，只有当企业开始或终止某项对其经营影响重大的活动时（如当企业收购、处置或终止某一业务线时），其管理金融资产的业务模式才会发生变更。需要注意的是，企业业务模式的变更必须在重分类日之前生效。

以下情形不属于业务模式变更：

①企业持有特定金融资产的意图改变。企业即使在市场状况发生重大变化的情况下改变对特定资产的持有意图，也不属于业务模式变更。

②金融资产特定市场暂时性消失从而暂时影响金融资产出售。

③金融资产在企业具有不同业务模式的各部门之间转移。

需要注意的是，如果企业管理金融资产的业务模式没有发生变更，而金融资产的条款发生变更但未导致终止确认的，不允许重分类。如果金融资产条款发生变更导致金融资产终止确认的，不涉及重分类问题，企业应当终止确认原金融资产，同时按照变更后的条款确认一项新金融资产。

6.2.2　金融资产的初始计量

企业初始确认金融资产或金融负债，应当按照公允价值计量。对于以公允价值计量且其变动计入当期损益的金融资产和金融负债，相关交易费用应当直接计入当期损益；对于其他类别的金融资产或金融负债，相关交易费用应当计入初始确认金额。但是，企业初始确认的应收账款未包含收入准则中所定义的重大融资成分或根据该准则规定不考虑不超过1年的合同中的融资成分的，应当按照其定义的交易价格进行初始计量。

交易费用是指可直接归属于购买、发行或处置金融工具的增量费用。增量费用是指企业没有发生购买、发行或处置相关金融工具的情形就不会发生的费用，包括支付给代理机构、咨询公司、券商、证券交易所、政府有关部门等的手续费、佣金、相关税费以及其他必要支出，不包括债券溢价、折价、融资费用、内部管理成本和持有成本等与交易不直接相关的费用。

企业应当根据《企业会计准则第39号——公允价值计量》的规定，确定金融资产和金融负债在初始确认时的公允价值。公允价值通常为相关金融资产或金融负债的交易价格。金融资产或金融负债公允价值与交易价格存在差异的，企业应当区别下列情况进行处理：

（1）在初始确认时，金融资产或金融负债的公允价值依据相同资产或负债在活跃市场上的报价或者以仅使用可观察市场数据的估值技术确定的，企业应当将该公允价值与交易价格之间的差额确认为一项利得或损失。

（2）在初始确认时，金融资产或金融负债的公允价值以其他方式确定的，企业应当将该公允价值与交易价格之间的差额递延。初始确认以后，企业应当根据某一因素在相应会计期间的变动程度将该递延差额确认为相应会计期间的利得或损失。该因素应当仅限于市场参与者对该金融工具定价时将予考虑的因素，包括时间等。

企业取得金融资产所支付的价款中包含的已宣告但尚未发放的债券利息或现金股利，应当单独确认为应收项目进行处理。

6.2.3　金融资产的后续计量

1）金融资产后续计量原则

金融资产的后续计量与金融资产的分类密切相关。企业应当对不同类别的金融资产，分别以摊余成本、以公允价值计量且其变动计入其他综合收益或以公允价值计量且其变动计入当期损益进行后续计量。

需要注意的是，企业在对金融资产进行后续计量时，如果一项金融工具以前被确认为一项金融资产并以公允价值计量，而现在其公允价值低于零，企业应将其确认为一项负债。但对于主合同为资产的混合合同，即使整体公允价值可能低于零，企业应当始终将混合合同整体作为一项金融资产进行分类和计量。

2）以摊余成本计量的金融资产的会计处理

（1）实际利率。

实际利率法是指计算金融资产或金融负债的摊余成本以及将利息收入或利息费

用分摊计入各会计期间的方法。

实际利率是指将金融资产或金融负债在预计存续期的估计未来现金流量，折现为该金融资产账面余额（不考虑减值）或该金融负债摊余成本所使用的利率。在确定实际利率时，应当在考虑金融资产或金融负债所有合同条款（如提前还款、展期、看涨期权或其他类似期权等）的基础上估计预期现金流量，但不应当考虑预期信用损失。

经信用调整的实际利率，是指将购入或源生的已发生信用减值的金融资产在预计存续期的估计未来现金流量，折现为该金融资产摊余成本的利率。在确定经信用调整的实际利率时，应当在考虑金融资产的所有合同条款（如提前还款、展期、看涨期权或其他类似期权等）以及初始预期信用损失的基础上估计预期现金流量。

企业通常能够可靠估计金融工具（或一组类似金融工具）的现金流量和预计存续期。在极少数情况下，金融工具（或一组类似金融工具）的估计未来现金流量或预计存续期无法可靠估计的，企业在计算确定其实际利率（或经信用调整的实际利率）时，应当基于该金融工具在整个合同期内的合同现金流量。

合同各方之间支付或收取的、属于实际利率或经信用调整的实际利率组成部分的各项费用、交易费用及溢价或折价等，应当在确定实际利率或经信用调整的实际利率时予以考虑。

（2）摊余成本。

金融资产或金融负债的摊余成本，应当以该金融资产或金融负债的初始确认金额经下列调整确定：①扣除已偿还的本金；②加上或减去采用实际利率法将该初始确认金额与到期日金额之间的差额进行摊销形成的累计摊销额；③扣除计提的累计信用减值准备（仅适用于金融资产）。

对于浮动利率金融资产或浮动利率金融负债，以反映市场利率波动而对现金流量的定期重估将改变实际利率。如果浮动利率金融资产或浮动利率金融负债的初始确认金额等于到期日应收或应付本金的金额，则未来利息付款额的重估通常不会对该资产或负债的账面价值产生重大影响。

企业与交易对手方修改或重新议定合同，未导致金融资产终止确认，但导致合同现金流量发生变化的，或者企业修正对合同现金流量的估计的，应当重新计算该金融资产的账面余额，并将相关利得或损失计入当期损益。重新计算的该金融资产的账面余额，应当根据将重新议定或修改的合同现金流量按金融资产的原实际利率（或者购买或源生的已发生信用减值的金融资产应按经信用调整的实际利率）折现的现值确定。对于修改或重新议定合同所产生的所有成本或费用，企业应当调整修改后的金融资产账面价值，并在修改后金融资产的剩余期限内摊销。

以摊余成本计量且不属于任何套期关系的金融资产所产生的利得或损失，应当在终止确认、重分类、按照实际利率法摊销或确认减值时，计入当期损益。

【例 6-1】

2×13 年 1 月 1 日，甲公司支付价款 1 000 万元（含交易费用）从上海证券交易所购入乙公司同日发行的 5 年期公司债券 12 500 份，债券票面价值总额为 1 250 万元，票面年利率为4.72%，于年末支付本年度债券利息（即每年利息为59万元），本金在债券到期时一次性偿还。合同约定，该债券的发行方在遇到特定情况时可以将债券赎回，且不需要为提前赎回支付额外款项。甲公司在购买该债券时，预计发行方不会提前赎回。甲公司根据其管理该债券的业务模式和该债券的合同现金流量特征，将该债券分类为以摊余成本计量的金融资产。假定不考虑所得税、减值损失等因素。

计算该债券的实际利率r为：

59×（P/A，r，5）+1 250×（P/F，r，5）=1 000

运用插值法，计算可得：

r=10%

情形一：

甲公司相关数据见表6-1。

表6-1　**甲公司相关数据表**　单位：万元

日　期	期初摊余成本（A）	实际利息收入（B=A×10%）	现金流入（C）	期末摊余成本（D=A+B-C）
2×13年	1 000	100	59	1 041
2×14年	1 041	104	59	1 086
2×15年	1 086	109	59	1 136
2×16年	1 136	114	59	1 191
2×17年	1 191	118*	1 309	0

注：*尾数调整1 250+59-1 191=118（万元）。

根据表6-1中的数据，甲公司的有关账务处理如下：

（1）2×13年1月1日，购入乙公司债券。

借：债权投资——成本　12 500 000
　贷：银行存款　10 000 000
　　债权投资——利息调整　2 500 000

（2）2×13年12月31日，确认乙公司债券实际利息收入、收到债券利息。

借：应收利息　590 000
　债权投资——利息调整　410 000
　贷：投资收益　1 000 000

借：银行存款　590 000
　贷：应收利息　590 000

（3）2×14年12月31日，确认乙公司债券实际利息收入、收到债券利息。

借：应收利息　590 000
　债权投资——利息调整　450 000
　贷：投资收益　1 040 000

借：银行存款　590 000

贷：应收利息　590 000

（4）2×15年12月31日，确认乙公司债券实际利息收入、收到债券利息。

借：应收利息　590 000

　　债权投资——利息调整　500 000

　贷：投资收益　1 090 000

借：银行存款　590 000

　贷：应收利息　590 000

（5）2×16年12月31日，确认乙公司债券实际利息收入、收到债券利息。

借：应收利息　590 000

　　债权投资——利息调整　550 000

　贷：投资收益　1 140 000

借：银行存款　590 000

　贷：应收利息　590 000

（6）2×17年12月31日，确认乙公司债券实际利息收入、收到债券利息和本金。

借：应收利息　590 000

　　债权投资——利息调整　590 000

　贷：投资收益　1 180 000

借：银行存款　590 000

　贷：应收利息　590 000

借：银行存款　12 500 000

　贷：债权投资——成本　12 500 000

情形二：

假定2×15年1月1日甲公司预计本金的一半（即625万元）将会在该年年末收回，而其余的另一半本金将于2×17年年末付清。因此，甲公司应当调整2×15年年初的摊余成本，计入当期损益；调整时采用最初确定的实际利率。据此，调整表6-1中相关数据后见表6-2。

表6-2　**调整后的相关数据表**　单位：万元

日期	期初摊余成本（A）	实际利息收入（B=A×10%）	现金流入（C）	期末摊余成本（D=A+B-C）
2×13年	1 000	100	59	1 041
2×14年	1 041	104	59	1 086
2×15年	1 139*	114	684	569
2×16年	569	57	30**	596
2×17年	596	59***	655	0

注：*（625+59）×$(1+10\%)^{-1}$+30×$(1+10\%)^{-2}$+（625+30）×$(1+10\%)^{-3}$≈1 139（万元）

**625×4.72%≈30（万元）

***625+30-596=59（万元）（尾数调整）

根据上述调整，甲公司的账务处理如下：

（1）2×15年1月1日，调整期初账面余额。

借：债权投资——利息调整 530 000

贷：投资收益 530 000

（2）2×15年12月31日，确认实际利息、收回本金等。

借：应收利息 590 000

债权投资——利息调整 550 000

贷：投资收益 1 140 000

借：银行存款 590 000

贷：应收利息 590 000

借：银行存款 6 250 000

贷：债权投资——成本 6 250 000

（3）2×16年12月31日，确认实际利息等。

借：应收利息 300 000

债权投资——利息调整 270 000

贷：投资收益 570 000

借：银行存款 300 000

贷：应收利息 300 000

（4）2×17年12月31日，确认实际利息、收回本金等。

借：应收利息 300 000

债权投资——利息调整 290 000

贷：投资收益 590 000

借：银行存款 300 000

贷：应收利息 300 000

借：银行存款 6 250 000

贷：债权投资——成本 6 250 000

3）以公允价值进行后续计量的金融资产的会计处理

（1）对于按照公允价值进行后续计量的金融资产，其公允价值变动形成的利得或损失，除与套期会计有关外，应当按照下列规定处理：

①以公允价值计量且其变动计入当期损益的金融资产的利得或损失，应当计入当期损益。

②分类为以公允价值计量且其变动计入其他综合收益的金融资产所产生的利得或损失，除减值损失或利得和汇兑损益之外，均应当计入其他综合收益，直至该金融资产终止确认或被重分类。但是，采用实际利率法计算的该金融资产的利息应当计入当期损益。该类金融资产计入各期损益的金额应当与视同其一直按摊余成本计量而计入各期损益的金额相等。

该金融资产终止确认时，之前计入其他综合收益的累计利得或损失应当从其他综合收益中转出，计入当期损益。

③指定为以公允价值计量且其变动计入其他综合收益的非交易性权益工具投资，除了获得的股利（属于投资成本收回部分的除外）计入当期损益外，其他相关的利得和损失（包括汇兑损益）均应计入其他综合收益，且后续不得转入当期损益。当其终止确认时，之前计入其他综合收益的累计利得或损失应当从其他综合收益中转出，计入留存收益。

（2）企业只有在同时符合下列条件时，才能确认股利收入并计入当期损益：

①企业收取股利的权利已经确立；

②与股利相关的经济利益很可能流入企业；

③股利的金额能够可靠计量。

【例 6-2】

2×13 年 1 月 1 日，甲公司支付价款 1 000 万元（含交易费用）从上海证券交易所购入乙公司同日发行的 5 年期公司债券 12 500 份，债券票面价值总额为 1 250 万元，票面年利率为 4.72%，于年末支付本年度债券利息（即每年利息为 59 万元），本金在债券到期时一次性偿还。合同约定，该债券的发行方在遇到特定情况时可以将债券赎回，且不需要为提前赎回支付额外款项。甲公司在购买该债券时，预计发行方不会提前赎回。甲公司根据其管理该债券的业务模式和该债券的合同现金流量特征，将该债券分类为以公允价值计量且其变动计入其他综合收益的金融资产。

其他资料如下：

（1）2×13 年 12 月 31 日，乙公司债券的公允价值为 1 200 万元（不含利息）。

（2）2×14 年 12 月 31 日，乙公司债券的公允价值为 1 300 万元（不含利息）。

（3）2×15 年 12 月 31 日，乙公司债券的公允价值为 1 250 万元（不含利息）。

（4）2×16 年 12 月 31 日，乙公司债券的公允价值为 1 200 万元（不含利息）。

（5）2×17 年 1 月 20 日，通过上海证券交易所出售了乙公司债券 12 500 份，取得价款 1 260 万元。

假定不考虑所得税、减值损失等因素，可计算得出该债券的实际利率 r=10%。

甲公司相关数据见表 6-3。

表 6-3 **甲公司相关数据表** 单位：万元

日期	现金流入（A）	实际利息收入（B=期初D×10%）	已收回等本金（C=A−B）	摊余成本余额（D=期初D−C）	公允价值（E）	公允价值变动额（F=E−D−期初G）	公允价值变动累计金额（G=期初G+F）
2×13 年	—	—	—	1 000	1 000	0	0
2×14 年	59	100	−41	1 041	1 200	159	159
2×15 年	59	104	−45	1 086	1 300	55	214
2×16 年	59	109	−50	1 136	1 250	−100	114
2×17 年	59	114	−55	1 191	1 200	−105	9

甲公司的有关账务处理如下：

（1）2×13年1月1日，购入乙公司债券。

借：其他债权投资——成本 12 500 000
　贷：银行存款 10 000 000
　　其他债权投资——利息调整 2 500 000

（2）2×13年12月31日，确认乙公司债券实际利息收入、公允价值变动，收到债券利息。

借：应收利息 590 000
　其他债权投资——利息调整 410 000
　贷：投资收益 1 000 000
借：银行存款 590 000
　贷：应收利息 590 000
借：其他债权投资——公允价值变动 1 590 000
　贷：其他综合收益——其他债权投资公允价值变动 1 590 000

（3）2×14年12月31日，确认乙公司债券实际利息收入、公允价值变动，收到债券利息。

借：应收利息 590 000
　其他债权投资——利息调整 450 000
　贷：投资收益 1 040 000
借：银行存款 590 000
　贷：应收利息 590 000
借：其他债权投资——公允价值变动 550 000
　贷：其他综合收益——其他债权投资公允价值变动 550 000

（4）2×15年12月31日，确认乙公司债券实际利息收入、公允价值变动，收到债券利息。

借：应收利息 590 000
　其他债权投资——利息调整 500 000
　贷：投资收益 1 090 000
借：银行存款 590 000
　贷：应收利息 590 000
借：其他综合收益——其他债权投资公允价值变动 1 000 000
　贷：其他债权投资——公允价值变动 1 000 000

（5）2×16年12月31日，确认乙公司债券实际利息收入、公允价值变动，收到债券利息。

借：应收利息 590 000
　其他债权投资——利息调整 550 000
　贷：投资收益 1 140 000

借：银行存款　　590 000

　贷：应收利息　　　　590 000

借：其他综合收益——其他债权投资公允价值变动　　1 050 000

　贷：其他债权投资——公允价值变动　　　　1 050 000

（6）2×17年1月20日，确认出售乙公司债券实现的损益。

借：银行存款　　12 600 000

　　其他综合收益——其他债权投资公允价值变动　　90 000

　　其他债权投资——利息调整　　590 000

　贷：其他债权投资——成本　　　　12 500 000

　　　　　　　　　——公允价值变动　　　　90 000

　　投资收益　　　　690 000

6.3 金融负债和权益工具的确认与计量

6.3.1 金融负债和权益工具的定义

1）金融负债的定义

金融负债是指企业符合下列条件之一的负债：

（1）向其他方交付现金或其他金融资产的合同义务；

（2）在潜在不利条件下，与其他方交换金融资产或金融负债的合同义务；

（3）将来须用或可用企业自身权益工具进行结算的非衍生工具合同，且企业根据该合同将交付可变数量的自身权益工具；

（4）将来须用或可用企业自身权益工具进行结算的衍生工具合同。

其中，条件（4）有两种例外情形：①以固定数量的自身权益工具交换固定金额的现金或其他金融资产的衍生工具合同除外；②企业对全部现有同类别非衍生自身权益工具的持有方（如普通股股东）同比例发行配股权、期权或认股权证，使之有权按比例以固定金额的任何货币换取固定数量的该企业自身权益工具的除外。这两类例外情形中的金融工具，都应分类为权益工具。此外，条件（4）中的企业自身权益工具，不包括应按照本章分类为权益工具的金融工具，也不包括本身就要求在未来收取或交付企业自身权益工具的合同。

根据条件（1），企业发行的承诺支付固定利息的公司债券属于金融负债；根据条件（2），企业签出的外汇期权属于公司负债；根据条件（3），企业取得一项金融资产，并承诺2个月后向卖方交付本企业发行的普通股，交付的普通股数量根据交付时的股价确定，则该项承诺是一项金融负债；根据条件（4），以普通股净额结算的股票期权属于金融负债。

2）权益工具的定义

权益工具是指能够证明拥有某个企业在扣除所有负债后的资产中的剩余权益的合同。在同时满足下列条件的情况下，企业应当将发行的金融工具分类为权益工具：

（1）该金融工具应当不包括交付现金或其他金融资产给其他方，或在潜在不利条件下与其他方交换金融资产或金融负债的合同义务。

（2）将来须用或可用企业自身权益工具结算该金融工具。如为非衍生工具，该金融工具应当不包括交付可变数量的自身权益工具进行结算的合同义务；如为衍生工具，企业只能通过以固定数量的自身权益工具交换固定金额的现金或其他金融资产结算该金融工具。

与金融负债部分的规定相似，企业自身权益工具不包括应按照本章分类为权益工具的金融工具，也不包括本身就要求在未来收取或交付企业自身权益工具的合同。

此外需要注意的是，与金融资产和金融负债的判断条件不同，权益工具需同时满足两个条件。

6.3.2　金融负债和权益工具的区分

1）区分金融负债和权益工具需考虑的因素

（1）合同所反映的经济实质。

在判断一项金融工具是否应划分为金融负债或权益工具时，应当以相关合同条款及其所反映的经济实质而非仅以法律形式为依据，运用金融负债和权益工具区分的原则，正确地确定该金融工具或其组成部分的会计分类。对金融工具合同所反映经济实质的评估应基于合同的具体条款，企业不应仅依据监管规定或工具名称进行划分。

（2）工具的特征。

有些金融工具（如企业发行的某些优先股）可能既有权益工具的特征，又有金融负债的特征。因此，企业应当全面细致地分析此类金融工具各组成部分的合同条款，以确定其显示的是金融负债还是权益工具的特征，并进行整体评估，以判定整个工具应划分为金融负债或权益工具，还是既包括金融负债成分又包括权益工具成分的复合金融工具。

2）金融负债和权益工具区分的基本原则

（1）是否存在无条件地避免交付现金或其他金融资产的合同义务。

①如果企业不能无条件地避免以交付现金或其他金融资产来履行一项合同义务，则该合同义务符合金融负债的定义。在实务中，常见的该类合同义务情形包括：

A.不能无条件避免的赎回，即金融工具发行方不能无条件地避免赎回此金融工具。如果一项合同（分类为权益工具的特殊金融工具除外）使发行方承担了以现金或其他金融资产回购自身权益工具的义务，即使发行方的回购义务取决于合同对手方是否行使回售权，发行方应当在初始确认时将该义务确认为一项金融负债，其金额等于回购所需支付金额的现值（如远期回购价格的现值、期权行权价格的现值或其他回售金额的现值）。如果发行方最终无须以现金或其他金融资产回购自身权益工具，应当在合同对手方回售权到期时将该项金融负债按照账面价值重分类为权益工具。

B.强制付息，即金融工具发行方被要求强制支付利息。需要说明的是，对企业履行交付现金或其他金融资产的合同义务能力的限制（如无法获得外币、需要得到有关监管部门的批准才能支付或其他法律法规的限制等），并不能解除企业就该金融工具所承担的合同义务，也不能表明该企业无须承担该金融工具的合同义务。

②如果企业能够无条件地避免交付现金或其他金融资产，如能够根据相应的议事机制自主决定是否支付股息（即无支付股息的义务），同时所发行的金融工具没有到期日且合同对手方没有回售权，或虽有固定期限但发行方有权无限期递延（即无支付本金的义务），则此类交付现金或其他金融资产的结算条款不构成金融负债。如果发放股利由发行方根据相应的议事机制自主决定，则股利是累积股利还是非累积股利本身均不会影响该金融工具被分类为权益工具。

③判断一项金融工具是划分为权益工具还是划分为金融负债，不受下列因素的影响：以前实施分配的情况；未来实施分配的意向；相关金融工具如果没有发放股利对发行方普通股的价格可能产生的负面影响；发行方的未分配利润等可供分配权益的金额；发行方对一段期间内损益的预期；发行方是否有能力影响其当期损益。

④有些金融工具虽然没有明确地包含交付现金或其他金融资产义务的条款和条件，但有可能通过其他条款和条件间接地形成合同义务。例如，企业可能在显著不利的条件下选择交付现金或其他金融资产，而不是选择履行非金融合同义务，或选择交付自身权益工具。在实务中，相关合同可能包含利率跳升等特征，往往可能构成发行方交付现金或其他金融资产的间接义务。企业需借助合同条款和相关信息进行全面分析和判断。

（2）是否通过交付固定数量的自身权益工具结算。

在实务中，一项须用或可用企业自身权益工具结算的金融工具是否满足权益工具的定义，通常与该工具的交易目的相关。如果该自身权益工具作为现金或其他金融资产的替代品（如作为商品交易中的支付手段），则该自身权益工具的接收方一般而言需要该工具在交收时具有确定的公允价值，以便得到与接受现金或其他金融资产的同等收益，因此，企业所交付的自身权益工具数量是根据交付时的公允价值计算的，是可变的。反之，如果该自身权益工具是为了使持有方作为出资人享有企业（发行人）资产扣除负债的剩余权益，那么需要交付的自身权益工具数量通常在一开始就已商定，而不是在交付时计算确定的。

对于将来须用或可用企业自身权益工具结算的金融工具应当区分衍生工具或非衍生工具。例如，甲公司发行一项无固定期限、能够自主决定支付本息的可转换优先股。按合同规定，甲公司将在第5年年末将发行的该工具强制转换为可变数量的普通股，则该可转换优先股是一项非衍生工具。又如，甲公司发行一项5年期分期付息、到期还本，同时到期可转换为固定数量普通股的可转换债券，则该可转换债券中嵌入的转换权是一项衍生工具。二者之间的差异在于，前者为强制转换，后者为可转换。

①基于自身权益工具的非衍生工具。

对于非衍生工具，如果发行方未来有义务交付可变数量的自身权益工具进行结算，则该非衍生工具是金融负债；否则，该非衍生工具是权益工具。

②基于自身权益工具的衍生工具。

对于衍生工具，如果发行方只能通过以固定数量的自身权益工具交换固定金额的现金或其他金融资产进行结算（即“固定换固定”），则该衍生工具是权益工具；如果发行方以固定数量自身权益工具交换可变金额现金或其他金融资产，或以可变数量自身权益工具交换固定金额现金或其他金融资产，或以可变数量自身权益工具交换可变金额现金或其他金融资产，则该衍生工具应当确认为衍生金融负债或衍生金融资产。因此，除非满足“固定换固定”条件，否则将来须用或可用企业自身权益工具结算的衍生工具应分类为衍生金融负债或衍生金融资产。

【例6-3】

甲公司于2×17年2月1日向乙公司发行以自身普通股为标的的看涨期权。根据该期权合同，如果乙公司行权，乙公司有权以每股102元的价格从甲公司购入普通股1 000股。其他有关资料如下：

（1）合同签订日2×17年2月1日；

（2）行权日（欧式期权）2×18年1月31日；

（3）2×18年1月31日应支付的固定行权价格102元；

（4）期权合同中的普通股数量1 000股。

情形一：期权以现金净额结算。

解析：在现金净额结算约定下，甲公司不能完全避免向另一方支付现金的义务，因此应当将该期权划分为金融负债。

情形二：期权以普通股净额结算。

解析：普通股净额结算是指甲公司以普通股代替现金进行净额结算，支付的普通股公允价值等于应当支付的现金金额。在普通股净额结算约定下，由于甲公司需交付的普通股数量［（行权日每股价格−102）×1 000÷行权日每股价格］不确定，因此应当将该期权划分为金融负债。

情形三：期权以普通股总额结算。

解析：在普通股总额结算约定下，甲公司需交付的普通股数量固定，将收到的金额也是固定的，因此应当将该期权划分为权益工具。

3）金融负债和权益工具之间的重分类

由于发行的金融工具原合同条款约定的条件或事项随着时间的推移或经济环境的改变而发生变化，可能会导致已发行金融工具（含特殊金融工具）的重分类。例如，企业拥有可回售工具和其他工具，本来可回售工具并非最次级类别，并不符合分类为权益工具的条件。如果企业赎回其已发行的全部其他工具后，发行在外的可回售工具符合分类为权益工具的全部特征和全部条件，那么企业应从其赎回全部其他工具之日起将可回售工具重分类为权益工具。反之，如果原来被分类为权益工具的可回售工具因为更次级的新工具的发行，而不再满足分类为权益工具的条件，则企业应在新权益工具的发行日将可回售工具重分类为金融负债。

发行方原分类为权益工具的金融工具，自不再被分类为权益工具之日起，发行方应当将其重分类为金融负债，以重分类日该工具的公允价值计量，重分类日权益工具的账面价值和金融负债的公允价值之间的差额确认为权益。

发行方原分类为金融负债的金融工具，自不再被分类为金融负债之日起，发行方应当将其重分类为权益工具，以重分类日金融负债的账面价值计量。

6.3.3 金融负债的分类

（1）不将金融负债分类为以摊余成本计量的金融负债的情形。

除下列各项外，企业应当将金融负债分类为以摊余成本计量的金融负债：

①以公允价值计量且其变动计入当期损益的金融负债，包括交易性金融负债（含属于金融负债的衍生工具）和指定为以公允价值计量且其变动计入当期损益的金融负债。

满足下列条件之一的，属于交易性金融负债：承担相关金融负债的目的主要是为了在近期内出售或回购；属于集中管理的可辨认金融工具组合的一部分，且有客观证据表明企业近期采用短期获利模式；属于衍生工具，但是被指定且为有效套期工具的衍生工具、符合财务担保合同的衍生工具除外。

②不符合终止确认条件的金融资产转移或继续涉入被转移金融资产所形成的金融负债。对此类金融负债，企业应当按照本章相关规定进行计量。

③部分财务担保合同，以及不属于以公允价值计量且其变动计入当期损益的金融负债、以低于市场利率贷款的贷款承诺。

在非同一控制下的企业合并中，企业作为购买方确认的或有对价形成金融负债的，该金融负债应当按照以公允价值计量且其变动计入当期损益进行会计处理。

（2）公允价值选择权。

在初始确认时，为了提供更相关的会计信息，企业可以将一项金融资产、一项金融负债或者一组金融工具（金融资产、金融负债或者金融资产及负债）指定为以公允价值计量且其变动计入当期损益，但该指定应当满足下列条件之一：

①该指定能够消除或显著减少会计错配。

②根据正式书面文件载明的企业风险管理或投资策略，企业以公允价值为基础对金融负债组合或金融资产和金融负债组合进行管理和业绩评价，并在内部以此为基础向关键管理人员报告。以公允价值为基础进行管理的金融资产组合，由于其按照规定已经被分类为以公允价值计量且其变动计入当期损益的金融资产，因此不再将公允价值选择权应用于此类金融资产。此项条件强调的是企业日常管理和评价业绩的方式，而不是关注金融工具组合中各组成部分的性质。

企业将一项金融资产、一项金融负债或者一组金融工具（金融资产、金融负债或者金融资产及负债）指定为以公允价值计量且其变动计入当期损益的，一经做出不得撤销。即使造成会计错配的金融工具被终止确认，也不得撤销这一指定。

6.3.4 金融负债的后续计量

1）金融负债后续计量的原则

企业应当按照以下原则对金融负债进行后续计量：

（1）以公允价值计量且其变动计入当期损益的金融负债，应当按照公允价值后续计量；

（2）金融资产转移不符合终止确认条件或继续涉入被转移金融资产所形成的金融负债，企业应当按照《企业会计准则第23号——金融资产转移》的相关规定进行计量；

（3）不属于指定为以公允价值计量且其变动计入当期损益的金融负债的财务担保合同或没有指定为以公允价值计量且其变动计入当期损益并将以低于市场利率贷款的贷款承诺，企业作为此类金融负债发行方的，应当在初始确认后按照损失准备金额以及初始确认金额扣除累计摊销额后的余额孰高进行计量；

（4）上述金融负债以外的金融负债，应当按摊余成本进行后续计量。

2）金融负债后续计量的会计处理

（1）对于以公允价值进行后续计量的金融负债，其公允价值变动形成利得或损失，除与套期会计有关外，应当计入当期损益。

【例6-4】

2×16年7月1日，甲公司经批准在全国银行间债券市场公开发行10亿元人民币短期融资券，期限为1年，票面年利率为5.58%，每张面值为100元，到期一次还本付息。募集的资金主要用于公司购买生产经营所需的原材料及配套件等。公司将该短期融资券指定为以公允价值计量且其变动计入当期损益的金融负债。假定不考虑发行短期融资券相关的交易费用以及企业自身信用风险变动。2×16年12月31日，该短期融资券市场价格为每张120元（不含利息）。2×17年6月30日，该短期融资券到期兑付完成。

甲公司的账务处理如下（金额单位为万元）：

（1）2×16年7月1日，发行短期融资券。

借：银行存款　　100 000

　贷：交易性金融负债　　100 000

（2）2×16年12月31日，年末确认公允价值变动和利息费用。

借：公允价值变动损益　　20 000

　贷：交易性金融负债　　20 000

借：财务费用　　2 790

　贷：应付利息　　2 790

（3）2×17年6月30日，短期融资券到期。

借：财务费用　　2 790

贷：应付利息　　2 790

借：交易性金融负债　　120 000

　　应付利息　　5 580

　贷：银行存款　　105 580

　　　公允价值变动损益　　20 000

（2）以摊余成本计量且不属于任何套期关系的一部分的金融负债所产生的利得或损失，应当在终止确认时计入当期损益或在按照实际利率法摊销时计入相关期间损益。

企业与交易对手方修改或重新议定合同，未导致金融负债终止确认，但导致合同现金流量发生变化的，应当重新计算该金融负债的账面价值，并将相关利得或损失计入当期损益。重新计算的该金融负债的账面价值，应当根据将重新议定或修改的合同现金流量按金融负债的原实际利率折现的现值确定。对于修改或重新议定合同所产生的所有成本或费用，企业应当调整修改后的金融负债账面价值，并在修改后金融负债的剩余期限内进行摊销。

6.4 金融资产转移

金融工具的终止确认，是指企业将之前确认的金融工具从其资产负债表中予以转出。金融工具终止确认阶段存在一个极为依赖专业判断的问题，即金融资产转移是否满足终止确认条件的问题。

金融资产转移，是指企业（转出方）将金融资产（或其现金流量）让与或交付给该金融资产发行方之外的另一方（转入方）。

金融资产转移，包括下列两种情形：（1）企业将收取金融资产现金流量的合同权利转移给其他方；（2）企业保留了收取金融资产现金流量的合同权利，但承担了将收取的该现金流量支付给一个或多个最终收款方的合同义务，且同时满足6.4.2金融资产终止确认的判断流程中“4）判断企业是否已转移金融资产”所述的三个条件。

6.4.1 金融资产和金融负债终止确认的一般规定

1）金融资产的终止确认

金融资产的终止确认，是指企业将之前确认的金融资产从其资产负债表中予以转出。金融资产满足下列条件之一的，应当终止确认：（1）收取该金融资产现金流量的合同权利终止；（2）该金融资产已转移，且该转移满足《企业会计准则第23号——金融资产转移》关于金融资产终止确认的规定。

合同实质性修改和核销两种情形，也会导致金融资产的终止确认：（1）在合同实质性修改情形下，企业与交易对手方修改或者重新议定合同而且构成合同的实质性修改的，将导致企业终止确认原金融资产，同时按照修改后的条款确认一项新金融资产；（2）在核销情形下，《企业会计准则第22号——金融工具确认和计量》

第四十三条规定，当企业合理预期不再能够全部或部分收回金融资产合同现金流量时，应当直接减记该金融资产的账面余额，这种减记构成相关金融资产的终止确认。

2）金融负债的终止确认

金融负债的终止确认，是指企业将之前确认的金融负债从其资产负债表中予以转出。《企业会计准则第22号——金融工具确认和计量》规定，金融负债（或其一部分）的现时义务已经解除的，企业应当终止确认该金融负债（或该部分金融负债）。

当出现以下两种情况之一时，金融负债（或其一部分）的现时义务已经解除：（1）债务人通过履行义务（如偿付债权人）解除了金融负债（或其一部分）的现时义务，债务人通常使用现金、其他金融资产等方式偿债；（2）债务人通过法定程序（如法院裁定）或债权人（如债务豁免），合法解除了债务人对金融负债（或其一部分）的主要责任。

企业在判断金融负债现时义务的解除时，应注意以下三种情形：

（1）企业将用于偿付金融负债的资产转入某个机构或设立信托，偿付债务的义务仍存在的，不应当终止确认该金融负债，也不能终止确认转出的资产。也就是说，虽然企业已为金融负债设立了“偿债基金”，但金融负债对应的债权人仍然拥有全额追索的权利时，不能认为企业的相关现时义务已经解除，从而不能终止确认金融负债。

（2）企业（借入方）与借出方之间签订协议，以承担新金融负债方式替换原金融负债（或其一部分），且合同条款实质上不同的，企业应当终止确认原金融负债（或其一部分），同时确认一项新金融负债。其中，“实质上不同”是指按照新的合同条款，金融负债未来现金流量（包括支付和收取的任何费用）现值与原金融负债的剩余期间现金流量现值之间的差异至少相差10%。有关现值的计算均采用原金融负债的实际利率。

（3）如果一项债务工具的发行人回购了该工具，即使该发行人是该工具的做市商或打算在近期将其再次出售，企业（发行人）应当终止确认该债务工具。

金融负债（或其一部分）终止确认的，企业应当将其账面价值与支付的对价（包括转出的非现金资产或承担的负债）之间的差额，计入当期损益。企业回购金融负债一部分的，应当在回购日按照继续确认部分和终止确认部分各自的公允价值占整体公允价值的比例，对该金融负债整体的账面价值进行分配。在某些情况下，债权人解除了债务人对金融负债的主要责任，但要求债务人提供担保（承诺在合同主要责任方拖欠时进行支付）的，债务人应当以其担保义务的公允价值为基础确认一项新的金融负债，并按支付的价款加上新金融负债公允价值之和与原金融负债账面价值的差额确认利得和损失。

由于金融负债的终止确认判断相对明晰，下面将重点论述金融资产的终止确认判断，尤其是金融资产转移情形下的终止确认判断问题。

6.4.2 金融资产终止确认的判断流程

这里关于终止确认的相关规定，适用于所有金融资产的终止确认。企业在判断金融资产是否应当终止确认以及在多大程度上终止确认时，应当遵循以下六个步骤：

1）确定适用金融资产终止确认规定的报告主体层面

企业（转出方）对金融资产转入方具有控制权的，除在该企业个别财务报表基础上应用该规定外，在编制合并财务报表时，还应当按照《企业会计准则第33号——合并财务报表》的规定合并所有纳入合并范围的子公司（含结构化主体），并在合并财务报表层面应用该规定。

在资产证券化实务中，企业通常设立“信托计划”“专项支持计划”等结构化主体作为结构化融资的载体，由结构化主体向第三方发行证券并向企业自身购买金融资产。在这种情况下，从法律角度看企业可能已将金融资产转移到结构化主体，两者之间实现了风险隔离。但在进行金融资产终止确认判断时，企业应首先确定报告主体，即编制合并财务报表还是编制个别财务报表。如果编制合并财务报表，企业应当首先按照有关规定合并所有子公司（含结构化主体），然后将该规定应用于合并财务报表，即在合并财务报表层面进行金融资产转移及终止确认分析。

2）确定金融资产是部分还是整体适用终止确认原则

这里的金融资产既可能指一项金融资产或其部分，也可能指一组类似金融资产或其部分。一组类似金融资产通常指金融资产的合同现金流量在金额和时间分布上相似并且具有相似的风险特征，如合同条款类似、到期期限接近的一组住房抵押贷款等。

当且仅当金融资产（或一组金融资产）的一部分满足下列三个条件之一时，终止确认的相关规定适用于该金融资产部分，否则适用于该金融资产整体：

（1）该金融资产部分仅包括金融资产所产生的特定可辨认现金流量。如企业就某债务工具与转入方签订一项利息剥离合同，合同规定转入方拥有获得该债务工具利息现金流量的权利，但无权获得该债务工具本金现金流量，则终止确认的规定适用于该债务工具利息现金流量。

（2）该金融资产部分仅包括与该金融资产所产生的全部现金流量完全成比例的现金流量部分。如企业就某债务工具与转入方签订转让合同，合同规定转入方拥有获得该债务工具全部现金流量90%份额的权利，则终止确认的规定适用于这些现金流量的90%部分。如果转入方不止一个，只要转出方所转移的份额与金融资产的现金流量完全成比例即可，不要求每一转入方均持有成比例的现金流量份额。

（3）该金融资产部分仅包括与该金融资产所产生的特定可辨认现金流量完全成比例的现金流量部分。如企业就某债务工具与转入方签订转让合同，合同规定转入方拥有获得该债务工具利息现金流量90%份额的权利，则终止确认的规定适用于该债务工具利息现金流量的90%部分。如果转入方不止一个，只要转出方所转移的份额与金融资产的特定可辨认现金流量完全成比例即可，不要求每一转入方均持有成比例的现金流量份额。

3）确定收取金融资产现金流量的合同权利是否终止

企业在确定适用金融资产终止确认规定的报告主体层面（合并财务报表层面或个别财务报表层面）以及对象（金融资产整体或部分）后，即可开始判断是否对金融资产进行终止确认。收取金融资产现金流量的合同权利已经终止的，企业应当终止确认该金融资产。如一项应收账款的债务人在约定期限内支付了全部款项，或者在期权合同到期时期权持有人未行使期权权利，导致收取金融资产现金流量的合同权利终止，企业应终止确认金融资产。

若收取金融资产现金流量的合同权利没有终止，企业应当判断是否转移了金融资产，并根据有关金融资产转移的相关判断标准确定是否应当终止确认被转移金融资产。

4）判断企业是否已转移金融资产

企业在判断是否已转移金融资产时，应分以下两种情形做进一步的判断：

（1）企业将收取金融资产现金流量的合同权利转移给其他方。

企业将收取金融资产现金流量的合同权利转移给其他方，表明该项金融资产发生了转移，通常表现为金融资产的合法出售或者金融资产现金流量权利的合法转移。例如，实务中常见的票据背书转让、商业票据贴现等，均属于这一种金融资产转移的情形。

（2）企业保留了收取金融资产现金流量的合同权利，但承担了将收取的该现金流量支付给一个或多个最终收款方的合同义务。

这种金融资产转移情形通常被称为“过手安排”，常见于资产证券化业务。例如，在某些情况下，银行可能负责收取所转移贷款的本金和利息并最终支付给收益权持有者，同时收取相应服务费。当企业保留了收取金融资产现金流量的合同权利，但承担了将收取的该现金流量支付给一个或多个最终收款方的合同义务时，当且仅当同时符合以下三个条件时，转出方才能按照金融资产转移的情形进行后续分析及处理，否则被转移金融资产应予以继续确认：

①企业（转出方）只有从该金融资产收到对等的现金流量时，才有义务将其支付给最终收款方。在某些资产证券化业务中，如发生由于被转移金融资产的实际收款日期与向最终收款方付款的日期不同而导致款项缺口的情况，转出方需要提供短期垫付款项。在这种情况下，当且仅当转出方有权全额收回该短期垫付款项并按照市场利率就该垫款计收利息，方能视同满足这一条件。在有转出方短期垫付安排的资产证券化业务中，如果转出方收回该垫款的权利仅优先于次级资产支持证券持有人但劣后于优先级资产支持证券持有人，或者转出方不计收利息的，均不能满足这一条件。

②转让合同规定禁止企业（转出方）出售或抵押该金融资产，但企业可以将其作为向最终收款方支付现金流量义务的保证。企业不能出售该项金融资产，也不能

以该项金融资产作为质押品对外进行担保，意味着转出方不再拥有出售或处置被转移金融资产的权利。但是，由于企业负有向最终收款方支付该项金融资产所产生的现金流量的义务，该项金融资产可以作为企业如期向最终收款方支付现金流量的保证。

③企业（转出方）有义务将代表最终收款方收取的所有现金流量及时划转给最终收款方，且无重大延误。企业无权将该现金流量进行再投资。但是，如果企业在收款日和最终收款方要求的划转日之间的短暂结算期内将代为收取的现金流量进行现金或现金等价物投资，并且按照合同约定将此类投资的收益支付给最终收款方，则视同满足这一条件。

这一条件不仅对转出方在收款日至向最终收款方支付日的短暂结算期间内将收取的现金流量再投资做出了限制，而且将转出方为了最终收款人利益而进行的投资严格地限定为现金或现金等价物投资。在这种情况下，现金和现金等价物应当符合《企业会计准则第31号——现金流量表》中的定义[①]，而且不允许转出方在这些现金或现金等价物投资中保留任何投资收益，所有的投资收益必须支付给最终收款方。例如，如果按照某过手安排，合同条款允许企业将代最终收款方收取的现金流量投资于不满足现金和现金等价物定义的某些理财产品或货币市场基金等产品，则该过手安排不满足本条件，进而不能按照金融资产转移进行后续判断和会计处理。此外，通常情况下，如果根据合同条款，企业自代为收取现金流量之日起至最终划转给最终收款方的期间超过3个月，则视为有重大延误，进而该过手安排不满足本条件，因此不构成金融资产转移。

5）分析所转移金融资产的风险和报酬转移情况

企业转让收取现金流量的合同权利或者通过符合条件的过手安排方式转移金融资产的，应根据规定进一步对被转移金融资产进行风险和报酬转移分析，以判断是否应终止确认被转移金融资产。

企业在判断金融资产转移是否导致金融资产终止确认时，应当评估其在多大程度上保留了金融资产所有权上的风险和报酬，即比较其在转移前后所承担的、该金融资产未来净现金流量金额及其时间分布变动的风险，并分别以下情形进行处理：

（1）企业转移了金融资产所有权上几乎所有的风险和报酬的，应当终止确认该金融资产，并将转移中产生或保留的权利和义务单独确认为资产或负债。

金融资产转移后，企业承担的金融资产未来净现金流量现值变动的风险与转移前金融资产的未来净现金流量现值变动的风险相比不再显著的，表明该企业已经转移了金融资产所有权上几乎所有的风险和报酬。

需要注意的是，金融资产转移后企业承担的未来净现金流量现值变动的风险占转移前变动风险的比例，并不等同于企业保留的现金流量金额占全部现金流量的比例。例如，在一项资产证券化交易中，次级资产支持证券的份额占全部资产支持证

① 现金是指企业库存现金以及可以随时用于支付的存款。现金等价物是指企业持有的期限短、流动性强、易于转换为已知金额现金、价值变动风险很小的投资。

券的5%，转出方持有全部次级资产支持证券，这并不意味着转出方仅保留金融资产5%的风险和报酬。实际上，次级资产支持证券向优先级资产支持证券提供了信用增级，而使得基础资产未来现金流量在优先级和次级之间不再是完全成比例分配，因此，转移后企业承担的次级资产支持证券对应的未来净现金流量现值变动的风险则可能远大于转移前全部变动风险的5%。

关于这里所指的"几乎所有的风险和报酬"，企业应当根据金融资产的具体特征做出判断。需要考虑的风险类型通常包括利率风险、信用风险、外汇风险、逾期未付风险、提前偿付风险（或报酬）、权益价格风险等。

通常情况下，通过分析金融资产转移协议中的条款，企业就可以比较容易地确定是否转移或保留了金融资产所有权上几乎所有的风险和报酬，而不需要通过计算确定。

以下情形表明企业已将金融资产所有权上几乎所有的风险和报酬转移给了转入方：

①企业无条件出售金融资产。企业出售金融资产时，如果根据与购买方之间的协议约定，在任何时候（包括所出售金融资产的现金流量逾期未收回时）购买方均不能向企业进行追偿，企业也不承担任何未来损失，此时，企业可以认定几乎所有的风险和报酬已经转移，应当终止确认该金融资产。

②企业出售金融资产，同时约定按回购日该金融资产的公允价值回购。企业通过与购买方签订协议，按一定价格向购买方出售了一项金融资产，同时约定到期日企业再将该金融资产回购，回购价为到期日该金融资产的公允价值。此时，该项金融资产如果发生公允价值变动，其公允价值变动由购买方承担，因此可以认定企业已经转移了该项金融资产所有权上几乎所有的风险和报酬，应当终止确认该金融资产。同样，企业在金融资产转移以后只保留了优先按照回购日公允价值回购该金融资产的权利的，也应当终止确认所转移的金融资产。

③企业出售金融资产，同时与转入方签订看跌或看涨期权合约，且该看跌或看涨期权为深度价外期权（即到期日之前不大可能变为价内期权），此时可以认定企业已经转移了该项金融资产所有权上几乎所有的风险和报酬，应当终止确认该金融资产。

企业需要通过计算判断是否转移或保留了金融资产所有权上几乎所有的风险和报酬的，在计算金融资产未来现金流量净现值时，应考虑所有合理、可能的现金流量变动，采用适当的市场利率作为折现率，并采用概率加权平均方法。

（2）企业保留了金融资产所有权上几乎所有的风险和报酬的，应当继续确认该金融资产。

与企业转移了金融资产所有权上几乎所有的风险和报酬的判断方法相似，企业在判断是否保留了金融资产所有权上几乎所有的风险和报酬时，应当比较其在转移前后面临的该金融资产未来净现金流量金额及其时间分布变动的风险。企业承担的风险没有因金融资产转移发生显著改变的，表明企业仍保留了金融资产所有权上几乎所有的风险和报酬。

以下情形通常表明企业保留了金融资产所有权上几乎所有的风险和报酬：

①企业出售金融资产并与转入方签订回购协议，协议规定企业将按照固定回购价格或按照原售价加上合理的资金成本向转入方回购原被转移金融资产，或者与售出的金融资产相同或实质上相同的金融资产。

②企业融出证券或进行证券出借。

③企业出售金融资产并附有将市场风险敞口转回给企业的总回报互换。在附总回报互换的金融资产出售中，企业出售了一项金融资产，并与转入方达成一项总回报互换协议，如转入方将该资产实际产生的现金流量支付给企业以换取固定付款额或浮动利率付款额，该项资产公允价值的所有增减变动由企业（转出方）承担，从而使企业保留了该金融资产所有权上几乎所有的风险和报酬。在这种情况下，企业应当继续确认所出售的金融资产。

④企业出售短期应收款项或信贷资产，并且全额补偿转入方可能因被转移金融资产发生的信用损失。企业将短期应收款项或信贷资产整体出售，符合金融资产转移的条件。但由于企业出售金融资产时做出承诺，当已转移的金融资产将来发生信用损失时，由企业（出售方）进行全额补偿。在这种情况下，企业保留了该金融资产所有权上几乎所有的风险和报酬，因此不应当终止确认所出售的金融资产。

⑤企业出售金融资产，同时向转入方签订看跌或看涨期权合约，且该看跌期权或看涨期权为一项价内期权。

⑥采用附追索权方式出售金融资产。企业出售金融资产时，如果根据与购买方之间的协议约定，在所出售金融资产的现金流量无法收回时，购买方能够向企业进行追偿，企业也应承担任何未来损失。此时，可以认定企业保留了该金融资产所有权上几乎所有的风险和报酬，不应当终止确认该金融资产。

（3）企业既没有转移也没有保留金融资产所有权上几乎所有的风险和报酬的，应当判断其是否保留了对金融资产的控制，根据是否保留了控制分别进行处理。

在实务中，可以通过分析金融资产转移协议中的条款和现金流量分布实际情况（如将超额服务费等纳入考虑），计算确定金融资产转移前后所承担的未来现金流量现值变动情况，且实践中存在多种可行的计算方法，企业可以根据具体情况选用适合的计算方法并在附注中进行说明，计算方法一经确定，不得随意变更。

6）分析企业是否保留了控制

若企业既没有转移也没有保留金融资产所有权上几乎所有的风险和报酬，企业应当判断企业是否保留了对该金融资产的控制。如果没有保留对该金融资产的控制的，应当终止确认该金融资产。

此处所述的“控制”概念，与《企业会计准则第33号——合并财务报表》中的“控制”概念，在适用场景和判断条件上都有所不同。企业在判断是否保留了对被转移金融资产的控制时，应当重点关注转入方出售被转移金融资产的实际能力。如果转入方有实际能力单方面决定将转入的金融资产整体出售给与其不相关的第三方，且没有额外条件对此项出售加以限制，则表明企业作为转出方未保留对被转移金融资产的控制；在除此之外的其他情况下，则应视为企业保留了对金融资产的控制。

企业既没有转移也没有保留金融资产所有权上几乎所有的风险和报酬，且未放弃对该金融资产控制的，应当按照其继续涉入被转移金融资产的程度确认有关金融资产，并相应确认有关负债。在这种情况下，确认的有关金融资产和有关负债，反映了企业所承担的被转移金融资产价值变动风险或报酬的程度。导致转出方对被转移金融资产形成继续涉入的常见方式有：具有追索权，享有继续服务权，签订回购协议，签发或持有期权或提供担保等。

如果企业对金融资产的继续涉入仅限于金融资产的一部分，如企业持有回购一部分被转移金融资产的看涨期权，或者企业保留了某项剩余权益但并未导致企业保留所有权上几乎所有的风险和报酬，且企业保留了控制权，则企业应当按照转移日因继续涉入而继续确认部分和不再确认部分的相对公允价值，在两者之间分配金融资产的原账面价值，按其继续涉入被转移金融资产的部分确认有关金融资产，并相应确认有关负债。

6.5　套期会计

由于对经济上相关的资产和负债按上述内容进行处理时可能产生会计错配，从而提供误导性会计信息，因此有必要建立相应的会计处理方法以消除会计错配。

现行会计准则体系提供了两种方法来应对会计错配问题，公允价值选择权是其中一种方法。此外，会计准则体系提供了另一种更为系统的处理方法，这就是套期会计方法。套期会计方法是指企业将套期工具和被套期项目产生的利得或损失在相同会计期间计入当期损益（或其他综合收益）以反映风险管理活动影响的方法。

6.5.1　套期会计概述

1）套期概述

企业在经营活动中会面临各类风险，其中涉及外汇风险、利率风险、价格风险、信用风险等。对于此类风险敞口，企业可能会选择通过利用金融工具产生反向的风险敞口（即开展套期业务）来进行风险管理活动。套期会计的目标是在财务报告中反映企业采用金融工具管理因特定风险引起的风险敞口的风险管理活动的影响。

这里所称套期，是指企业为管理外汇风险、利率风险、价格风险、信用风险等特定风险引起的风险敞口，指定金融工具为套期工具，以使套期工具的公允价值或现金流量变动，预期抵销被套期项目全部或部分公允价值或现金流量变动的风险管理活动。

2）套期的分类

在套期会计中，套期分为公允价值套期、现金流量套期和境外经营净投资套期。

（1）公允价值套期。

公允价值套期是指对已确认资产或负债、尚未确认的确定承诺，或上述项目组成部分的公允价值变动风险敞口进行的套期。该公允价值变动源于特定风险，且将影响企业的损益或其他综合收益。其中，影响其他综合收益的情形，仅限于企业对指定为以公允价值计量且其变动计入其他综合收益的非交易性权益工具投资的公允价值变动风险敞口进行的套期。

（2）现金流量套期。

现金流量套期是指对现金流量变动风险敞口进行的套期。该现金流量变动源于与已确认资产或负债、极可能发生的预期交易，或与上述项目组成部分有关的特定风险，且将影响企业的损益。

（3）境外经营净投资套期。

境外经营净投资套期是指对境外经营净投资外汇风险敞口进行的套期。境外经营净投资套期中的被套期风险是指境外经营的记账本位币与母公司的记账本位币之间的折算差额。

套期类别、被套期项目与所规避风险之间的关系如下：

从被套期项目角度来看，各类套期与被套期项目的关系见表6-4。

表6-4 **套期类别与被套期项目的关系**

项　目	公允价值套期	现金流量套期	境外经营净投资套期
被套期项目	已确认资产或负债	已确认资产或负债	境外经营净投资
	确定承诺	以外币交易的确定承诺	
		预期交易	

从风险类型角度来看，各类套期能够规避的风险见表6-5。

表6-5 **各类套期能够规避的风险**

项　目	公允价值套期	现金流量套期	境外经营净投资套期
已确认资产或负债	商品价格风险、汇率风险、固定利率面临的利率波动风险	浮动利率面临的未来现金流量波动风险	
确定承诺	商品价格风险、汇率风险	汇率风险	
预期交易		商品价格风险、汇率风险	
境外经营净投资			外汇风险

其中，确定承诺是指在未来某特定日期或期间，以约定价格交换特定数量资源、具有法律约束力的协议；而尚未确认是指尚未在资产负债表中确认。预期交易是指尚未承诺但预期会发生的交易。境外经营净投资是指企业在境外经营净资产中的权益份额。企业既无计划也无可能在可预见的未来会计期间结算的长期外币货币性应收项目（含贷款），应当视同实质构成境外经营净投资的组成部分。因销售商品或提供劳务等形成的期限较短的应收账款，不构成境外经营净投资。境外经营可

以是企业在境外的子公司、合营安排、联营企业或分支机构。在境内的子公司、合营安排、联营企业或分支机构，采用不同于企业记账本位币的，也视同境外经营。

6.5.2　套期工具和被套期项目

1）套期工具

（1）符合条件的套期工具。

套期工具是指企业为进行套期而指定的、其公允价值或现金流量变动预期可抵销被套期项目的公允价值或现金流量变动的金融工具。企业可以作为套期工具的金融工具包括：

①以公允价值计量且其变动计入当期损益的衍生工具，但签出期权除外。企业只有在对购入期权（包括嵌入在混合合同中的购入期权）进行套期时，签出期权才可以作为套期工具。嵌入在混合合同中但未分拆的衍生工具，不能作为单独的套期工具。

衍生工具通常可以作为套期工具；但衍生工具无法有效地对冲被套期项目风险的，不能作为套期工具。企业的签出期权（除非该签出期权指定用于抵销购入期权）不能作为套期工具，因为该期权的潜在损失可能大大超过被套期项目的潜在利得，从而不能有效地对冲被套期项目的风险。而购入期权的一方可能承担的损失最多就是期权费，可能拥有的利得通常等于或大大超过被套期项目的潜在损失，可被用来有效地对冲被套期项目的风险，因此，购入期权的一方可以将购入的期权作为套期工具。

②以公允价值计量且其变动计入当期损益的非衍生金融资产或非衍生金融负债，但指定为以公允价值计量且其变动计入当期损益，且其自身信用风险变动引起的公允价值变动计入其他综合收益的金融负债除外。

对于指定为以公允价值计量且其变动计入当期损益，且其自身信用风险变动引起的公允价值变动计入其他综合收益的金融负债，由于没有将整体公允价值变动计入损益，不能被指定为套期工具。

③对于外汇风险套期，企业可以将非衍生金融资产（选择以公允价值计量且其变动计入其他综合收益的非交易性权益工具投资除外）或非衍生金融负债的外汇风险成分指定为套期工具。

（2）对套期工具的指定。

①企业在确立套期关系时，应当将前述符合条件的金融工具整体（或外汇风险套期中的非衍生金融资产或非衍生金融负债的外汇风险成分）指定为套期工具。因为企业对套期工具进行计量时，通常以该金融工具整体为对象，采用单一的公允价值基础对其进行计量。但是，由于期权的时间价值、远期合同的远期要素和金融工具的外汇基差通常具备套期成本的特征，且可以单独计量，为便于提高某些套期关系的有效性，允许企业在对套期工具进行指定时，做出以下例外处理：

A.对于期权，企业可以将期权的内在价值和时间价值分开，只将期权的内在价值变动指定为套期工具；

B.对于远期合同，企业可以将远期合同的远期要素和即期要素分开，只将即期要素的价值变动指定为套期工具；

C.对于金融工具，企业可以将金融工具的外汇基差单独分拆，只将排除外汇基差后的金融工具指定为套期工具。

②企业可以将套期工具的一定比例指定为套期工具，但不可以将套期工具剩余期限内某一时段的公允价值变动部分指定为套期工具。

③企业可以将两项或两项以上金融工具（或其一定比例）的组合指定为套期工具（包括组合内的金融工具形成风险头寸相互抵销的情形）。

对于一项由签出期权和购入期权组成的期权（如利率上下限期权），或对于两项或两项以上金融工具（或其一定比例）的组合，其在指定日实质上相当于一项净签出期权的，不能将其指定为套期工具。企业只有在对购入期权（包括嵌入在混合合同中的购入期权）进行套期时，净签出期权才可以作为套期工具。

（3）使用单一套期工具对多种风险进行套期。

企业通常将单项套期工具指定为对一种风险进行套期。但是，如果对套期工具与被套期项目的不同风险敞口之间有具体指定关系，则一项套期工具可以被指定为对一种以上的风险进行套期。例如，甲公司的记账本位币是人民币，其承担了一项5年期浮动利率的美元债务。为规避该金融负债的外汇风险和利率风险，甲公司与某金融机构签订了一项交叉货币利率互换合同（互换合同的条款与该金融负债的条款相匹配），并将该互换合同指定为套期工具。根据该互换合同，甲公司将定期收取以美元浮动利率计算确定的利息，同时支付以人民币固定利率计算确定的利息。上述例子中，一项互换合同被指定为同时对金融负债的外汇风险和利率风险进行套期的套期工具。

2）被套期项目

被套期项目是指使企业面临公允价值或现金流量变动风险，且被指定为被套期对象的、能够可靠计量的项目。企业可以将下列单个项目、项目组合或其组成部分指定为被套期项目：（1）已确认资产或负债；（2）尚未确认的确定承诺；（3）极可能发生的预期交易；（4）境外经营净投资。

企业可以将上述已确认资产或负债、尚未确认的确定承诺、极可能发生的预期交易以及境外经营净投资等单个项目整体或者项目组合指定为被套期项目，也可以将以下项目指定为被套期项目：（1）上述单个项目或者项目组合的一部分（项目组成部分）；（2）符合被套期项目条件的风险敞口与衍生工具组合形成的汇总风险敞口；（3）当企业出于风险管理目的对一组项目进行组合管理，且组合中的每一个项目（包括其组成部分）单独都属于符合条件的被套期项目时，所形成的项目组合。

6.5.3 套期关系评估

1）运用套期会计的条件

公允价值套期、现金流量套期或境外经营净投资套期同时满足下列条件的，才能运用套期会计方法进行处理：（1）套期关系仅由符合条件的套期工具和被套期项目组成；（2）在套期开始时，企业正式指定了套期工具和被套期项目，并准备了关于套期关系和企业从事套期的风险管理策略和风险管理目标的书面文件，该文件至少载明了套期工具、被套期项目、被套期风险的性质以及套期有效性评估方法（包括套期无效部分产生的原因分析以及套期比率确定方法）等内容；（3）套期关系符合套期有效性要求。

套期有效性是指套期工具的公允价值或现金流量变动能够抵销被套期风险引起的被套期项目公允价值或现金流量变动的程度。套期工具的公允价值或现金流量变动大于或小于被套期项目的公允价值或现金流量变动的部分为套期无效部分。套期同时满足下列条件的，企业应当认定套期关系符合套期有效性要求：（1）被套期项目和套期工具之间存在经济关系，该经济关系使得套期工具和被套期项目的价值因面临相同的被套期风险而发生方向相反的变动；（2）被套期项目和套期工具经济关系产生的价值变动中，信用风险的影响不占主导地位；（3）套期关系的套期比率应当等于企业实际套期的被套期项目数量与对其进行套期的套期工具实际数量之比。套期比率不应当反映被套期项目和套期工具相对权重的失衡，这种失衡会导致套期无效，并可能产生与套期会计目标不一致的会计结果。例如，企业不得为避免确认现金流量套期的无效部分而改变现金流量套期比率，也不得为创造更多的被套期项目公允价值调整而改变公允价值套期比率。这种会计结果不符合套期会计的目标。

企业应当在套期开始日及以后期间持续地对套期关系是否符合套期有效性要求进行评估，尤其应当分析在套期剩余期限内预期将影响套期关系的套期无效部分产生的原因。

企业至少应当在资产负债表日及相关情形发生重大变化将影响套期有效性要求时对套期关系进行评估。

2）套期关系再平衡

套期关系由于套期比率的原因而不再符合套期有效性要求，但指定该套期关系的风险管理目标没有改变的，企业应当进行套期关系再平衡。套期关系再平衡是指对已经存在的套期关系中被套期项目或套期工具的数量进行调整，以使套期比率重新符合套期有效性要求。基于其他目的对被套期项目或套期工具所指定的数量进行变动，如仅对特定风险敞口更多或更少的数量进行套期以符合企业的风险管理策略，不构成套期关系再平衡。

企业在套期关系再平衡时，应当首先确认套期关系调整前的套期无效部分，并更新在套期剩余期限内预期将影响套期关系的套期无效部分产生原因的分析，同时相应更新套期关系的书面文件。

3）套期关系的终止

企业不得撤销指定并终止一项继续满足套期风险管理目标并在再平衡之后继续符合套期会计条件的套期关系。但是如果套期关系不再满足套期风险管理目标或在再平衡之后不符合套期会计条件等情形的，则企业必须终止套期关系。当只有部分套期关系不再满足运用套期会计的标准时，套期关系将部分终止，其余部分将继续适用套期会计。

企业发生下列情形之一的，应当终止运用套期会计（包括部分终止运用套期会计和整体终止运用套期会计）：（1）因风险管理目标发生变化，导致套期关系不再满足风险管理目标；（2）套期工具已到期、被出售、合同终止或已行使；（3）被套期项目与套期工具之间不再存在经济关系，或者被套期项目和套期工具经济关系产生的价值变动中，信用风险的影响开始占主导地位；（4）套期关系不再满足运用套期会计方法的其他条件。例如，套期工具和被套期项目不再符合条件。在适用套期关系再平衡的情况下，企业应当首先考虑套期关系再平衡，然后评估套期关系是否满足运用套期会计方法的条件。

6.5.4 套期的确认和计量

1）公允价值套期

公允价值套期满足运用套期会计方法条件的，应当按照下列规定处理：

（1）套期工具产生的利得或损失应当计入当期损益。如果套期工具是对选择以公允价值计量且其变动计入其他综合收益的非交易性权益工具投资（或其组成部分）进行套期的，套期工具产生的利得或损失应当计入其他综合收益。

（2）被套期项目因被套期风险敞口形成的利得或损失应当计入当期损益，同时调整未以公允价值计量的已确认被套期项目的账面价值。被套期项目分类为以公允价值计量且其变动计入其他综合收益的金融资产（或其组成部分）的，其因被套期风险敞口形成的利得或损失应当计入当期损益，其账面价值已经按公允价值计量，不需要调整；被套期项目为企业选择以公允价值计量且其变动计入其他综合收益的非交易性权益工具投资（或其组成部分）的，其因被套期风险敞口形成的利得或损失应当计入其他综合收益，其账面价值已经按公允价值计量，不需要调整。

被套期项目为尚未确认的确定承诺（或其组成部分）的，其在套期关系指定后因被套期风险引起的公允价值累计变动额应当确认为一项资产或负债，相关的利得或损失应当计入各相关期间损益。当履行确定承诺而取得资产或承担负债时，应当调整该资产或负债的初始确认金额，以包括已确认的被套期项目的公允价值累计变动额。

【例 6-5】

2×17 年 1 月 1 日，甲公司为规避所持有铜存货公允价值变动风险，与某金融机构签订了一项铜期货合同，并将其指定为对 2×17 年前两个月铜存货的商品价格变化引起的公允价值变动风险的套期工具。铜期货合同的标的资产与被套期项目铜存货在数量、质次、产地方面相同。假设不考虑期货市场中每日无负债结算制度的影响。

2×17 年 1 月 1 日，铜期货合同的公允价值为零，被套期项目（铜存货）的账面价值和成本均为 1 000 000 元，公允价值为 1 100 000 元。2×17 年 1 月 31 日，铜期货合同的公允价值上涨了 25 000 元，铜存货的公允价值下降了 25 000 元。2×17 年 2 月 28 日，铜期货合同的公允价值下降了 15 000 元，铜存货的公允价值上涨了 15 000 元。当日，甲公司将铜存货以 1 090 000 元的价格出售，并将铜期货合同结算。

甲公司通过分析发现，铜存货与铜期货合同存在经济关系，且经济关系产生的价值变动中信用风险不占主导地位，套期比率也反映了套期的实际数量，符合套期有效性要求。

假定不考虑商品销售相关的增值税及其他因素，甲公司的账务处理如下：

A.2×17 年 1 月 1 日，指定铜存货为被套期项目。

借：被套期项目——库存商品铜　1 000 000

　贷：库存商品——铜　1 000 000

2×17 年 1 月 1 日，被指定为套期工具的铜期货合同的公允价值为 0，不做账务处理。

B.2×17 年 1 月 31 日，确认套期工具和被套期项目公允价值变动。

借：套期工具——铜期货合同　25 000

　贷：套期损益　25 000

借：套期损益　25 000

　贷：被套期项目——库存商品铜　25 000

C.2×17 年 2 月 28 日，确认套期工具和被套期项目公允价值变动。

借：套期损益　15 000

　贷：套期工具——铜期货合同　15 000

借：被套期项目——库存商品铜　15 000

　贷：套期损益　15 000

确认铜存货销售收入：

借：应收账款或银行存款　1 090 000

　贷：主营业务收入　1 090 000

结转铜存货销售成本：

借：主营业务成本　990 000

　贷：被套期项目——库存商品铜　990 000

结算铜期货合同：

借：银行存款　10 000

　贷：套期工具——铜期货合同　10 000

2）现金流量套期

现金流量套期的目的是将套期工具产生的利得或损失递延至被套期的预期未来现金流量影响损益的同一期间或多个期间。

（1）现金流量套期满足运用套期会计方法条件的，应当按照下列规定处理：

①套期工具产生的利得或损失中属于套期有效的部分，作为现金流量套期储备，应当计入其他综合收益。每期计入其他综合收益的现金流量套期储备的金额，应当为当期现金流量套期储备的变动额。现金流量套期储备的金额，应当按照下列两项的绝对额中的较低者确定：套期工具自套期开始的累计利得或损失；被套期项目自套期开始的预计未来现金流量现值的累计变动额。

②套期工具产生的利得或损失中属于套期无效的部分（即扣除计入其他综合收益后的其他利得或损失），应当计入当期损益。

（2）现金流量套期储备的金额，应当按照下列规定处理：

①被套期项目为预期交易，且该预期交易使企业随后确认一项非金融资产或非金融负债的，或者非金融资产或非金融负债的预期交易形成一项适用于公允价值套期会计的确定承诺时，企业应当将原在其他综合收益中确认的现金流量套期储备金额转出，计入该资产或负债的初始确认金额。

②其他现金流量套期，企业应当在被套期的预期现金流量影响损益的相同期间，将原在其他综合收益中确认的现金流量套期储备金额转出，计入当期损益。

③如果在其他综合收益中确认的现金流量套期储备金额是一项损失，且该损失全部或部分预计在未来会计期间不能弥补的，企业应当在预计不能弥补时，将预计不能弥补的部分从其他综合收益中转出，计入当期损益。

（3）当企业对现金流量套期终止运用套期会计时，在其他综合收益中确认的累计现金流量套期储备金额，应当按照下列规定进行处理：

①被套期的未来现金流量预期仍然会发生的，累计现金流量套期储备的金额应当予以保留，并按照前述现金流量套期储备的后续处理规定进行会计处理。

②被套期的未来现金流量预期不再发生的，累计现金流量套期储备的金额应当从其他综合收益中转出，计入当期损益。被套期的未来现金流量预期不再极可能发生但可能预期仍然会发生，在预期仍然会发生的情况下，累计现金流量套期储备的金额应当予以保留，并按照前述现金流量套期储备的后续处理规定进行会计处理。

【例 6-6】

甲公司（记账本位币为人民币）于2×00年11月1日与某国外公司签订合同，约定于2×01年1月31日以每吨90元外币的价格购入100吨橄榄油。为规避汇率风险，该公司于当日与某金融机构签订了一项3个月到期的远期外汇合同，合同金额为9 000元外币。假设市场利率为6%，汇率资料见表6-6，不考虑增值税等相关税费和远期合同的远期要素。该公司分析认为该项套期符合套期有效性条件，选择以现金流量套期。

表6-6 **汇率变化情况**

日期	即期汇率(外币/本币)	远期汇率(外币/本币)
2×00年11月1日	44.95	45.00
2×00年12月31日	44.75	44.80
2×01年1月31日	44.60	不适用

根据表6-6中的汇率资料，可以计算出远期外汇合同公允价值变动见表6-7。

表6-7 **远期外汇合同公允价值变动** 单位：元

项目	2×00年11月1日	2×00年12月31日	2×01年1月31日
远期价格	405 000	403 200	401 400
合同价格	405 000	405 000	405 000
差异	0	−1 800	−3 600
公允价值变动累计额	0	−1 791.044776	−3 600
本期公允价值变动额	—	−1 791.044776	−1 808.955224

本例属于确定承诺的现金流量套期，按照准则规定甲公司应进行如下账务处理：

(1) 2×00年11月1日，远期合同公允价值为0，无须进行会计处理，但应编制指定文档。

(2) 2×00年12月31日，确认现金流量套期储备。

借：其他综合收益——套期储备 1 791

贷：套期工具——远期外汇合同 1 791

(3) 2×01年1月31日，确认套期储备和套期损益。

应付款项合同公允价值变动累计数绝对额为3 150 (|(44.60−44.95)×9 000|)，而远期外汇合同公允价值变动累计数绝对额为3 600，因此，本期套期损益为450元，而套期储备为1 359元。

借：其他综合收益——套期储备 1 359

套期损益 450

贷：套期工具——远期外汇合同 1 809

差额结算远期外汇合同：

借：套期工具——远期外汇合同 3 600

贷：银行存款 3 600

将套期储备转出：

借：库存商品——橄榄油 404 550

贷：银行存款 401 400

其他综合收益——套期储备 3 150

3）境外经营净投资套期

对境外经营净投资的套期，包括对作为净投资的一部分进行会计处理的货币性项目的套期，应当按照类似于现金流量套期会计的规定处理：(1) 套期工具形成的利得或损失中属于套期有效的部分，应当计入其他综合收益，全部或部分处置境外经营时，上述计入其他综合收益的套期工具利得或损失应当相应转出，计入当期损益；(2) 套期工具形成的利得或损失中属于套期无效的部分，应当计入当期损益。

【例6-7】

甲公司（记账本位币为人民币）在境外子公司中的净投资额为2 000 000元外币，该净投资额未发现存在信用风险的迹象。为规避境外经营净投资外汇风险，该公司于2×00年11月1日与境外金融机构签订了一项外汇远期合同，约定于2×01年3月31日卖出2 000 000元外币。该公司每季度对该净投资额进行检查，且依据检查结果调整对境外净投资的套期保值。假设人民币市场利率为12%，汇率资料见表6-8。

表6-8 **汇率变化情况**

日　期	即期汇率(外币/本币)	远期汇率(外币/本币)
2×00年11月1日	7.57	7.56
2×00年12月31日	7.55	7.54
2×01年3月31日	7.52	不适用

根据表6-8中的汇率资料，可以计算出远期外汇合同公允价值变动见表6-9。

表6-9 **远期外汇合同公允价值变动** 单位：元

项　目	2×00年11月1日	2×00年12月31日	2×01年3月31日
远期价格	15 120 000	15 080 000	15 040 000
合同价格	15 120 000	15 120 000	15 120 000
差异	0	40 000	80 000
公允价值变动累计额	0	38 823.60592	80 000
本期公允价值变动额	—	38 823.60592	41 176.39408

甲公司上述套期中，信用风险不占主导地位，套期工具与被套期项目在名义金额、到期期限、货币单位等所有主要条款上均能准确匹配，套期比率也反映套期的实际数量，满足套期有效性条件。

甲公司相应账务处理如下：

（1）2×00年11月1日，远期合同公允价值为0，无须进行会计处理。

（2）2×00年12月31日，确认远期外汇合同的公允价值变动。

借：套期工具——远期外汇合同 38 823.6

　贷：其他综合收益——外币报表折算差额 38 823.6

确认对子公司净投资的汇兑损益：

借：其他综合收益——外币报表折算差额 38 823.6

　贷：长期股权投资 38 823.6

（3）2×01年3月31日，确认远期外汇合同的公允价值变动。

借：套期工具——远期外汇合同 41 176.4

　贷：其他综合收益——外币报表折算差额 41 176.4

确认对子公司净投资的汇兑损益：

借：其他综合收益——外币报表折算差额 61 176.4

　贷：长期股权投资 61 176.4

净额结算远期外汇合同：

借：银行存款 80 000

　贷：套期工具——远期外汇合同 80 000

境外经营净投资套期保值产生的利得或损失在其他综合收益中列示，直至子公司被处置时再转入当期损益。

6.6　金融工具列报

6.6.1　一般性规定

（1）企业在对金融工具各项目进行列报时，应当根据金融工具的特点及相关信息的性质对金融工具进行归类，充分披露与金融工具相关的信息，使得财务报表附注中的披露与财务报表列示的各项目相互对应。例如，对衍生工具进行披露时，将其分为外汇衍生工具、利率衍生工具、信用衍生工具等。

（2）企业应当按照准则规定，并根据自身实际情况，合理确定列报金融工具的详细程度，既不应列报大量过于详细的信息从而掩盖真正重要的信息，也不得列报过于汇总的信息从而难以区分各项交易或相关风险之间的重要差异。

（3）在确定列报类型时，应当至少按计量属性将金融工具分为以摊余成本计量和以公允价值计量两种类型。企业应在此基础上做进一步分类，例如，以公允价值计量的金融工具可以进一步分为以公允价值计量且其变动计入当期损益的金融工具和以公允价值计量且其变动计入其他综合收益的金融工具。

（4）企业应当披露编制财务报表时对金融工具所采用的重要会计政策、计量基础和与理解财务报表相关的其他会计政策等信息，包括企业将金融资产和金融负债指定为以公允价值计量且其变动计入当期损益的相关信息。

6.6.2　资产负债表中的列示及相关披露

企业应当在资产负债表或相关附注中列报下列金融资产或金融负债的账面价值：

（1）以摊余成本计量的金融资产。

（2）以摊余成本计量的金融负债。

（3）以公允价值计量且其变动计入其他综合收益的金融资产，并分别反映：①分类为以公允价值计量且其变动计入其他综合收益的金融资产；②指定为以公允价值计量且其变动计入其他综合收益的非交易性权益工具投资。

（4）以公允价值计量且其变动计入当期损益的金融资产，并分别反映：①分类为以公允价值计量且其变动计入当期损益的金融资产；②指定为以公允价值计量且其变动计入当期损益的金融资产；③根据《企业会计准则第24号——套期会计》使用信用风险敞口的公允价值选择权在初始确认或后续计量时指定为以公允价值计量且其变动计入当期损益的金融资产。

（5）以公允价值计量且其变动计入当期损益的金融负债，并分别反映：①分类为以公允价值计量且其变动计入当期损益的金融负债；②在初始确认时指定为以公允价值计量且其变动计入当期损益的金融负债；③根据《企业会计准则第24号——套期会计》使用信用风险敞口的公允价值选择权在初始确认和后续计量时指定为以公允价值计量且其变动计入当期损益的金融负债。

企业将本应按摊余成本或以公允价值计量且其变动计入其他综合收益计量的一

项或一组金融资产指定为以公允价值计量且其变动计入当期损益的金融资产的，应当披露下列信息：

（1）该金融资产在资产负债表日使企业面临的最大信用风险敞口；

（2）企业通过任何相关信用衍生工具或类似工具使得该最大信用风险敞口降低的金额；

（3）该金融资产因信用风险变动引起的公允价值本期变动额和累计变动额；

（4）相关信用衍生工具或类似工具自该金融资产被指定以来的公允价值本期变动额和累计变动额。

金融资产在资产负债表日的最大信用风险敞口，通常是金融工具账面余额减去减值损失准备后的金额（已减去根据规定已抵销的金额）。

企业将一项金融负债指定为以公允价值计量且其变动计入当期损益的金融负债，且企业自身信用风险变动引起的该金融负债公允价值的变动金额计入其他综合收益的，应当披露下列信息：

（1）该金融负债因自身信用风险变动引起的公允价值本期变动额和累计变动额；

（2）该金融负债的账面价值与按合同约定到期应支付债权人金额之间的差额；

（3）该金融负债的累计利得或损失本期从其他综合收益转入留存收益的金额和原因。

企业将一项金融负债指定为以公允价值计量且其变动计入当期损益的金融负债，且该金融负债（包括企业自身信用风险变动的影响）的全部利得或损失计入当期损益的，应当披露下列信息：

（1）该金融负债因自身信用风险变动引起的公允价值本期变动额和累计变动额；

（2）该金融负债的账面价值与按合同约定到期应支付债权人金额之间的差额。

企业将非交易性权益工具投资指定为以公允价值计量且其变动计入其他综合收益的，应当披露下列信息：

（1）企业每一项指定为以公允价值计量且其变动计入其他综合收益的权益工具投资；

（2）企业做出该指定的原因；

（3）企业每一项指定为以公允价值计量且其变动计入其他综合收益的权益工具投资的期末公允价值；

（4）本期确认的股利收入，其中对本期终止确认的权益工具投资相关的股利收入和资产负债表日仍持有的权益工具投资相关的股利收入应当分别单独披露；

（5）该权益工具投资的累计利得和损失本期从其他综合收益转入留存收益的金额及其原因。

企业本期终止确认指定为以公允价值计量且其变动计入其他综合收益的非交易性权益工具投资的，应当披露下列信息：

（1）企业处置该权益工具投资的原因；

（2）该权益工具投资在终止确认时的公允价值；

（3）该权益工具投资在终止确认时的累计利得或损失。

企业在当期或以前报告期间将金融资产进行重分类的，对于每一项重分类，应当披露重分类日、对业务模式变更的具体说明及其对财务报表影响的定性描述，以及该金融资产重分类前后的金额。企业自上一年度报告日起将以公允价值计量且其变动计入其他综合收益的金融资产重分类为以摊余成本计量的金融资产的，或者将以公允价值计量且其变动计入当期损益的金融资产重分类为其他类别的，应当披露下列信息：

（1）该金融资产在资产负债表日的公允价值；

（2）如果未被重分类，该金融资产原来应在当期损益或其他综合收益中确认的公允价值利得或损失。

企业将以公允价值计量且其变动计入当期损益的金融资产重分类为其他类别的，自重分类日起到终止确认的每一个报告期间内，都应当披露该金融资产在重分类日确定的实际利率和当期已确认的利息收入。

对于所有可执行的总互抵协议或类似协议下的已确认金融工具，以及符合抵销条件的已确认金融工具，企业应当在报告期末以表格形式（除非企业有更恰当的披露形式）分别按金融资产和金融负债披露下列定量信息：

（1）已确认金融资产和金融负债的总额。

（2）按规定抵销的金额。

（3）在资产负债表中列示的净额。

（4）可执行的总互抵协议或类似协议确定的，未包含在上述（2）中的金额，包括：①不满足抵销条件的已确认金融工具的金额；②与财务担保物（包括现金担保）相关的金额，以在资产负债表中列示的净额扣除本段（4）中第①项后的余额为限。

（5）资产负债表中列示的净额扣除上述（4）后的余额。企业应当披露上述（4）所述协议中抵销权的条款及其性质等信息，以及不同计量基础的金融工具适用上述内容时产生的计量差异。

分类为权益工具的可回售工具，企业应当披露下列信息：

（1）可回售工具的汇总定量信息；

（2）对于按持有方要求承担的回购或赎回义务，企业的管理目标、政策和程序及其变化；

（3）回购或赎回可回售工具的预期现金流出金额以及确定方法。

可回售工具或发行方仅在清算时才有义务向另一方按比例交付其净资产的金融工具，在金融负债和权益工具之间重分类的，应当分别披露重分类前后的公允价值或账面价值，以及重分类的时间和原因。

企业应当披露作为负债或或有负债担保物的金融资产的账面价值，以及与该项担保有关的条款和条件。其中，对于企业（转出方）向金融资产转入方提供了非现金担保物（如债务工具或权益工具投资等），转入方按照合同或惯例有权出售该担保物或将其再作为担保物的，企业应当将该非现金担保物在财务报表中单独列报。企业取得担保物（担保物为金融资产或非金融资产），在担保物所有人未违约时可将该担保物出售或再抵押的，应当披露该担保物的公允价值、企业已出售或再抵押担保物的公允价值，以及承担的返还义务和使用担保物的条款和条件。

对于企业发行的包含金融负债成分和权益工具成分的复合金融工具，嵌入了价值相互关联的多项衍生工具（如可赎回的可转换债务工具）的，应当披露相关特征。

对于除基于正常信用条款的短期贸易应付款项之外的金融负债，企业应当披露下列信息：

（1）本期发生违约的金融负债的本金、利息、偿债基金、赎回条款的详细情况；

（2）发生违约的金融负债的期末账面价值；

（3）在财务报告批准对外报出前，就违约事项已采取的补救措施、对债务条款的重新议定等情况。

企业本期发生其他违反合同的情况，且债权人有权在发生违约或其他违反合同情况时要求企业提前偿还的，企业应当按上述要求披露。如果在期末前违约或其他违反合同情况已得到补救或已重新议定债务条款，则无须披露。

6.6.3 利润表中的列示及相关披露

企业应当披露与金融工具有关的下列收入、费用、利得或损失：

（1）以公允价值计量且其变动计入当期损益的金融资产和金融负债所产生的利得或损失。其中，指定为以公允价值计量且其变动计入当期损益的金融资产和金融负债，以及分类为以公允价值计量且其变动计入当期损益的金融资产和分类为以公允价值计量且其变动计入当期损益的金融负债的净利得或净损失，应当分别披露。

（2）对于指定为以公允价值计量且其变动计入当期损益的金融负债，企业应当分别披露本期在其他综合收益中确认的和在当期损益中确认的利得或损失。

（3）分类为以公允价值计量且其变动计入其他综合收益的金融资产，企业应当分别披露当期在其他综合收益中确认的以及当期终止确认时从其他综合收益转入当期损益的利得或损失。

（4）指定为以公允价值计量且其变动计入其他综合收益的非交易性权益工具投资，企业应当分别披露在其他综合收益中确认的利得和损失以及在当期损益中确认的股利收入。

（5）除以公允价值计量且其变动计入当期损益的金融资产或金融负债外，按实际利率法计算的金融资产或金融负债产生的利息收入或利息费用总额，以及在确定实际利率时未予包括并直接计入当期损益的手续费收入或支出。

（6）企业通过信托和其他托管活动代他人持有资产或进行投资而形成的，直接计入当期损益的手续费收入或支出。

企业应当分别披露以摊余成本计量的金融资产终止确认时在利润表中确认的利得和损失金额及其相关分析，包括终止确认金融资产的原因。

6.6.4　套期会计的相关披露

企业应当按照风险类型披露相关定量信息，从而有助于财务报表使用者评价套期工具的条款和条件及这些条款和条件如何影响企业未来现金流量的金额、时间和不确定性。这些要求披露的明细信息应当包括：套期工具名义金额的时间分布；套期工具的平均价格或利率（如适用）。

对于公允价值套期，企业应当以表格形式、按风险类型分别披露与被套期项目相关的下列金额：

（1）资产负债表中已确认的被套期项目账面价值，资产项目和负债项目应分别列示；

（2）已确认的被套期项目账面价值中所包含的被套期项目累计公允价值套期调整，资产项目和负债项目应分别列示；

（3）被套期项目所属的资产负债表项目（即被套期项目在资产负债表中列示在哪一项目下，如“存货”“应付债券”“其他流动资产”）；

（4）本期用作确认套期无效部分基础的被套期项目价值变动；

（5）对于以摊余成本计量的金融工具作为被套期项目的情况，企业应当根据《企业会计准则第 24 号——套期会计》第二十三条要求对被套期项目价值调整进行摊销。

若套期关系先于被套期项目终止（如由于企业风险管理政策变化），则未摊销的价值调整还将保留在资产负债表中直至摊销完成。在该情况下，企业应当披露保留在资产负债表中的公允价值套期累计调整额。

对于现金流量套期和境外经营净投资套期，企业应当以表格形式、按风险类型分别披露与被套期项目相关的下列金额：

（1）本期用作确认套期无效部分基础的被套期项目价值变动；

（2）根据《企业会计准则第 24 号——套期会计》第二十四条的规定继续按照套期会计处理的现金流量套期储备的余额；

（3）根据《企业会计准则第 24 号——套期会计》第二十七条的规定继续按照套期会计处理的境外经营净投资套期计入其他综合收益的余额；

（4）不再适用套期会计的套期关系所导致的现金流量套期储备和境外经营净投资套期中计入其他综合收益的利得和损失的余额。

对于每一种套期类型，企业应当以表格形式、按风险类型分别披露与套期工具相关的金额、因采用套期会计所影响的利润表相关金额。

企业因使用信用衍生工具管理金融工具的信用风险敞口而将金融工具（或其一定比例）指定为以公允价值计量且其变动计入当期损益的，应当按照规定进行披露。对于用于管理根据《企业会计准则第 24 号——套期会计》第三十四条的规定被指定为以公允价值计量且其变动计入当期损益的金融工具信用风险敞口的信用衍生工具，企业应当披露每一项工具的名义金额以及当期期初和期末公允价值的调节表。

6.6.5 公允价值相关信息的披露

除特别说明外，企业应当披露每一类金融资产和金融负债的公允价值，并与账面价值进行比较。对于在资产负债表中相互抵销的金融资产和金融负债，其公允价值应当以抵销后的金额披露。

金融资产或金融负债初始确认的公允价值与交易价格存在差异时，如果其公允价值并非基于相同资产或负债在活跃市场中的报价确定的，也非基于仅使用可观察市场数据的估值技术确定的，企业在初始确认金融资产或金融负债时不应确认利得或损失。在此情况下，企业应当按金融资产或金融负债的类型披露下列信息：

（1）企业在损益中确认交易价格与初始确认的公允价值之间差额时所采用的会计政策，以反映市场参与者对资产或负债进行定价时所考虑的因素（包括时间因素）的变动；

（2）该项差异期初和期末尚未在损益中确认的总额和本期变动额的调节表；

（3）企业如何认定交易价格并非公允价值的最佳证据，以及确定公允价值的证据。

企业可以不披露下列金融资产或金融负债的公允价值信息：

（1）账面价值与公允价值差异很小的金融资产或金融负债（如短期应收账款或应付账款）；

（2）包含相机分红特征且其公允价值无法可靠计量的合同；

（3）租赁负债。

对于上述（2），企业应当披露以下信息：①对金融工具的描述及其账面价值，以及因公允价值无法可靠计量而未披露其公允价值的事实和说明；②金融工具的相关市场信息；③企业是否有意图处置以及如何处置这些金融工具；④之前公允价值无法可靠计量的金融工具终止确认的，应当披露终止确认的事实，终止确认时该金融工具的账面价值和所确认的利得或损失金额。

6.6.6 其他相关信息的披露

企业还应披露与金融工具相关的风险信息和金融资产转移信息。与金融工具相关的风险信息，包括定性和定量信息、信用风险披露、流动性风险披露和市场风险披露。金融资产转移信息，包括披露范围、已转移但未整体终止确认的金融资产的披露、已整体终止确认但转出方继续涉入已转移金融资产的披露。

6.7 综合案例分析

1）案例资料

2017年3月31日和5月2日，财政部先后修订发布了第22号、第23号、第24

号、第37号四项金融工具新准则。对于在境内外同时上市的企业以及在境外上市并采用国际财务报告准则或企业会计准则编制财务报告的企业，要求自2018年1月1日起施行；对于其他境内上市企业，要求自2019年1月1日起施行；对于执行企业会计准则的非上市企业，要求自2021年1月1日起施行；同时，鼓励企业提前施行。由于修订前后的准则对金融工具分类进行了调整，部分上市公司在编制2018年年报时对相关金融工具进行了重分类。

紫金矿业（601899.SH）就在其报表附注中披露了以下信息：

在首次执行日，金融资产按照修订前后金融工具确认和计量准则的规定进行分类和计量结果对比见表6-10。

表6-10 **修订前后分类和计量结果对比** 单位：元

项　目	修订前分类	金　额	修订后分类	金　额
应收账款	贷款和应收款	1 292 864 505	摊余成本	1 292 864 505
应收票据	贷款和应收款	1 519 375 541	以公允价值计量且其变动计入其他综合收益(准则要求)	1 519 375 541

上海石化（600688.SH）则披露，该集团将309 518 000元的应收账款和1 151 053 000元的应收票据进行了重分类，转出至以公允价值计量且其变动计入其他综合收益的金融资产。

此外，紫金矿业（601899.SH）还披露，该集团将合计金额为7 557 618 517元的黄金租赁业务，分别计入短期借款和交易性金融负债。其中，短期借款为7 482 777 453元，交易性金融负债为74 841 064元。

资料来源：根据紫金矿业和上海石化2018年年报整理而得。

请结合本章所讲内容，思考如下问题：

（1）为何紫金矿业和上海石化都将应收票据重分类为以公允价值计量且其变动计入其他综合收益的金融资产？

（2）同样是应收账款，为何紫金矿业分类为以摊余成本计量的金融资产，而上海石化则分类为以公允价值计量且其变动计入其他综合收益的金融资产？

（3）同样是黄金租赁，为何紫金矿业分别计入短期借款和交易性金融负债？

2）案例解析

（1）紫金矿业披露，该集团在日常资金管理中将部分银行承兑汇票背书；上海石化也披露，该集团视日常资金管理的需要将一部分银行承兑汇票进行了贴现和背书。尽管应收票据符合SPPI特征，但两个集团管理该部分金融资产的业务模式，都属于既以收取合同现金流量为目标又以出售为目标，因此应分类为以公允价值计量且其变动计入其他综合收益的金融资产。

（2）该问题也与业务模式有关。上海石化披露，该集团下属子公司视其日常资金管理的需要将一部分应收账款进行无追索权的福费廷业务，该业务模式属于既以收取合同现金流量为目标又以出售为目标，因此应分类为以公允价值计量且其变动计入其他综合收益的金融资产。而紫金矿业管理该应收账款的业务模式，属于以收取合同现金流量为目标，因此应分类为以摊余成本计量的金融资产。

（3）根据紫金矿业年报所披露的信息，合计金额为7 557 618 517元的黄金租赁业务分为两种不同的模式。

在其中一种模式下，该集团在租入部分黄金时同时与提供黄金租赁的同一家银行签订与该黄金租赁对应的相同数量、规格和到期日的远期合约，约定到期日以约定的人民币价格从该银行购入相同数量和规格的黄金，用以归还所租赁黄金。在这种模式下，黄金租赁期间的价格波动风险完全由银行承担，该集团只承担约定的黄金租赁费及相关手续费，因此将租入的黄金计入短期借款，金额为7 482 777 453元。

在另一种模式下，该集团从银行租入黄金，通过上海黄金交易所卖出所租赁黄金融得资金，到期日通过上海黄金交易所买入相同数量和规格的黄金偿还银行并支付约定租金，租赁期为1年以内（包括1年）。在该模式下，承担相关金融负债的目的是在近期内出售或回购，因此应分类为交易性金融负债，该金融负债的成本为人民币73 441 116元，公允价值变动损失为人民币1 399 948元。

【总结与结论】

金融工具的本质是一类特殊的合同。本章描述了金融工具的基本概况，阐述了对这类特殊合同进行初始、后续和终止确认与计量的基本规则，讲解了套期会计基本核算方法，并描述了金融工具的列报要求。上述内容涵盖了《企业会计准则第22号——金融工具确认和计量》《企业会计准则第23号——金融资产转移》《企业会计准则第24号——套期保值》《企业会计准则第37号——金融工具列报》及其指南的基本内容，部分问题还涉及其他准则、指南等规范。

【课程思政案例】

“受人摆布”的期货市场

1995年6月，籼米合约自推出之后迅速成为期货市场上的“香饽饽”，引来了广大公众群体的投资，但某些投机者为了个人私利联合起来共同操作期货市场使得大量投资者利益蒙受损失。

在籼米合约中，9511和9601两个合约自推出之后由之前的每吨2 640元和2 610元上升至每吨3 063元和3 220元，面对该期货市场的蓬勃朝气，部分投资者开始对籼米合约的未来表示出不同的看法，其中主要分成了“多”和“空”两派。多方认为即使籼米合约的价格已经升至每吨3 063元和3 220元，但其期货价格仍然偏低，原因主要是国内多个稻米主产省份由于洪涝灾害导致预计减产，籼米作为其替代品未来形势光明；空方则认为当时的籼米现货价格远低于期货价格，随着国家宏观调控与市场自动调节，籼米价格将重回正轨。作为多空双方相互博弈的结果，9511合约回调至每吨2 750元，使得多方利益受损严重。

1995年10月，以广东金创期货经纪有限公司为主的多方联合广东省南方金融服务总公司基金部、中国有色金属材料总公司、上海大陆期货经纪公司等大举进驻广东联合期货交易所（现为广州期货交易所）籼米期市，利用交易所宣布本地注册仓单仅200多张的利多消息，强行拉抬籼米9711合约，开始“逼空”，10月16、17、18日连续三个涨停，至18日收盘时已升至每吨3 050元，持仓几天内剧增9万余手。此时，空方与籼米现货保值商联合起来开始反击，10月19日开盘，尽管多方在每吨3 080元之上挂了万余手巨量买单，但新空全线出击，几分钟即扫光买盘。随后，多头倾全力反扑，行情出现巨幅振荡。由于部分多头获利平仓，多方力量减弱，当日9511合约收低于每吨2 910元，共计成交248 416手，持仓量仍高达22万手以上。收盘后，广东联合期货交易所对多方三家违规会员做出处罚决定。由此，行情逆转直下，9511合约连续跌停，交易所于10月24日对籼米合约进行协议平仓，释放了部分风险。11月20日，9511合约最后摘牌时已跌至每吨2 301元。至此，多方已损失2亿元左右，并宣告其“逼空”失败，各小型投资者损失惨重。11月3日，中国证监会吊销了广东金创期货经纪有限公司的期货经纪业务许可证。

思考题：

（1）广联籼米事件反映出期货市场的何种现象？

（2）如何治理期货市场的人为操纵乱象？

（3）作为财务人员可以为市场稳定做出哪些贡献？

小提示：

大户垄断、操纵市场等行为使广大投资者蒙受了巨大损失，严重扭曲了期货市场价格，阻碍了期货市场的正常运行。抑制过度投机和防范风险对于期货市场的稳定至关重要，在措施上首先需要加强交易所的风险管控，加强监督部门监管力度；其次对于期货公司来说必须严格自律、规范运作，除了观测局部利益之外更应注重期货市场长远发展；再次对于财务、金融工作者，不能试图利用自身所学的财务金融知识操纵市场，要时刻以崇高的职业道德要求自己。我们要始终相信，那些认为“实物有限，资金无限”的投机大户利用资金优势操纵价格获取暴利的行为必然失败，并将受到法律的严惩。

相关链接：

[1] 韩玉坤.中石化炒期货巨亏 国资委首次回应：这是一件大事［EB/OL］.［2020-03-01］. https：//www.163.com/money/article/E5T1G1Q900258105.html.

[2] 莫谨榕.百隆东方炒棉花期货巨亏7 000万元［EB/OL］.［2019-01-03］. http：//money.ycwb.com/2019-01/03/content_30167724.html.

[3] 帮考网.套期会计概念详细解答［EB/OL］.［2020-07-24］. https：//www.bkw.cn/v/K9GG.html.

[4] 天职研究.金融工具：风险管理与套期会计［EB/OL］.［2016-12-11］. http：//www.360doc.com/content/16/1211/11/7835172_613750523.shtml.

[5] 和讯网.中石化事件引发业内深思：正确利用期货工具 实现价格发现和套期保值“两开花”［EB/OL］.［2019-01-25］. https：//futures.hexun.com/2019-01-25/195990271.html.

[6] 知乎墨隐.浅析现行金融投资诈骗操作手法及防范对策［EB/OL］.［2017-12-21］. https：//zhuanlan.zhihu.com/p/32222815.

[7] 中国证券监督管理委员会.股票期权交易试点管理办法（中国证券监督管理委员会令第112号）［EB/OL］.［2016-03-18］. http：//www.csrc.gov.cn/pub/heilongjiang/xxfw/hljflfg/201605/t20160514_297312.htm.

[8] 中国证券监督管理委员会.期货法律法规汇编［EB/OL］.［2014-01-03］. http：//www.csrc.gov.cn/pub/zjhpublicofjs/bszn/201401/t20140103_240918.htm.

[9] 李强.中国期货市场的理论与实践［M］. 北京：中国财政经济出版社，1999.

[10] 上海财经大学课题组.中国经济发展史1949—2005（下）［M］. 上海：上海财经大学出版社，2007.

下　篇

企业合并与合并财务报表的编制

第7章

企业合并会计

【学习目标】

通过本章的学习，了解企业合并类型的划分；掌握同一控制下企业合并的会计处理；掌握非同一控制下企业合并的会计处理；掌握或有对价的会计处理；掌握反向购买的会计处理。

7.1 企业合并概述

7.1.1 企业合并的概念界定

我国《企业会计准则第20号——企业合并》（CAS20）中对企业合并的定义是：企业合并是将两个或两个以上单独的企业（主体）合并形成一个报告主体的交易或事项。

这一定义至少有两层含义：一层是取得对一个或多个企业（或业务）的控制权；另一层是所合并的企业必须构成业务。被合并的企业必须符合构成业务的条件是会计处理上适用企业合并准则的前提，因此，业务的判断往往是决定是否能够应用企业合并相关会计处理的第一步。在实务中，经常出现不能明显区别是购买业务还是购买资产的交易，需要结合实际情况进行判断。业务是指企业内部某些生产经营活动或资产负债的组合，该组合具有投入、加工处理过程和产出能力，能够独立计算其成本费用或所产生的收入[①]。

企业合并会计处理见表7-1。

① 中国注册会计师协会．CPA会计［M］．北京：中国财政经济出版社，2020.

表7-1 **企业合并会计处理**

项　目	会计处理	
不构成业务(不按企业合并准则处理)	将购买成本基于购买日所取得各项可辨认资产、负债的相对公允价值,在各单独可辨认资产和负债之间进行分配,不产生商誉或购买利得	
构成业务(非同一控制)	合并成本大于取得的可辨认净资产公允价值份额的差额	确认商誉
	合并成本小于取得的可辨认净资产公允价值份额的差额	确认负商誉(计入当期损益)

其中，不构成业务（不按企业合并准则处理）的，将购买成本基于购买日所取得各项可辨认资产、负债的相对公允价值，在各单独可辨认资产和负债之间进行分配，不产生商誉或购买利得①。

构成业务（非同一控制）的，合并成本与取得的可辨认净资产公允价值份额的差额应当确认为单独的一项资产——商誉，或是在企业成本小于合并中取得可辨认净资产公允价值份额的情况下，确认计入当期损益（负商誉）②。

7.1.2 企业合并的类型

不同类型的企业合并，其会计处理有所不同。

1）按合并双方合并前后法律主体形式是否变化进行分类

按合并双方合并前后法律主体形式是否变化，可以将企业合并分为控股合并、吸收合并和新设合并三类。

控股合并是指实施合并的企业取得对被合并企业的控制权，但被合并方仍保持其独立的法人资格，合并完成后继续经营。控股合并不属于法律形式上的合并，但合并方对被合并方财务和经营决策的控制权使得二者经济实质上实现合并。

吸收合并是指合并方取得被合并方的全部净资产，被合并方不复存在，丧失其法人地位的合并类型。吸收合并的结果是合并方作为保留下来的单一经济主体和法律主体处理相关会计事务，吸纳被合并方原本拥有的资产，同时承担其债务。

新设合并是指原本独立经营的，两个或两个以上的企业合并以后形成一个新的企业，各合并参与方均不复存在的合并类型。新设合并的结果是新设企业作为单一经济主体和法律主体处理其会计事务，拥有各合并参与方的资产并承担其债务，而各合并参与方丧失法人地位。

2）按合并双方合并前后最终控制方是否变化进行分类

合并可以分为同一控制下的企业合并和非同一控制下的企业合并，这取决于合并前后双方是否属于同一方或者同一多方控制。同一控制下的企业合并，是指参

① 中国注册会计师协会．CPA会计［M］．北京：中国财政经济出版社，2020.
② 中国注册会计师协会．CPA会计［M］．北京：中国财政经济出版社，2020.

与合并的企业在合并前后最终受同一方或者同一多方控制，且该控制不是暂时的。非同一控制下的企业合并，是指合并前后各方最终不受同一方或同一多方控制的合并。

（1）同一控制下的企业合并。

判断企业合并是否属于同一控制下的企业合并，应当包括以下几点：①合并前后都能够对合并各方实施最终控制的一方，一般指企业集团的母公司。②合并前后均能够对参与合并的企业实施最终控制的一方或多方，是指依照合同、条约或者协定对参与合并企业的财务和经营政策有最终决定权的当事人，可以是公司或从中受益的投资者。③时间控制要求是指参与合并的各方在合并前后较长时间内均由最终控制人控制，控制期一般在1年（含1年）以上。④企业合并是否属于同一控制下企业合并，应当遵循实质重于形式的原则进行判断。同一控制下的企业合并，通常是指同一企业集团之间的合并。但是，国有控股企业之间，不应仅仅因为合并各方在合并前后受国家控制，就把合并看作同一控制下的企业合并。

（2）非同一控制下的企业合并。

非同一控制下的企业合并指的是合并前后的参与各方不受同一方或同一多方最终控制的合并，即判断其属于同一控制下的企业合并情况以外的其他企业合并。

【例7-1】

甲公司为某省国资委控制的国有企业，2×19年10月因该省国资委系统出于整合同类业务的需要，由甲公司通过定向发行其普通股的方式给乙公司部分股东，取得对乙公司的控制权。该项交易之前，乙公司的股权由该省国资委下属丙投资公司持有并控制。双方签订的协议约定如下：

（1）以2×19年9月30日为评估基准日，根据独立的评估机构评估确定的乙公司全部股权以公允价值4.02亿元为基础确定甲公司应支付的对价。

（2）甲公司普通股作价每股5元，该项交易中甲公司向丙投资公司发行3 700万股本公司普通股取得乙公司46%的股权。

（3）甲公司在本次交易中定向发行的3 700万股向丙投资公司发行后，有权调整和更换乙公司董事会成员，该事项不受本次交易中股东名册变更及乙公司有关工商注册变更的影响。

2×19年12月10日，甲公司向丙投资公司定向发行了3 700万股并于当日对乙公司董事会进行改造。

要求：请判断甲公司对乙公司的合并应当属于哪一类型。

本例中，合并方甲公司与被合并方乙公司在合并前为独立的市场主体，其特殊性在于甲公司在合并前直接被当地国资委控制，乙公司是当地国资委通过下属投资公司间接控制。判断本项交易的合并类型关键在于找到是否存在合并交易发生前后对参与合并各方均能够实施控制的一个最终控制方，本例中即当地国资委。虽然该项交易是当地国资委出于整合同类业务的需要，安排甲公司、乙公司的原控股股东丙投资公司进行的，但交易中作价是完全按照市场价格确定的，同时企业合并准则中明确，同受国家控制的两个企业进行合并，不能仅因为其为国有企业即作为企业合并处理。

因此，该项合并应当作为非同一控制下的企业合并处理。

【例 7-2】

甲公司2×14年2月通过公开市场购入乙公司600万股股票，占乙公司公开发行在外股份的2%。该部分股份取得以后，甲公司将其作为以公允价值计量且其变动计入当期损益的金融资产核算。2×15年，甲公司与乙公司签订如下协议：

（1）甲公司向乙公司捐赠其100%持股的三家公司股权，按照双方确定的评估基准日2×15年6月30日，三家公司股权的评估价值合计为65 000万元。

（2）双方应于2×15年7月31日前办妥上述三家公司股权过户手续。

（3）乙公司应于2×15年8月31日前通过股东大会决议，以资本公积转增股本的方式向甲公司发行股票16 250万股（每股4元）。

2×15年8月10日，乙公司股东大会通过以资本公积转增股本的方式向甲公司发行16 250万股本公司股票。

该股份发行后，甲公司向乙公司董事会派出4名成员（乙公司董事会由7名成员组成），日常财务和生产经营决策由董事会决定，所有董事会表决事项均需半数以上董事同意方可表决通过。甲公司持有乙公司发行在外股份为36.43%，除甲公司所持股份外，乙公司其他股东持有其股份情况见表7-2。

表7-2 **股东持有股份情况表**

股　东	持有乙公司股权比例
A	10%
B	8%
C	7%
D	6%
E	5%
F	4.5%
其他社会公众股 （持股较为分散，最高持有不到1%）	23.07%

要求：请指出甲公司合并乙公司的类型。

2×14年，甲公司自公开市场取得乙公司2%的股份，因未以任何方式参与乙公司生产经营决策，不能施加重大影响，因此该项股权投资作为交易性金融资产核算。

2×15年，甲公司通过先向乙公司捐赠，乙公司再以等量资本公积转增股本的方式向甲公司定向发行本公司股份，该项发行完成后，甲公司持有乙公司36.43%的股份。通过分析乙公司股权结构、甲公司对乙公司董事会的影响可知，该项股份发行后，甲公司能够控制乙公司，从而构成企业合并。

在本次交易发生前，甲公司虽然持有乙公司2%的股份，但不构成控制，该项交易完成后，甲公司控制乙公司，乙公司持有甲公司原三家子公司100%的股权，并能够对这三家公司实施控制。该项交易前后，找不到一个最终控制方能够控制所有参与合并的企业（乙公司、甲公司及原持有的三家全资子公司），不属于同一控制下的企业合并，应当按照非同一控制下的企业合并处理。

7.2　长期股权投资与企业合并

7.2.1　同一控制下企业合并的处理原则

同一控制下的企业合并采用权益合并法。权益合并法基于与购买法不同的假设，即企业合并被视为参与合并的双方通过股权交换形成的所有者权益的组合，而不是资产的交易。换言之，它是两个或两个以上的企业实体对合并后的企业或集团公司的资产贡献，即经济资源的组合。

权益合并法中，原所有者权益继续存在，原会计基础不变。参与合并的企业的资产和负债，继续按原账面价值入账。企业合并后的利润，包括合并日以前年度实现的利润；以前年度累计留存的利润，也应当合并。合并方在企业合并中取得的资产和负债，按照合并日被合并方的账面价值计量。合并方取得的净资产账面价值与支付的合并对价账面价值（或发行股票面值总额）的差额，调整为资本公积（资本溢价或股本溢价）；资本公积（资本溢价或股本溢价）不足冲减的，调整留存收益[①]。相关会计处理如下：

借：长期股权投资（合并日享有被合并方相对于最终控制方而言的所有者权益账面价值的份额+最终控制方收购被合并方而形成的商誉）

　　贷：有关资产、负债（支付的合并对价账面价值）

　　　　股本（发行股票面值总额）

　　　　资本公积——资本溢价或股本溢价

“资本公积”科目也可能在借方。当资本公积在借方时，表示冲减母公司的资本公积（资本溢价或股本溢价），资本公积（资本溢价或股本溢价）的余额不足冲减的，应冲减留存收益（盈余公积和未分配利润）。

7.2.2　非同一控制下企业合并的处理原则

非同一控制下企业合并处理的基本原则是购买法。企业合并是购买方公司以一定价格购买被购公司机器设备、存货等资产，并承担全部费用，同时对被购公司的负债负责，以合并时的公允价值计量被购公司的净资产。非同一控制下的企业合并，在购买日取得对参与合并的其他公司控制权的一方为购买方，参与合并的其他公司为被购买方。确定购买日，是指购买方实际取得对被购买方控制权的日期。确

① 企业会计准则第20号——企业合并.

定企业合并的成本时，合并成本包括购买日购买方为企业合并支付的现金或非现金资产、发行或承担的债务、发行的股权等的公允价值。

合并成本分配如下：

（1）预计公司未来预期经济利益和被购买方取得的资产的公允价值，除无形资产（不限于被购买方初始确认的资产）能够进入公司且公允价值能够可靠计量外，按公允价值单独确认和计量。

（2）非同一控制下企业合并中，购买方在对企业合并中取得的购买方资产进行初始确认时，应当对属于购买方但未在财务报表中确认的无形资产进行确认和充分合理的判断。符合下列条件之一的，确认为无形资产：合同权利或其他法定权利的衍生工具；可与收购方分离或分割，可单独或与相关合同、资产和负债一起用于出售、转让、许可、租赁或交换。

（3）除或有负债外，购买方履行相关义务很可能为公司带来市场经济利益，且公允价值能够可靠计量的，单独确认为负债，并以公允价值计量。

（4）合并中取得的购买方或有负债在购买时能够可靠计量的，应当单独确认为负债，并以公允价值计量。结合业务，根据企业会计准则的规定，购买方在合并中获得的资产和负债的价值可能不同于按照税法规定的计税基础，这可能导致递延所得税确认的问题。常见的情况是，在控股合并形成的非同一控制下的企业合并中，购买方取得的被购买方的可辨认资产按照购买日的公允价值在购买方合并财务报表中确认和计量，但该资产的计税基础不变。由于资产的公允价值一般高于其计税基础，上述差异大多为暂时性应纳税差异，应按照企业会计准则的规定予以确认递延所得税负债。除此之外，非同一控制下企业吸收合并不符合税法规定的免税条件的，应当将合并后取得的合并后部分资产的计税基础调整为该资产的公允价值，与按照同一控制下企业合并的原则确认的会计账面价值之间存在差异。一般来说，资产的账面价值低于按照公允价值确定的新计税基础，上述差异为暂时性可抵扣差异，按照企业会计准则的规定确认递延所得税资产。

（5）企业合并成本与合并中取得的可辨认流动资产公允价值份额之间的差额的处理。合并成本与购买方在合并中取得的可辨认净资产公允价值之间的差额为正，确认为购买方的商誉。购买方应当按照下列规定处理合并成本小于购买方在合并中取得的可辨认净资产公允价值的情况：对被购买方可辨认资产、负债和或有负债的公允价值以及合并成本的计量进行复核；复核后的合并成本仍低于合并中被购买方可辨认净资产公允价值的，差额计入当期损益（营业外收入），并在财务报表附注中披露。

（6）企业合并成本或合并中取得的相关可辨认资产和负债的公允价值的初步确定。企业合并当期终了，因企业合并取得的各项可辨认资产、负债和或有负债的公允价值或企业合并成本只能暂时确定的，由购买方确认和计量，以确定的中期价值为基础进行企业合并会计处理。自购买日起12个月内调整原估计价值的，视为在购买日确认和计量，即追溯调整。

（7）购买日合并财务报表的编制。企业合并形成母子公司关系的，母公司应当编制购买日的合并资产负债表，因企业合并取得的被购买方各项可辨认资产、负债及或有负债应当以公允价值列示。母公司的合并成本与取得的子公司可辨认净资产公允价值份额的差额，以按照企业会计准则规定处理的结果列示[①]。

7.2.3　企业合并涉及的或有对价

1）同一控制下企业合并涉及的或有对价

同一控制下企业合并形成的长期股权投资初始确认时可能存在或有对价。在这种情况下，同一控制下企业合并方式形成的长期股权投资，在初始投资时，应按照《企业会计准则第13号——或有事项》（以下简称或有事项准则）的规定，判断是否应就或有对价确认预计负债或资产，以及应确认的金额。确认预计负债或资产的，该预计负债或资产金额与后续或有对价结算金额的差额不影响当期损益，而应当调整资本公积（资本溢价或股本溢价），资本公积（资本溢价或股本溢价）不足冲减的，调整留存收益[②]。

【例7-3】

2×18年12月31日，P公司向同一集团内S公司的原股东A公司定向增发2 000万股普通股（每股面值为1元、每股公允价值为5元），取得S公司100%的股权，相关手续于当日办理完毕，并能够对S公司实施控制。合并后，S公司仍维持其独立法人资格继续经营。若S公司2×19年获利超过1 000万元，P公司2×19年12月31日需另向A公司支付500万元。S公司之前为A公司于2×16年以非同一控制企业合并的方式收购的全资子公司。

在合并日，S公司财务报表中净资产的账面价值为4 400万元，A公司合并财务报表中的S公司净资产账面价值为8 000万元（含商誉1 000万元）。假定P公司和S公司都受A公司控制，S公司2×18年获利很可能超过1 000万元。假设不考虑相关税费等其他因素影响。P公司的账务处理如下：

借：长期股权投资	80 000 000	
贷：股本		20 000 000
预计负债		5 000 000
资本公积——股本溢价		55 000 000

2）非同一控制下企业合并涉及的或有对价

非同一控制下企业合并形成或有对价时，长期股权投资成本的计量：在某些情况下，合并各方可在合并协议中约定，根据一项或多项未来的或有事项，买方将通过发行额外证券、支付额外现金或其他资产来追加对企业合并的对价，收购人应将合并协议中约定的或有对价纳入企业合并的考虑，并按照购买日公允价值计入企业合并成本。

根据《企业会计准则第37号——金融工具列报》《企业会计准则第22号——金

① 企业会计准则第20号——企业合并.
② 企业会计准则第13号——或有事项.

融工具确认和计量》等，如果该对价符合权益工具和金融负债的定义，购买方应当将支付或有对价的义务确认为一项权益或负债；符合资产定义并满足资产确认条件的，购买方应当将符合合并协议约定条件的、可回收的部分已支付合并对价的权利确认为一项资产。

自购买日起12个月内，有新证据或其他证据表明购买日存在的情况需要调整或有对价的，应当予以确认，调整原计入合并商誉的金额。在其他情况下，或有对价的变更或调整，按照下列差异进行会计处理：对价为权益的，不进行会计处理；对价为资产或负债的，按照企业会计准则的有关规定办理。或有对价为《企业会计准则第22号——金融工具确认和计量》中所列金融工具的，以公允价值计量，其变动计入当期损益，不得作为以公允价值计量且其变动计入其他综合收益的金融工具。

【例7-4】

A公司为上市公司，2×18年12月31日，A公司收购B公司60%的股权，完成非同一控制下的企业合并。

(1) 收购定价的相关约定如下：①2×18年12月31日，支付5 000万元；②自B公司经上市公司指定的会计师事务所完成2×19年度财务报表审计后1个月内，A公司支付第二期收购价款，该价款按照B公司2×19年税后净利润的两倍为基础计算。

(2) 业绩承诺：B公司承诺2×19年实现税后净利润1 000万元，若2×19年B公司实际完成净利润不足1 000万元，B公司原股东承诺向A公司支付其差额的60%。

要求：

(1) 假定A公司在购买日判断，B公司2×19年实现净利润1 200万元为最佳估计数，则：①计算购买日合并成本并编制会计分录；②若2×19年B公司实现净利润为1 500万元，编制2×19年个别财务报表会计分录；③若2×19年B公司实现净利润为800万元，编制2×19年个别财务报表会计分录。

(2) 假定A公司在购买日判断，B公司2×19年实现净利润800万元为最佳估计数，则：①计算购买日合并成本并编制会计分录；②若2×19年B公司实现净利润为1 500万元，编制2×19年个别财务报表会计分录；③若2×19年B公司实现净利润为800万元，编制2×19年个别财务报表会计分录。

解析：

(1) 若实现净利润1 200万元为最佳估计数，则：

①或有应付金额公允价值=1 200×2=2 400（万元），或有应收金额公允价值为0，合并成本=5 000+2 400=7 400（万元）。

借：长期股权投资　　74 000 000

　贷：银行存款　　50 000 000

　　　交易性金融负债　　24 000 000

②A公司应支付或有应付金额=1 500×2=3 000（万元）。

实际支付款项时：

借：交易性金融负债　　24 000 000

　　投资收益　　6 000 000

　贷：银行存款　　30 000 000

③A公司应支付或有应付金额=800×2=1 600（万元），应收到业绩补偿款=（1 000−800）×60%=120（万元）。

2×19年12月31日，确认应收业绩补偿款：

借：交易性金融资产　　1 200 000

　贷：公允价值变动损益　　1 200 000

实际支付款项时：

借：交易性金融负债　　24 000 000

　贷：银行存款　　16 000 000

　　　投资收益　　8 000 000

收到业绩补偿款时：

借：银行存款　　1 200 000

　贷：交易性金融资产　　1 200 000

（2）若实现净利润800万元为最佳估计数，则：

①或有应付金额公允价值=800×2=1 600（万元），或有应收金额公允价值=（1 000−800）×60%=120（万元），合并成本=5 000+1 600−120=6 480（万元）。

借：长期股权投资　　64 800 000

　　交易性金融资产　　1 200 000

　贷：银行存款　　50 000 000

　　　交易性金融负债　　16 000 000

②2×19年12月31日，确认金融资产公允价值变动：

借：公允价值变动损益　　1 200 000

　贷：交易性金融资产　　1 200 000

实际支付款项时：

借：交易性金融负债　　16 000 000

　　投资收益　　14 000 000

　贷：银行存款　　30 000 000

③实际收到补偿款时：

借：银行存款　　1 200 000

　贷：交易性金融资产　　1 200 000

实际支付款项时：

借：交易性金融负债　　16 000 000

　贷：银行存款　　16 000 000

7.3 同一控制下企业合并的会计处理

7.3.1 合并日合并财务报表的编制

1）合并资产负债表

被合并方的有关资产、负债应以其账面价值并入合并财务报表。合并方采用的会计政策与被合并方不同的，应当遵循合并方的会计政策，对被合并方资产和负债的账面价值进行调整。资产、负债和或有负债的账面价值，是指被合并方的资产、负债（包括最终控制方收购被合并方而形成的商誉）在最终控制方财务报表中的账面价值。合并方与被合并方在合并日及以前期间发生的交易，应作为内部交易进行抵销。合并方的财务报表比较数据追溯调整的期间应不早于双方处于最终控制方的控制之下孰晚的时间。

同一控制下企业合并的基本原则是合并后形成的报告主体在合并日及合并日之前始终存在。自合并财务报表编制之日起至合并日止，母公司长期股权投资与子公司所有者权益应当抵销。合并前，集团其他企业控制子公司产生的留存利润，应当于合并前对计入合并方的留存收益（盈余公积和未分配利润之和）进行计算，在合并方案中列示下列会计分录：

借：资本公积（以资本溢价或股本溢价的贷方余额为限）

　贷：盈余公积（归属于现行母公司部分）

　　　未分配利润（归属于现行母公司部分）

2）合并利润表

合并方在编制合并日的合并利润表时，应包含合并方及被合并方自合并当期期初至合并日实现的净利润，双方在当期发生的交易，应当按照合并财务报表的有关原则进行抵销[①]。

3）合并现金流量表

合并日的合并现金流量表的编制与合并利润表的编制原理相同。

7.3.2 合并财务报表准则及应用指南

母公司在报告期内因同一控制下企业合并增加的子公司以及业务，编制合并资产负债表时，应当调整合并资产负债表的期初数，同时应当对比较报表的相关项目进行调整，视同合并后的报告主体自最终控制方开始控制时点起一直存在[②]。

同一控制下企业合并增加的子公司或业务，视同合并后形成的企业集团报告主体自最终控制方开始实施控制时一直是一体化存续下来的。编制合并资产负债表时，应当调整合并资产负债表的期初数，合并资产负债表的留存收益项目应当反映母子公司视同一直作为一个整体运行至合并日应实现的盈余公积和未分配利润的情

---

① 企业会计准则第20号——企业合并.
② 企业会计准则第33号——合并财务报表.

况，同时应当对比较报表的相关项目进行调整[①]。

【例7-5】

A、B公司分别为P公司控制下的两家子公司。A公司于2×19年3月10日自母公司P处取得B公司100%的股权，合并后B公司仍维持其独立法人资格继续经营。为进行该项企业合并，A公司发行了1 500万股本公司普通股（每股面值为1元）作为对价。假定A、B公司采用的会计政策相同。在合并日，A公司及B公司的所有者权益构成见表7-3。

表7-3 A公司及B公司所有者权益构成表 单位：万元

A公司		B公司	
项目	金额	项目	金额
股本	9 000	股本	1 500
资本公积	2 500	资本公积	500
盈余公积	2 000	盈余公积	1 000
未分配利润	5 000	未分配利润	2 000
合 计	18 500	合 计	5 000

A公司在合并日应进行的账务处理如下：

借：长期股权投资 50 000 000
　贷：股本 15 000 000
　　资本公积 35 000 000

合并日合并财务报表的抵销会计分录为：

借：股本 15 000 000
　资本公积 5 000 000
　盈余公积 10 000 000
　未分配利润 20 000 000
　贷：长期股权投资 50 000 000

上述处理完成后，A公司在合并日编制合并资产负债表时，对于企业合并前B公司实现的留存收益中归属于合并方的部分（3 000万元），应从资本公积（资本溢价或股本溢价）转入留存收益。本例中，A公司在确认对B公司的长期股权投资以后，其资本公积的账面余额为6 000万元（2 500+3 500），假定其中资本溢价或股本溢价的金额为4 500万元。在合并工作底稿中，应编制的调整会计分录为：

借：资本公积 30 000 000
　贷：盈余公积 10 000 000
　　未分配利润 20 000 000

① 《企业会计准则第33号——合并财务报表》应用指南.

7.4 非同一控制下企业合并的会计处理

7.4.1 购买日合并财务报表的编制

1）将子公司各项资产、负债由账面价值调整到公允价值

以固定资产为例，假定固定资产的公允价值大于其账面价值，则做如下会计处理：

借：固定资产

　贷：资本公积

2）确认递延所得税

相关会计处理如下：

借：资本公积

　贷：递延所得税负债

购买日抵销会计分录为：

借：股本

　　资本公积

　　其他综合收益

　　盈余公积

　　未分配利润

　　商誉（借方差额）

　贷：长期股权投资

　　　少数股东权益

7.4.2 反向购买的会计处理

如果非同一控制下的企业合并是通过发行证券进行的，通常是由买方发行的。但在反向并购中，权益性证券是由股票发行人进行的，但发行的一方反而由参与合并的另一方进行控制，虽然股票发行人是一个法律上的母公司，其在会计上是被合并方。这种类型的合并通常称为反向并购。

例如，A公司是一家规模较小的上市公司，B公司是一家规模较大的公司。B公司打算通过收购A公司实现上市目标，然而，该交易是通过发行A公司的股份，以交换B公司的股份来进行的。交易后，B公司原股东拥有A公司50%以上的股份。A公司拥有B公司50%以上的股份，A公司是法定母公司，B公司是法定子公司，但从会计角度来看，应该是B公司收购的A公司。

典型的反向购买示例如图7-1、图7-2所示。

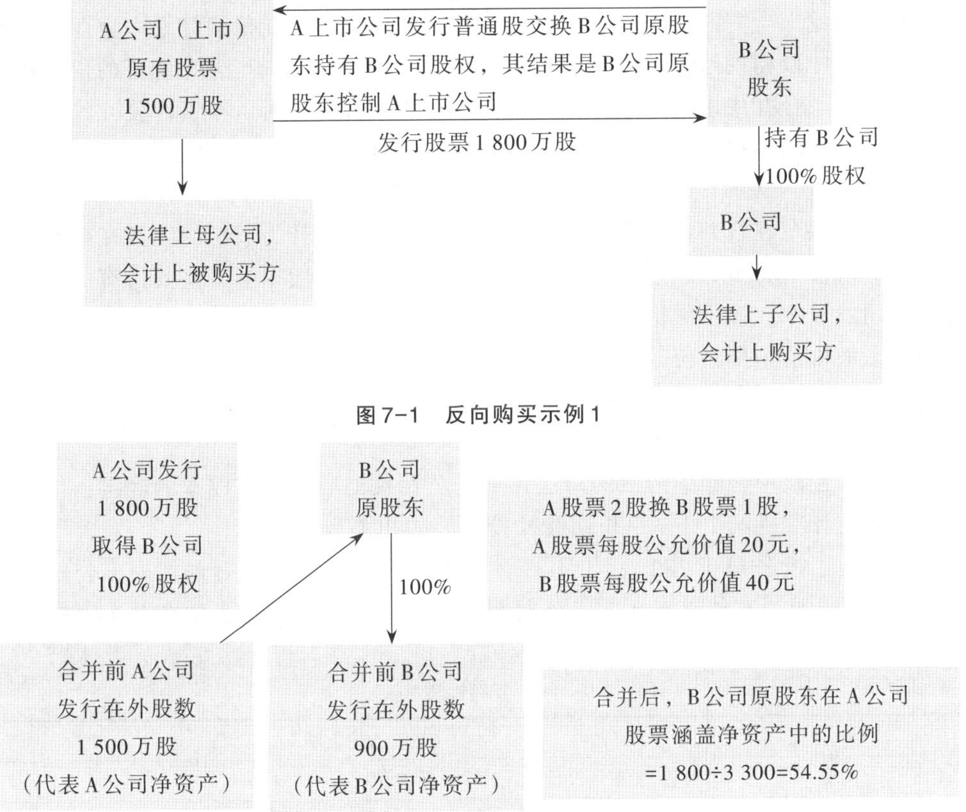

图7-1　反向购买示例1

图7-2　反向购买示例2

（1）合并成本的确定。

反向购买中，合并成本以发行方发行股票的公允价值乘以其数量计算。买受人于购买日进行公开发行，公开发行的股票以公允价值计量；购买方的权益性证券在购买日存在公开报价的，通常以公开报价作为其公允价值；购买方的权益性证券在购买日不存在可靠公开报价的，应参照购买方的公允价值和被购买方的公允价值二者之中有更为明显证据支持的作为基础，确定购买方假定应发行权益性证券的公允价值[①]。

（2）合并财务报表的编制。

合并主要反映在购买日的合并财务报表中，其一般原则是“反向”，以购买方为财务报表编制主体，抵销被购买方的相关权益类科目。

法定母公司应当按照下列原则编制合并财务报表：

合并前，对子公司的资产和负债按合并财务报表的账面价值进行确认和计价。合并财务报表中反映的利润和其他资本利得，应当反映合并前子公司的留存利润和其他权益。合并财务报表中权益相关工具的水平反映了合并前子公司股份的面值，

① 中国注册会计师协会. CPA会计［M］. 北京：中国财政经济出版社，2020.

但合并财务报表中的资本结构应反映母公司的法定资本结构。法定母公司的可辨认资产和负债编入合并财务报表中，应该以购买日确定的公允价值计量。企业合并成本大于合并中取得的法律上母公司（被购买方）可辨认净资产公允价值的份额体现为商誉，小于合并中取得的法律上母公司（被购买方）可辨认净资产公允价值的份额确认为合并当期损益。合并财务报表的比较信息应当是关于法定子公司的前期合并财务报表[①]。

子公司股东在合并过程中未将其持有的母公司股份转为股份的，其在合并财务报表中的份额列为少数股东股份；子公司股东所代表的股东不得将其持有的股份转为母公司的股本，该份额仍然限于子公司的这一部分。子公司合并前，少数股东在净资产账面价值中所占份额按持股比例计算。即使被视为被并购方，对法定母公司全体股东而言，其享有合并形成报告主体的净资产及损益，不应作为少数股东权益列示[②]。

母公司在该项合并中形成的对法律上子公司长期股权投资成本的确定，应当遵从《企业会计准则第2号——长期股权投资》的相关规定。

假定A上市公司于2×17年3月31日通过定向增发本企业普通股对B公司进行合并，B公司原股东能够对A上市公司实施控制。合并财务报表中合并金额的计算见表7-4。

表7-4 **合并金额计算表**

项 目	合并金额
流动资产	A公司公允价值+B公司账面价值
非流动资产	A公司公允价值(不含反向购买时产生的长期股权投资)+B公司账面价值
商誉	合并成本-A公司可辨认净资产公允价值(如为负数应反映在留存收益中)
资产总额	合计
流动负债	A公司公允价值+B公司账面价值
非流动负债	A公司公允价值+B公司账面价值
负债总额	合计
股本（A公司股票股数）	B公司合并前发行在外的股份面值×A公司持股比例+假定B公司在确定该项企业合并成本过程中新发行的权益性工具的面值
资本公积	差额
盈余公积	B公司合并前盈余公积×A公司持股比例
未分配利润	B公司合并前未分配利润×A公司持股比例
少数股东权益	少数股东按持股比例计算享有B公司合并前净资产账面价值的份额
所有者权益总额	资产总额-负债总额

① 中国注册会计师协会. CPA会计［M］. 北京：中国财政经济出版社，2020.
② 中国注册会计师协会. CPA会计［M］. 北京：中国财政经济出版社，2020.

（3）每股收益的计算。

发生反向购买当期，用于计算每股收益的发行在外普通股加权平均数为：

①自当期期初至购买日，发行在外的普通股数量应假定为在该项合并中法律上母公司向法律上子公司股东发行的普通股数量；

②自购买日至期末，发行在外的普通股数量为法律上母公司实际发行在外的普通股股数。

反向购买后对外提供比较合并财务报表的，其比较前期合并财务报表中的基本每股收益，应以法律上子公司的每一比较报表期间归属于普通股股东的净损益除以在反向购买中法律上母公司向法律上子公司股东发行的普通股股数计算确定。上述假定法律上子公司发行的普通股股数在比较期间内和自反向购买发生期间的期初至购买日之间未发生变化。如果法律上子公司发行的普通股股数在此期间发生了变动，计算每股收益时应适当考虑其影响进行调整[①]。

【例7-6】

A上市公司于2×17年9月30日通过定向增发本企业普通股对B企业进行合并，取得B企业100%的股权。假定不考虑所得税影响。A上市公司及B企业在进行合并前的简化资产负债表见表7-5。

表7-5 **A上市公司及B企业合并前资产负债表（简表）** 单位：万元

项　目	A上市公司	B企业
流动资产	3 000	4 500
非流动资产	21 000	60 000
资产总额	24 000	64 500
流动负债	1 200	1 500
非流动负债	300	3 000
负债总额	1 500	4 500
股本	1 500	900
资本公积	0	0
盈余公积	6 000	17 100
未分配利润	15 000	42 000
所有者权益总额	22 500	60 000

其他相关资料如下：

①2×17年9月30日，A上市公司通过定向增发本企业普通股，以2股换1股的比例自B企业原股东处取得了B企业的全部股权。A上市公司共发行了1 800万股普通股以取得B企业全部900万股普通股。

②A上市公司普通股在2×17年9月30日的公允价值为每股20元，B企业普通股当日的公允价值为每股40元。A上市公司、B企业每股普通股的面值为1元。

① 中国注册会计师协会. CPA会计［M］. 北京：中国财政经济出版社，2020.

③2×17年9月30日，A上市公司除非流动资产的公允价值较其账面价值高4 500万元以外，其他资产、负债项目的公允价值与其账面价值均相同。

④假定A上市公司与B企业在合并前不存在任何关联方关系。

对于该项企业合并，虽然在合并中发行权益性证券的一方为A上市公司，但因其生产经营决策的控制权在合并后由B企业原股东控制，因此，B企业应为购买方，A上市公司为被购买方。

(1) 确定该项合并中B企业的合并成本：

A上市公司在该项合并中向B企业原股东增发了1 800万股普通股，合并后B企业原股东持有A上市公司的股权比例为54.55%（1 800÷3 300）。假定B企业发行本企业普通股在合并后主体享有同样的股权比例，则B企业应当发行的普通股股数为750万股（900÷54.55%-900），其公允价值为30 000万元，企业合并成本为30 000万元。

(2) 企业合并成本在可辨认资产、负债之间的分配（金额单位为元）：

企业合并成本	300 000 000
A上市公司可辨认资产、负债：	
流动资产	30 000 000
非流动资产	255 000 000
流动负债	(12 000 000)
非流动负债	(3 000 000)
商誉	30 000 000

2×17年9月30日，A上市公司合并资产负债表（简表）见表7-6。

表7-6　**A上市公司合并资产负债表（简表）**　单位：万元

项　目	金　额
流动资产	7 500
非流动资产	85 500
商誉	3 000
资产总额	96 000
流动负债	2 700
非流动负债	3 300
负债总额	6 000
股本(3 300万股普通股)	1 650
资本公积	29 250
盈余公积	17 100
未分配利润	42 000
所有者权益总额	90 000

(3) 每股收益的计算：

假定B企业2×16年实现合并净利润1 800万元，2×17年A上市公司与B企业形成的主体实现合并净利润3 450万元，自2×16年1月1日至2×17年9月30日，B企业发行在外的普通股股数未发生变化。

A上市公司2×17年的基本每股收益=3 450÷［（1 800×9÷12）+（3 300×3÷12）］=1.59（元）。

在提供比较报表的情况下，比较报表中的基本每股收益应该进行调整，A上市公司2×16年的基本每股收益=1 800÷1 800=1（元）。

（4）B企业的全部股东中，假定只有其中的90%以原持有的对B企业股权换取了A上市公司增发的普通股。A上市公司应发行的普通股股数为1 620万股（900×90%×2）。企业合并后，B企业的股东拥有合并后报告主体的股权比例为51.92%（1 620÷3 120）。

通过假定B企业向A上市公司发行本企业普通股在合并后主体享有同样的股权比例，在计算B企业发行的普通股数量时不考虑少数股权的因素，因此，B企业应当发行的普通股股数为750万股［（900×90%÷51.92%）－（900×90%）］，B企业在该项合并中的企业合并成本为30 000万元（750×40），B企业未参与股权交换的股东拥有B企业的股份为10%，享有B企业合并前净资产的份额为6 000万元（60 000×10%），在合并财务报表中应作为少数股东权益列示。

（4）非上市公司购买上市公司股权实现间接上市的会计处理。

非上市公司以所持有的对子公司投资等资产为对价取得上市公司的控制权，构成反向购买的，上市公司编制合并财务报表时应当区别以下情况处理：

①交易发生时，上市公司未持有任何资产、负债或仅持有现金、交易性金融资产等不构成业务的资产或负债，上市公司在编制合并财务报表时，购买企业应按照权益性交易原则进行处理，不得确认商誉或确认廉价购买利得计入当期损益。

②交易发生时，上市公司保留的资产、负债构成业务的，对于形成非同一控制下企业合并的，企业合并成本与取得的上市公司可辨认净资产公允价值份额的差额应当确认为商誉或计入当期损益。

7.4.3　被购买方的会计处理

非同一控制下的企业合并中，被购买方在企业合并后仍持续经营的，如购买方取得被购买方100%的股权，被购买方可以按合并中确定的有关资产、负债的公允价值调账；在其他情况下，被购买方不应因企业合并而改记资产、负债的账面价值①。

7.5　综合案例分析

1）案例资料

甲公司相关年度发生的交易或事项如下：

（1）2×18年1月1日，甲公司以发行4 000万股普通股（每股面值为1元）为对

① 中国注册会计师协会．CPA会计［M］．北京：中国财政经济出版社，2020.

价，从控股股东乙公司处购买其持有的丙公司70%股权。当日，甲公司所发行股份的公允价值为每股7元；丙公司账面所有者权益为22 000万元，其中，股本为2 000万元，资本公积为8 000万元，盈余公积为8 000万元，未分配利润为4 000万元。另外，甲公司以银行存款支付中介机构费用1 000万元。甲公司当日对丙公司的董事会进行改选，改选后能够控制丙公司的相关活动。

其他有关资料如下：①合并日，丙公司在其个别财务报表中资产、负债的账面价值与其在乙公司合并财务报表中的账面价值相同；②甲公司和丙公司均按照净利润的10%提取法定盈余公积，不计提任意盈余公积；③假定不考虑相关税费及其他因素。

（2）2×18年12月31日，甲公司收购丁公司60%的股权，完成非同一控制下的企业合并。

收购定价的相关约定如下：①2×18年12月31日，支付5 000万元；②自丁公司经上市公司指定的会计师事务所完成2×19年度财务报表审计后1个月内，甲公司支付第二期收购价款，该价款按照丁公司2×19年税后净利润的两倍为基础计算。

相关业绩承诺如下：丁公司承诺2×19年实现税后净利润1 200万元，若2×19年丁公司实际完成净利润不足1 200万元，由丁公司的原股东以其所持甲公司股票100万股（不构成控制）无偿赠予甲公司（该无偿赠予的股票股数固定，符合权益工具的定义）。购买日，甲公司认为2×19年丁公司实现净利润1 200万元为最佳估计数。

请结合本章所讲内容，思考如下问题：

①根据资料（1），判断甲公司合并丙公司的类型，并说明理由；计算甲公司对丙公司长期股权投资的成本，并编制相关会计分录；编制合并日甲公司合并丙公司的抵销会计分录。

②根据资料（2），计算购买日合并成本并编制会计分录；若2×19年丁公司实现净利润为1 500万元，编制2×19年个别财务报表会计分录；若2×19年丁公司实现净利润为800万元，编制2×19年个别财务报表会计分录。

2）案例解析

①甲公司合并丙公司属于同一控制下的企业合并。其理由是：合并前后甲公司与丙公司同处于乙公司的子公司，所以，甲公司合并丙公司属于同一控制下的企业合并。

甲公司对丙公司长期股权投资的成本=丙公司在最终控制方乙公司的合并财务报表中的所有者权益的账面价值×份额=22 000×70%=15 400（万元）。

甲公司个别财务报表中的会计处理如下：

	借方	贷方
借：长期股权投资	154 000 000	
贷：股本		40 000 000
资本公积——股本溢价		114 000 000
借：管理费用	10 000 000	

贷：银行存款　10 000 000

②或有应付金额公允价值=1 200×2=2 400（万元），权益工具公允价值为0，合并成本=5 000+2 400=7 400（万元）。

借：长期股权投资　74 000 000

贷：银行存款　50 000 000

交易性金融负债　24 000 000

若实现净利润为1 500万元，则个别财务报表会计分录为：

借：交易性金融负债　24 000 000

投资收益　6 000 000

贷：银行存款　30 000 000

若实现净利润为800万元，则个别财务报表会计分录为：

借：交易性金融负债　24 000 000

贷：银行存款　16 000 000

投资收益　8 000 000

甲公司2×19年季报和半年报对权益工具的或有对价公允价值的变动不做会计处理（国际财务报告准则对或有对价的表述为："被分类为权益的或有对价不应被重新计量，其后续清偿应在权益内部进行会计处理"）。甲公司收到丁公司股东无偿赠予的甲公司100万股股票，在办理注销手续后，借记股本100万元，贷记资本公积100万元。

提示：一般情况下，被购买方原股东以持有购买方股票作为业绩承诺对价，因股数不固定，不能作为权益工具处理，应按金融资产处理。

【总结与结论】

企业合并是将两个或两个以上单独的企业（主体）合并形成一个报告主体的交易或事项。本章内容是对长期股权投资和合并财务报表知识点的"承上启下"，从会计角度介绍企业合并的交易，阐述了企业合并成本的确定，合并商誉的计算，合并日（或购买日）合并财务报表的编制，以及如何对或有对价和反向购买按照企业合并准则进行会计处理。

【课程思政案例】

失控的"大象"

（一）"蛇吞象"——天山生物收购大象广告

新疆天山畜牧生物工程股份有限公司（以下简称天山生物）是一家主要从事牛品种改良业务的公司。2017年，由于公司主业不振，天山生物打算进军炙手可热的广告业，于是向大象广告股份有限公司（以下简称大象广告）抛出并购案，最终收购大象广告96.21%的股权。

（二）“法网恢恢”——并购以合同诈骗案告终

好景不长，2018年12月，天山生物发布公告称大象广告涉及诉讼，随后，由于大象广告执行董事陈德宏涉嫌合同诈骗、资金挪用、违规担保等违法违规行为，公安机关立案调查。2021年年初，天山生物收到中国证券监督管理委员会新疆监管局下发的《行政处罚事先告知书》（〔2021〕002号），因重大资产重组阶段大象广告的涉嫌信息披露违法行为，对天山生物和大象广告及其相关人员责令改正并处以罚款，其中陈德宏被判处10年证券市场禁入。

（三）“大象失控”——并购需谨慎

在此次被称为“蛇吞象”的并购中，天山生物由于未在并购前进行详尽调查等原因，陷入了大象广告的“局中局”。一方面，大象广告早年就呈现出经营状况不佳的现象，且有官司缠身。另一方面，在并购完成后的一段时间内，陈德宏一直掌握着大象广告的控制权，天山生物对大象广告处于“失控”状态。

天山生物并购大象广告的初衷是期望繁荣的广告业能够带领公司摆脱不良业绩，却因为天山生物的并购工作准备不充分、大象广告的蓄意欺骗以及并购后母公司与子公司未能实现协同效应而以“打官司”收场，成为资本市场上一出令人啼笑皆非的“闹剧”。

思考题：

（1）进行企业并购，未雨绸缪很重要。如果你是天山生物管理层的一员，你应当在并购前做哪些准备工作？

（2）请结合案例材料，分析天山生物跨界并购大象广告面临的风险，并针对这些风险提出防范建议。

（3）请指出天山生物与大象广告未能在并购后实现协同效应的原因，并帮助天山生物提出有助于实现协同效应的合理方法。

（4）天山生物与大象广告的合同诈骗案，打破了会计职业道德和法律的底线。请了解合同诈骗的定义，并结合案例材料提出预防合同诈骗的方法。

小提示：

企业跨界并购往往由于业务不熟悉、资源匮乏、战略不合适以及信息不对称等原因而面临较大风险。这就需要企业在并购前对目标公司进行充分的调查，对企业自身的能力是否足以支撑开展相关业务进行评估。上市公司在进行企业合并时，往往要求被合并方提供业绩承诺，因此，对赌协议就成为合同中的必要条款。在这种情况下，被合并方的原股东可能会要求独立自主经营。上市公司与独立自主经营的被合并方企业想要实现协同效应，就必须以“诚信”为基础，在经营过程中相互磨合、逐步探索。签订合同时，企业可以咨询律师，在签字时核实对方人员、单位的真实性，对交易过程中的反常现象保持警惕。

相关链接：

[1] 郑端雅，等.天山生物收购大象广告之思考［EB/OL］.［2020-02-17］.

http：//fmba.pbcsf.tsinghua.edu.cn/index.php?m=content&c=index&a=show&catid=60&id=1700.

［2］法苑讲堂.企业合并、并购法务要点及财务处理［EB/OL］.［2020-09-19］. https：//haokan. baidu. com / v? vid=4447403201338861591&pd=bjh&fr=bjhauthor&type=video.

［3］律视在线.什么是合同诈骗［EB/OL］.［2018-05-15］. https：//v.youku.com/v_show/id_XMzYwNjU3MjUxNg==.html.

［4］央视财经频道.聚焦跨界并购监管新动向［EB/OL］.［2016-05-12］. https：//v.qq.com/x/cover/oqr2t3spoaos44n/k0020vp8tul.html.

［5］中国人大网.中华人民共和国合同法[①]［EB/OL］.［2000-12-06］. http：//www.npc.gov.cn/wxzl/wxzl/2000-12/06/content_4732.htm.

① 2020年5月28日，十三届全国人大三次会议表决通过了《中华人民共和国民法典》，自2021年1月1日起施行；《中华人民共和国合同法》同时废止。

第 8 章

合并财务报表的编制（一）

【学习目标】

通过本章学习，了解合并财务报表的相关理论、范围和合并财务报表的编制原则、前期准备事项及程序；掌握长期股权投资与所有者权益的合并处理；掌握内部经济活动的合并处理；掌握特殊交易在合并财务报表中的会计处理；掌握与所得税会计相关的合并处理；掌握合并现金流量表的编制。

8.1 合并财务报表概述

8.1.1 财务报表的定义和构成

财务报表是企业财务状况、经营成果和现金流量的结构化表达。

财务报表至少应包括以下组成部分：（1）资产负债表；（2）利润表；（3）现金流量表；（4）所有者权益（或股东权益，下同）变动表；（5）附注（见表8-1）。

表8-1 财务报表构成

构成部分		含义
报表	资产负债表	反映企业在某一特定日期的财务状况的财务报表
	利润表	反映企业一定会计期间的经营成果和综合收益的财务报表
	现金流量表	反映企业一定会计期间的现金和现金等价物的流入和流出的财务报表
	所有者权益(或股东权益)变动表	反映构成企业所有者权益的各组成部分当期的增减变动情况的财务报表
附注	对在财务报表中列示项目所作的进一步说明,以及对未能在这些报表中列示项目的说明等	

8.1.2　财务报表列报的基本要求

财务报表项目应以总额列示，资产与负债、收入与支出不得相互抵销，即不得以净额列示，除非企业会计准则另有规定。以下三种情况不属于抵销，可以以净额列示：

（1）一组类似交易形成的利得和损失以净额列示，但具有重要性的除外；

（2）资产或负债项目按扣除备抵项目后的净额列示；

（3）非日常活动的发生具有偶然性，并非企业主要的业务。

8.1.3　资产负债表

1）资产负债表的内容及结构

（1）资产负债表的内容

资产负债表是反映特定日期企业财务状况的报表。它反映了企业在特定日期拥有或控制的经济资源、企业承担的当前义务以及所有者对净资产的要求权。

（2）资产负债表的结构

我国资产负债表采用账户式结构，报表分为左右两方，左方列示资产项目，右方列示负债和所有者权益项目。资产负债表的左右两方平衡，即“资产=负债+所有者权益”。此外，资产负债表各项目均需填列“期末余额”和“上年年末余额”两栏。资产负债表的具体格式见表8-2。

表8-2　**资产负债表**

编制单位：　　年　月　日　　单位：元

资　产	期末余额	上年年末余额	负债和所有者权益	期末余额	上年年末金额
流动资产：			流动负债：		
货币资金			短期借款		
交易性金融资产			交易性金融负债		
衍生金融资产			衍生金融负债		
应收票据			应付票据		
应收账款			应付账款		
应收款项融资			预收款项		
预付款项			合同负债		
其他应收款			应付职工薪酬		
存货			应交税费		
合同资产			其他应付款		
持有待售资产			持有待售负债		
一年内到期的非流动资产			一年内到期的非流动负债		
其他流动资产			其他流动负债		
流动资产合计			流动负债合计		
非流动资产：			非流动负债：		
债权投资			长期借款		

续表

资　产	期末余额	上年年末余额	负债和所有者权益	期末余额	上年年末金额
其他债权投资			应付债券		
长期应收款			租赁负债		
长期股权投资			长期应付款		
其他权益工具投资			预计负债		
其他非流动金融资产			递延收益		
投资性房地产			递延所得税负债		
固定资产			其他非流动负债		
在建工程			非流动负债合计		
生产性生物资产			负债合计		
油气资产			所有者权益(或股东权益):		
使用权资产			实收资本(或股本)		
无形资产			其他权益工具		
开发支出			资本公积		
商誉			减:库存股		
长期待摊费用			其他综合收益		
递延所得税资产			专项储备		
其他非流动资产			盈余公积		
非流动资产合计			未分配利润		
			所有者权益(或股东权益)合计		
资产总计			负债及所有者权益(或股东权益)总计		

2）资产和负债按流动性列报

根据财务报表列报准则的规定，资产负债表上的资产和负债应当按照流动性分别分为流动资产和非流动资产、流动负债和非流动负债列示。

（1）资产的流动性划分

资产满足下列条件之一的，应当归类为流动资产：

①预计在一个正常营业周期中变现、出售或耗用；

②主要为交易目的而持有；

③预计在资产负债表日起一年内（含一年）变现；

④自资产负债表日起一年内交换其他资产或清偿负债的能力不受限制的现金或现金等价物。

（2）负债的流动性划分

负债满足下列条件之一的，应当归类为流动负债：

①预计在一个正常营业周期中清偿；

②主要为交易目的而持有；

③自资产负债表日起一年内到期应予以清偿；

④企业无权自主地将清偿推迟至资产负债表日后一年以上。

对于根据企业会计准则被划分为持有待售的非流动资产（比如固定资产、无形资产、长期股权投资等）以及被划分为持有待售处置组中的资产，应当归类为流动资产；类似地，被划分为持有待售处置组中的与转让资产相关的负债，应当归类为流动负债；与此同时，持有待售资产和负债不应当相互抵销。

3）资产负债表的填列方法

企业应该对日常会计中记录的数据进行分类、整理和汇总，并将其处理为报告项目，进而形成资产负债表。资产负债表中“上年年末余额”列根据上年年末相关项目的期末余额填写，且与上年年末资产负债表中“期末余额”列一致。

（1）根据总账科目余额填列

“其他权益工具投资”“递延所得税资产”“长期待摊费用”“短期借款”“持有待售负债”“交易性金融负债”“递延收益”“递延所得税负债”“其他权益工具”“资本公积”“其他综合收益”“盈余公积”等项目，直接根据总账科目的余额填列。需要说明的是，“递延收益”项目中摊销期限只剩一年或不足一年的，或预计在一年内（含一年）进行摊销的部分，不得归类为流动负债，仍在该项目中填列，不转入“一年内到期的非流动负债”项目。

（2）根据明细科目余额填列

“开发支出”项目，应根据“研发支出”科目中所属的“资本化支出”明细科目期末余额填列；“应付账款”项目，应根据“应付账款”和“预付账款”科目所属各明细科目的期末贷方余额合计数填列；“预收款项”项目，应根据“预收账款”和“应收账款”科目所属各明细科目的期末贷方余额合计数填列；“一年内到期的非流动资产”“一年内到期的非流动负债”项目，应根据有关非流动资产或非流动负债项目的明细科目余额分析填列；“未分配利润”项目，应根据“利润分配”科目中所属的“未分配利润”明细科目期末余额填列。

（3）根据科目余额减去备抵科目余额后的净额填列

“应收账款”项目，应根据“应收账款”科目所属各明细科目的期末借方余额合计减去“坏账准备”科目中有关应收账款计提的坏账准备期末余额后的净额填列；“存货”项目，应根据扣除前的存货项目余额减去“存货跌价准备”科目期末余额后的净额填列；“长期股权投资”项目，应根据“长期股权投资”科目的期末余额减去“长期投资减值准备”科目中有关股权投资减值准备期末余额后的净额填列；“长期债权投资”项目，应根据“长期债权投资”科目的期末余额减去“长期投资减值准备”科目中有关债权投资减值准备期末余额后的净额填列；“固定资产”项目，按照“固定资产”科目的期末余额减去“固定资产减值准备”和“累计折旧”科目期末余额后的净额填列；“在建工程”项目，按照“在建工程”科目的期末余额减去“在建工程减值准备”科目期末余额后的净额填列；“无形资产”项目，按照“无形资产”科目的期末余额减去“无形资产减值准备”和“累计摊销”科目期末余额后的净额填列，以反映无形资产的期末可收回金额。

（4）综合运用上述方法填列

“其他应收款”项目，应根据“应收利息”“应收股利”“其他应收款”科目的期末余额合计数，减去“坏账准备”科目中相关坏账准备期末余额后的金额填列；“其他应付款”项目，应根据“应付利息”“应付股利”“其他应付款”科目的期末余额合计数填列。

8.1.4 利润表

1）利润表的内容及结构

（1）利润表的内容

利润表是反映企业在一定会计期间的经营成果的报表。由于它反映的是某一期间的情况，所以又被称为动态报表。有时，利润表也称为损益表、收益表。

（2）利润表的结构

利润表结构主要分为单步式和多步式两种。我国基本采取多步式结构，即对当期收入、费用、支出项目按性质分类，分步计算当期净损益，便于使用者理解企业经营成果的不同来源。利润表的具体格式见表8-3。

表8-3 **利润表**

编制单位： 年 月 单位：元

项 目	本期金额	上期金额
一、营业收入		
减：营业成本		
税金及附加		
销售费用		
管理费用		
研发费用		
财务费用		
其中：利息费用		
利息收入		
加：其他收益		
投资收益(损失以“-”号填列)		
其中：对联营企业和合营企业的投资收益		
以摊余成本计量的金融资产终止确认收益(损失以“-”号填列)		
净敞口套期收益(损失以“-”号填列)		
公允价值变动收益(损失以“-”号填列)		
信用减值损失(损失以“-”号填列)		
资产减值损失(损失以“-”号填列)		

续表

项　目	本期金额	上期金额
资产处置收益（损失以“-”号填列）		
二、营业利润（亏损以“-”号填列）		
加：营业外收入		
减：营业外支出		
三、利润总额（亏损总额以“-”号填列）		
减：所得税费用		
四、净利润（净亏损以“-”号填列）		
（一）持续经营净利润（净亏损以“-”号填列）		
（二）终止经营净利润（净亏损以“-”号填列）		
五、其他综合收益的税后净额		
（一）不能重分类进损益的其他综合收益		
（二）将重分类进损益的其他综合收益		
六、综合收益总额		
七、每股收益：		
（一）基本每股收益		
（二）稀释每股收益		

2）利润表的填列方法

利润表中主要项目的计算见表8-4。

表8-4　**利润表中主要项目的计算**

项　目	计算过程
营业收入	营业收入=主营业务收入+其他业务收入
营业成本	营业成本=主营业务成本+其他业务成本
营业利润	营业利润=营业收入-营业成本-税金及附加-销售费用-管理费用-研发费用-财务费用+其他收益±投资收益（损失）±净敞口套期收益（损失）+公允价值变动收益（损失）-信用减值损失-资产减值损失±资产处置收益（损失）
利润总额	利润总额=营业利润+营业外收入-营业外支出
净利润	净利润=利润总额-所得税费用
其他综合收益的税后净额	反映企业根据企业会计准则规定未在损益中确认的各项利得和损失扣除所得税影响后的净额
综合收益总额	反映企业净利润与其他综合收益的税后净额的合计金额，是指在一定时期内，除与所有者的交易以外的其他交易或事项引起的所有者权益变动

8.1.5 现金流量表

1）现金流量表的内容及结构

（1）现金流量表的内容

现金流量表，是指在一定会计期间反映企业现金和现金等价物流入和流出情况的报表。

现金，是指可随时用于支付的库存现金和银行存款。现金等价物，是指短期的、高度流动的、易于转换为已知金额的现金且几乎没有价值变动风险的现金。短期，一般是指自购买之日起3个月内到期。现金等价物通常包括3个月内到期的债权投资。股权投资的实现金额通常不确定，因此不是现金等价物。企业应当根据具体情况确定现金等价物的范围，一经确定，不得随意变更。

根据企业业务活动的性质和现金流量的来源，现金流量可以分为以下三类：

①经营活动产生的现金流量。经营活动，是指企业投资活动和筹资活动以外的所有交易和事项，包括销售商品或提供劳务、购买商品或接受劳务、税费返还、经营租赁、支付工资、支付广告费用、支付各项税费等。

②投资活动产生的现金流量。投资活动，是指企业长期资产的购建活动，不包括现金等价物范围内的投资和处置活动，包括投资的收回、投资收益的取得、购建和处置固定资产、购买和处置无形资产等。

③筹资活动产生的现金流量。筹资活动，是指导致企业资本、债务规模和构成比例发生变化的活动，包括发行股票或接受投资、分配现金股利、取得和偿还银行贷款、发行和偿还公司债券等。

（2）现金流量表的结构（见表8–5）

表8–5 **现金流量表**

编制单位： 年 月 单位：元

项 目	本期金额	上期金额
一、经营活动产生的现金流量：		
销售商品、提供劳务收到的现金		
收到的税费返还		
收到其他与经营活动有关的现金		
经营活动现金流入小计		
购买商品、接受劳务支付的现金		
支付给职工以及为职工支付的现金		
支付的各项税费		
支付其他与经营活动有关的现金		
经营活动现金流出小计		
经营活动产生的现金流量净额		
二、投资活动产生的现金流量：		
收回投资收到的现金		

续表

项　目	本期金额	上期金额
取得投资收益收到的现金		
处置固定资产、无形资产和其他长期资产收回的现金净额		
处置子公司及其他营业单位收回的现金净额		
收到其他与投资活动有关的现金		
投资活动现金流入小计		
购建固定资产、无形资产和其他长期资产支付的现金		
投资支付的现金		
取得子公司及其他营业单位支付的现金净额		
支付其他与投资活动有关的现金		
投资活动现金流出小计		
投资活动产生的现金流量净额		
三、筹资活动产生的现金流量：		
吸收投资收到的现金		
取得借款收到的现金		
收到其他与筹资活动有关的现金		
筹资活动现金流入小计		
偿还债务支付的现金		
分配股利、利润或偿付利息支付的现金		
支付其他与筹资活动有关的现金		
筹资活动现金流出小计		
筹资活动产生的现金流量净额		
四、汇率变动对现金及现金等价物的影响		
五、现金及现金等价物净增加额		
加：期初现金及现金等价物余额		
六、期末现金及现金等价物余额		

2）现金流量表的填列方法

根据业务量的大小和复杂程度，企业可以选择采用工作表法、T形账户法，或者根据相关科目的记录分析直接填写现金流量表。

8.1.6　所有者权益变动表

1）所有者权益变动表的内容及结构

（1）所有者权益变动表的内容

所有者权益是指所有者从企业资产中减去负债后所享有的剩余权益。所有者权益包括实收资本（或股本）、其他权益工具、资本公积、库存股、其他综合收益、专项储备、盈余公积和未分配利润。

（2）所有者权益变动表的结构（见表8-6）

表 8-6

所有者权益变动表

编制单位： 年度 单位：元

项目	本年金额											上年金额										
	实收资本（或股本）	其他权益工具			资本公积	减：库存股	其他综合收益	专项储备	盈余公积	未分配利润	所有者权益合计	实收资本（或股本）	其他权益工具			资本公积	减：库存股	其他综合收益	专项储备	盈余公积	未分配利润	所有者权益合计
		优先股	永续债	其他									优先股	永续债	其他							
一、上年年末余额																						
加：会计政策变更																						
前期差错更正																						
其他																						
二、本年年初余额																						
三、本年增减变动金额（减少以“-”号填列）																						
（一）综合收益总额																						
（二）所有者投入和减少资本																						
1.所有者投入的普通股																						
2.其他权益工具持有者投入资本																						
3.股份支付计入所有者权益的金额																						
4.其他																						
（三）利润分配																						
1.提取盈余公积																						
2.所有者（或股东）的分配																						
3.其他																						
（四）所有者权益内部结转																						
1.资本公积转增资本（或股本）																						
2.盈余公积转增资本（或股本）																						
3.盈余公积弥补亏损																						
4.设定受益计划变动额结转留存收益																						
5.其他综合收益结转留存收益																						
6.其他																						
四、本年年末余额																						

2）所有者权益变动表的填列方法

（1）上年金额填列方法

所有者权益变动表“上年金额”内的各项金额，应根据上年所有者权益变动表的“本年金额”填列。如果上年度所有者权益变动表内的项目名称和内容与本年度不一致，则需要调整后再填入。

（2）本年金额填列方法

所有者权益变动表“本年金额”内的各项金额，应根据本年实际发生额填列。

8.1.7 财务报表附注

财务报表附注旨在帮助财务报表使用者深入了解基本财务报表的内容，对资产负债表、利润表和现金流量表的有关内容和项目做出说明和解释。具体内容主要包括：企业所采用的主要会计处理方法；会计处理方法的变更情况、变更的原因及对财务状况和经营业绩的影响；发生的非经常性项目；一些重要报表项目的明显情况；或有事项；期后事项；其他对理解和分析财务报表重要的信息。

8.2 合并理论、合并报表范围及“权力”的确定

8.2.1 合并理论

合并财务报表，简称合并报表，是以企业集团为会计主体编制的财务报表。编制合并财务报表的理论主要有母公司理论、实体理论以及所有权理论等。

1）母公司理论

母公司理论采用的合并方法是考虑母公司本身股东的利益，在合并报表中一般将子公司少数股东的利益视为负债。合并财务报表中确定的商誉仅归属于母公司，与少数股东无关。对于公司间未实现内部交易损益，顺销时产生的，从合并净利润中全部抵销；逆销时产生的，依据母公司所占股权比例抵销。

2）实体理论

实体理论强调的是企业集团中全部成员企业构成的经济实体。只要是企业集团成员股东，无论拥有多少股权，都是共同组成经济实体的股东。在实体理论下，少数股东权益通常被视为股东权益的一部分，列示于合并资产负债表的股东权益中。合并财务报表中确定的商誉归属于所有股东。对于公司间未实现内部交易损益，无论是顺销时还是逆销时产生的，均属于抵销范围。

3）所有权理论

在采用所有权理论的情况下，具有所有权的某家企业的资产、负债和净损益按一定比例合并到合并财务报表中，不涉及少数股东权益的列报。

8.2.2 合并报表范围的确定

1）依靠“控制”确定合并范围

合并财务报表的合并范围以控制为基础确定。控制，是指投资者对被投资单位具有控制权，并通过参与被投资单位的有关活动享有可变收益，并具有使用该能力

影响被投资单位收益的能力。

2）分析相关活动的决策机制

有关活动的决定包括但不限于：就被投资方的经营、财务和其他活动做出决定，包括预算；任命被投资单位的主要管理人员或服务提供者，确定其薪酬，并终止主要管理人员的劳资关系或与服务提供者的业务关系。

3）判断权力归属时考虑的因素

当两个或两个以上投资者可以单方面领导被投资方的不同相关活动时，要判断哪个投资者对被投资方具有控制权，通常需要考虑的因素包括：被投资方的宗旨；影响被投资单位的利润率、收入和企业价值的决定因素；与每个投资者拥有的上述决定因素有关的决策权限范围，以及这些权限对被投资方的回报的影响程度；与上述决定因素有关的决策权限的范围；管理层承受可变收益的风险的规模。

8.2.3 “权力”及其来源

1）权力是一种实质性权利

实质性权利是指持有人在做出有关活动的决定时具有实际行使能力的可执行权利。一般来说，实质性权利应该是目前可以执行的权利，但在某些情况下，目前不能行使的权利也可能是实质性权利。相对而言，保护性权力的目的是保护拥有这些权利的当事方的权益，而不是赋予当事方对涉及这些权利的主体的权力。仅拥有保护性权力的投资者不能控制被投资方，也不能阻止其他方控制被投资方。

权力的持有人应是主要责任人，权力是当前“领导”被投资方相关活动的能力。可以看出，权力是自己（主要责任人）行使的，而不是代表其他当事方（代理人）行使的。

在控制评价中，代理人的决策权应视为主要责任人直接拥有，该权力属于主要责任人，而不是代理人。

【例 8-1】

某主体A作为资产管理人发起设立一项投资计划，为多个投资者提供投资机会。主体A在投资授权设定的范围内，以全体投资者的利益最大化为前提做出决策，其拥有广泛的决策权以主导投资计划的相关活动，包括具体资产配置、买入卖出时点以及投资资产出现风险（如信用违约等）时的后续管理等。主体A按照计划资产净值的1%加上达到特定盈利水平后投资计划利润的20%收取管理费，该管理费符合市场和行业惯例，与主体A提供的服务相称。以上事实适用于下列情况1至情况4（各情况之间相互独立）。

情况1：参与该计划的投资者人数众多，单个投资者的投资比例均小于0.5%且投资者之间不存在关联关系。没有单一的投资者可以无理由罢免主体A的资产管理人资格。该计划设有年度投资者大会，经占2/3以上份额的投资者一致通过，可以罢免主体A的资产管理人资格。主体A自身持有该投资计划2%的份额，主体A没有为该计划的其他投资者提供保证收回初始投资及最低收益率的承诺，主体A对超过其所拥有的2%投资以外的损失不承担任何义务。

主体A应被认定为该投资计划的代理人。

情况2：在主体A违反合同的情况下，投资者有权罢免主体A。主体A自身持有该投资计划20%的份额，主体A没有为该计划的其他投资者提供保证收回初始投资及最低收益率的承诺，主体A对超过其所拥有的20%投资以外的损失不承担任何义务。

该回报的量级和可变动性均较为重大，主体A应被认定为该投资计划的主要责任人。

情况3：投资计划设有董事会，所有董事都独立于主体A，并由其他投资者任命。董事会每年任命资产管理人。如果董事会决定不继任主体A，则主体A提供的服务可以由同行业的其他主体接替。主体A自身持有该投资计划20%的份额，主体A没有为该计划的其他投资者提供保证收回初始投资及最低收益率的承诺，主体A对超过其所拥有的20%投资以外的损失不承担任何义务。

主体A应被认定为该投资计划的代理人。

情况4：在主体A违反合同的情况下，投资者有权罢免主体A。主体A自身持有该投资计划5%的份额，主体A为该计划的其他投资者提供了保证收回初始投资的承诺。

只有进一步判断该项可变回报风险的差异是否会影响主体A的行为，才能得出主体A是主要责任人还是代理人的结论。

2）权力的一般来源——表决权

（1）直接或间接持有被投资方半数以上表决权。

（2）持有被投资方半数以上表决权但无权力。投资方虽然持有被投资方半数以上表决权，但当这些表决权不是实质性权利时，其并不拥有对被投资方的权力。

（3）在直接或间接组合中，仅拥有一半或更少的投票权，但仍可以通过投票权来判断。

【例8-2】

情况1：A投资者持有被投资者48%的投票权，剩余投票权由数千位股东持有，但除A投资者之外，没有任何股东单独持有超过1%的表决权，且所有股东之间或其中一部分股东之间均未达成进行集体决策的协议。

A投资者拥有权力。

情况2：A投资者持有被投资者40%的投票权，其他12位投资者各持有被投资者5%的投票权，股东协议授予A投资者任免负责相关活动的管理人员及确定其薪酬的权利，若要改变协议，须获得2/3的多数股东表决权同意。

A投资者拥有权力。

情况3：A投资者持有被投资者45%的投票权，其他2位投资者各持有被投资者26%的投票权，剩余投票权由其他3位股东持有，各占1%。

A投资者不拥有权力。

情况4：A投资者持有被投资者45%的投票权，其他11位投资者各持有被投资者5%的投票权，股东之间不存在合同安排以互相协商或做出共同决策。

无法判断A投资者是否拥有权力。

情况5：A投资者持有被投资者35%的投票权，其他3位股东各持有被投资者5%的投票权，剩余投票权由众多股东持有，但没有任何一位股东持有超过1%的投票权，股东之间不存在合同安排以互相协商或做出共同决策，涉及被投资者相关活动的决策须获得股东会议上大多数投票权的批准（在近期的股东会议上被投资者75%的投票权投了票）。

A投资者不拥有权力。

8.3 合并财务报表的编制原则、前期准备事项及程序

8.3.1 合并财务报表的编制原则

合并财务报表至少包括合并资产负债表、合并利润表、合并现金流量表、合并所有者权益变动表（或合并股东权益变动表）和附注。

合并财务报表的编制除遵循财务报表编制的一般原则和要求外，还应遵循以下原则和要求：

（1）以个别财务报表为基础编制（通过合并财务报表的特有方法进行编制）。

（2）一体性原则（应当将母公司和所有子公司作为整体看待，视为一个会计主体）。

（3）重要性原则。

8.3.2 合并财务报表编制的前期准备事项

（1）统一母子公司的会计政策和会计期间。

（2）对子公司以外币表示的财务报表进行折算。

（3）收集编制合并财务报表的相关资料。

8.3.3 合并财务报表的编制程序

（1）设置合并工作底稿。

（2）将母公司、纳入合并范围的子公司个别资产负债表、利润表及所有者权益变动表各项目的数据过入合并工作底稿，并在合并工作底稿中对母公司和子公司个别财务报表各项目的数据进行加总，计算得出个别资产负债表、个别利润表以及个别所有者权益变动表各项目合计数额。

（3）编制调整分录与抵销分录。

（4）计算合并财务报表各项目的合并金额。

（5）填列合并财务报表。

8.4 同一控制下企业合并财务报表的编制

8.4.1 同一控制下取得子公司合并日合并财务报表的编制

合并过程中发生的审计、评估、法律服务及其他相关费用，计入管理费用，不涉及抵销事项。

同一控制下企业合并的基本原则是，合并后形成的报告实体在合并日及以前一直存在。合并财务报表的主体是由母公司及其子公司组成的企业集团，集团的所有者是母公司的投资者。因此，在合并日编制合并财务报表时，应当冲销母公司的长期股权投资和子公司的所有者权益。抵销分录如下：

借：股本
　　资本公积
　　盈余公积
　　未分配利润
　贷：长期股权投资
　　　少数股东权益

但是，子公司最初由企业集团的其他企业控制时的留存收益存在于合并财务报表中。对于属于合并方的留存收益（盈余公积和未分配利润的总和）部分，应当在企业合并前向合并方汇报，在合并工作底稿中编制下列会计分录：

借：资本公积——股本溢价（按照“被合并方留存收益×母公司持股比例”冲减母公司的资本公积）
　贷：盈余公积（被合并方盈余公积×母公司持股比例）
　　　未分配利润（被合并方未分配利润×母公司持股比例）

【例 8-3】

甲公司 2×02 年 1 月 1 日以 28 600 万元的价格取得 A 公司 80% 的股权，A 公司净资产的公允价值为 35 000 万元。甲公司在购买 A 公司过程中发生的审计、评估和法律服务等相关费用 120 万元。上述价款均以银行存款支付。甲公司与 A 公司均为同一控制下的企业，且均为非金融企业。A 公司采用的会计政策与甲公司一致。A 公司股东权益总额为 32 000 万元，其中股本为 20 000 万元，资本公积为 8 000 万元，盈余公积为 1 200 万元，未分配利润为 2 800 万元。合并后，甲公司在 A 公司股东权益中所拥有的份额为 25 600 万元。

甲公司对 A 公司长期股权投资的初始投资成本为 25 600 万元。购买该股权过程中发生的审计、评估等相关费用直接计入当期损益，即计入管理费用。

借：长期股权投资——A 公司	256 000 000	
管理费用	1 200 000	
资本公积	30 000 000	
贷：银行存款（286 000 000+1 200 000）		287 200 000
借：股本	200 000 000	
资本公积	80 000 000	
盈余公积	12 000 000	
未分配利润	28 000 000	
贷：长期股权投资		256 000 000
少数股东权益		64 000 000

借：资本公积　　32 000 000

　贷：盈余公积（12 000 000×80%）　　9 600 000

　　　未分配利润（28 000 000×80%）　　22 400 000

8.4.2 直接投资及同一控制下取得子公司合并日后合并财务报表的编制

1）长期股权投资成本法核算的结果调整为权益法核算的结果（见表8-7）

表8-7　**成本法调整为权益法**

<table>
<tr><th>第1年
（以下都要乘以持股比例）</th><th>以后年度
（以前的痕迹都要反映在内）</th></tr>
<tr><td>1.子公司实现净利润或发生净亏损
借:长期股权投资
　贷:投资收益
(注:若减少作相反分录)</td><td>借:长期股权投资
　贷:年初未分配利润
(注:若减少作相反分录)</td></tr>
<tr><td>2.子公司宣告现金股利
借:投资收益
　贷:长期股权投资
因为:<table><tr><th>成本法</th><th>权益法</th></tr><tr><td>借：其他应收款——应收股利
　贷：投资收益</td><td>借：其他应收款——应收股利
　贷：长期股权投资</td></tr><tr><td colspan="2">借：投资收益
　贷：长期股权投资</td></tr></table></td><td>借:年初未分配利润
　贷:长期股权投资</td></tr>
<tr><td>3.子公司其他综合收益引起的变动
借:长期股权投资
　贷:其他综合收益
(注:若减少作相反分录)</td><td>借:长期股权投资
　贷:其他综合收益——年初
(注:若减少作相反分录)</td></tr>
<tr><td>4.子公司除净损益、利润分配、其他综合收益以外的所有者权益的其他变动
借:长期股权投资
　贷:资本公积
(注:若减少作相反分录)</td><td>借:长期股权投资
　贷:资本公积——年初
(注:若减少作相反分录)</td></tr>
<tr><td>计算出母公司对子公司长期股权投资调整后的账面价值</td><td>损益类科目用年初未分配利润,其他科目不变</td></tr>
</table>

2）合并抵销处理

在合并工作底稿中，对长期股权投资的金额进行调整后，长期股权投资的金额正好反映母公司在子公司所有者权益中所拥有的份额；也可以不进行权益法调整，直接抵销，本章所有举例中都是按照先调整后抵销的原则处理的。要编制合并财务报表，在此基础上还必须按照编制合并财务报表的要求进行合并抵销处理，将母公司与子公司之间的内部交易对合并财务报表的影响予以抵销。

（1）母公司长期股权投资与子公司所有者权益的抵销

借：股本（实收资本）

资本公积

其他综合收益

盈余公积

年末未分配利润

贷：长期股权投资（母公司）

少数股东权益（子公司所有者权益×少数股东持股比例）

在合并财务报表中，子公司少数股东分担的当期亏损超过了少数股东在该子公司期初所有者权益中所享有的份额的（即发生超额亏损），其余额仍应当冲减少数股东权益，即少数股东权益可以出现负数。

（2）母公司对子公司、子公司相互之间持有对方长期股权投资的投资收益的抵销

借：投资收益

少数股东损益

年初未分配利润

贷：提取盈余公积

对所有者（或股东）的分配

年末未分配利润

同时，对于被合并方在企业合并前实现的留存收益中归属于合并方的部分，上述分录已经抵销，所以要转回，自“资本公积”转入“盈余公积”和“未分配利润”。

另外，股利也要转销：

借：其他应付款——应付股利

贷：其他应收款——应收股利

3）编制合并工作底稿并编制合并财务报表

同一控制下的企业合并在合并日编制三张合并报表：合并资产负债表、合并利润表、合并现金流量表。

【例8-4】

接【例8-3】，甲公司于2×02年1月1日以28 600万元的价格取得A公司80%的股权，使其成为子公司。

A公司2×02年1月1日股东权益总额为32 000万元，其中股本为20 000万元，

资本公积为8 000万元，盈余公积为1 200万元，未分配利润为2 800万元；2×02年12月31日股东权益总额为38 000万元，其中股本为20 000万元，资本公积为8 000万元，盈余公积为3 200万元，未分配利润为6 800万元。

A公司2×02年全年实现净利润10 500万元，经公司董事会提议并经股东会批准，2×02年提取盈余公积2 000万元，向股东宣告分派现金股利4 500万元。

将成本法核算结果调整为权益法核算结果的相关调整分录如下：

借：长期股权投资——A公司　　84 000 000
　贷：投资收益　　84 000 000

借：投资收益　　36 000 000
　贷：长期股权投资——A公司　　36 000 000

经过上述调整后，甲公司对A公司长期股权投资的账面价值为30 400万元（25 600+8 400−3 600）。A公司股东权益总额为38 000万元，甲公司拥有80%的股权，即在子公司股东权益中拥有30 400万元；其余20%则属于少数股东权益。甲公司对A公司长期股权投资账面价值30 400万元正好与A公司股东权益中母公司所拥有的份额相等。

母公司的长期股权投资与子公司的所有者权益抵销时，其抵销分录如下：

借：股本　　200 000 000
　　资本公积　　80 000 000
　　盈余公积　　32 000 000
　　未分配利润　　68 000 000
　贷：长期股权投资　　304 000 000
　　　少数股东权益　　76 000 000

借：资本公积　　32 000 000
　贷：盈余公积（12 000 000×80%）　　9 600 000
　　　未分配利润（28 000 000×80%）　　22 400 000

其次，还必须将母公司对子公司的投资收益与子公司当年利润分配相抵销，使合并财务报表反映母公司股东权益变动的情况，其抵销分录如下：

借：投资收益　　84 000 000
　　少数股东损益　　21 000 000
　　年初未分配利润　　28 000 000
　贷：提取盈余公积　　20 000 000
　　　向股东分配利润　　45 000 000
　　　年末未分配利润　　68 000 000

另外，本例中A公司本年宣告分派现金股利4 500万元，股利款项尚未支付，A公司已将其计列应付股利4 500万元。甲公司根据A公司宣告的分派现金股利的公告，按照其所享有的金额已确认应收股利，并在其资产负债表中计列应收股利3 600万元。这属于母公司与子公司之间的债权债务，在编制合并资产负债表时必须将其予以抵销，其抵销分录如下：

借：其他应付款——应付股利　　36 000 000

　贷：其他应收款——应收股利　　36 000 000

8.5 非同一控制下企业合并财务报表的编制

8.5.1 非同一控制下取得子公司购买日合并财务报表的编制

1）在购买日按公允价值对子公司的报表项目进行调整（评估增值或减值记入“资本公积”）（以资产科目为例）

（1）增值

①借：固定资产——原价、存货、无形资产等

　　贷：资本公积

②借：资本公积（金额与上面不一样，因为有税率）

　　贷：递延所得税负债

（2）减值

①借：资本公积

　　贷：固定资产——原价、存货、应收账款、无形资产等

②借：递延所得税资产

　　贷：资本公积

2）将调整后的所有者权益项目与长期股权投资进行抵销

借：股本（实收资本）

　　资本公积（调整后的金额）

　　其他综合收益

　　盈余公积

　　未分配利润

　　商誉（借方差额）

　贷：长期股权投资

　　　少数股东权益

　　　盈余公积、未分配利润（贷方差额）

3）编制合并工作底稿并编制合并财务报表

非同一控制下的企业合并在合并日仅编制一张合并报表，即合并资产负债表。

【例 8-5】

甲公司 2×01 年 1 月 1 日以定向增发公司普通股的方式，购买取得 A 公司 70% 的股权。甲公司定向增发普通股股票 10 000 万股（每股面值为 1 元），甲公司普通股股票面值为每股 1 元，市场价格为每股 2.95 元。甲公司和 A 公司均为非金融企业，甲公司并购 A 公司属于非同一控制下的企业合并，假定不考虑所得税、甲公司增发

该普通股股票所发生的审计以及发行等相关费用。

A公司在购买日股东权益总额为32 000万元，其中股本为20 000万元，资本公积为8 000万元，盈余公积为1 200万元，未分配利润为2 800万元。A公司购买日应收账款账面价值为3 920万元，公允价值为3 820万元；存货账面价值为20 000万元，公允价值为21 100万元；固定资产账面价值为18 000万元，公允价值为21 000万元。购买日股东权益公允价值总额为36 000万元。

甲公司将购买取得A公司70%的股权作为长期股权投资入账，其账务处理如下：

借：长期股权投资——A公司　　295 000 000

　贷：股本　　100 000 000

　　资本公积　　195 000 000

编制购买日的合并资产负债表时，按照A公司资产和负债的评估增值或减值分别调增或调减相关资产和负债项目的金额。在合并工作底稿中编制调整分录如下：

借：存货　　11 000 000

　固定资产　　30 000 000

　贷：应收账款　　1 000 000

　　资本公积　　40 000 000

基于资产和负债的公允价值对A公司财务报表进行调整后，有关计算如下：

A公司调整后的资本公积=8 000+4 000=12 000（万元）

A公司调整后的股东权益总额=32 000+4 000=36 000（万元）

合并商誉=29 500−36 000×70%=4 300（万元）

少数股东权益=36 000×30%=10 800（万元）

借：股本　　200 000 000

　资本公积　　120 000 000

　盈余公积　　12 000 000

　未分配利润　　28 000 000

　商誉　　43 000 000

　贷：长期股权投资——A公司　　295 000 000

　　少数股东权益　　108 000 000

若考虑所得税影响，假定税率为25%。在合并工作底稿中编制调整分录如下：

借：存货　　11 000 000

　固定资产　　30 000 000

　贷：应收账款　　1 000 000

　　资本公积　　40 000 000

借：资本公积　　10 000 000

　贷：递延所得税负债　　10 000 000

基于资产和负债的公允价值对A公司财务报表进行调整后，有关计算如下：

A公司调整后的资本公积=8 000+4 000-1 000=11 000（万元）

A公司调整后的股东权益总额=32 000+（4 000-1 000）=35 000（万元）

合并商誉=29 500-35 000×70%=5 000（万元）

少数股东权益=35 000×30%=10 500（万元）

借：股本	200 000 000	
资本公积	110 000 000	
盈余公积	12 000 000	
未分配利润	28 000 000	
商誉	50 000 000	
贷：长期股权投资——A公司		295 000 000
少数股东权益		105 000 000

8.5.2　非同一控制下取得子公司购买日后合并财务报表的编制

对子公司个别财务报表进行调整的方法如下：

（1）首先应当以购买日确定的各项可辨认资产、负债及或有负债的公允价值为基础对子公司的财务报表进行调整（评估增值或减值记入“资本公积”）。

①评估增值（以固定资产、无形资产、存货为例，见表8-8）。

表8-8　**对子公司的财务报表评估增值**

第1年年末 （购买日当年年末）	以后年度 （1.资产在，正常记；2.资产不在，记年初未分配利润）
与购买日做相同的账务处理（略）， 但要进行后续处理，如： ①折旧或摊销 借：管理费用等 （当年补提折旧、摊销） 贷：固定资产——累计折旧、无形资产——累计摊销 借：递延所得税负债 贷：所得税费用 ②售出存货 借：营业成本（增值部分） 贷：存货 借：递延所得税负债 贷：所得税费用	①借：固定资产——原价、存货、无形资产、年初未分配利润等 贷：资本公积——年初 ②借：资本公积——年初 贷：递延所得税负债 ③借：年初未分配利润（替换管理费用） 贷：固定资产——累计折旧、无形资产——累计摊销 ④借：年初未分配利润（替换营业成本） 贷：年初未分配利润（存货第1年已销售） ⑤借：递延所得税负债 贷：年初未分配利润（替换所得税费用） ⑥借：管理费用（当年补提折旧、摊销） 贷：固定资产——累计折旧、无形资产——累计摊销

②评估减值（以应收账款为例，见表8–9）。

表8–9　　**对子公司的财务报表评估减值**

第1年年末 （购买日当年年末）	第2年年末
借：资本公积 　贷：应收账款	借：资本公积——年初 　贷：年初未分配利润
借：递延所得税资产 　贷：资本公积 或者： 借：资本公积（倒挤） 　　递延所得税资产 　贷：应收账款	借：递延所得税资产 　贷：资本公积——年初 或者： 借：资本公积（倒挤） 　　递延所得税资产 　贷：年初未分配利润
后续变动： 借：应收账款——坏账准备 　贷：信用减值损失（按评估确认的金额已经收回，坏账已核销）	借：年初未分配利润 　贷：年初未分配利润
借：所得税费用 　贷：递延所得税资产	借：年初未分配利润 　贷：递延所得税资产

其中：

调整后的净利润＝账面净利润(子公司)±评估增值或减值对净损益的影响(折旧、摊销等)±因递延所得税负债(资产)转回而影响的所得税费用

调整后的未分配利润＝年初未分配利润(调整后)±调整后的净利润或净亏损－子公司的利润分配项目等(分配股利、提取盈余公积)

（2）将母公司对子公司的长期股权投资采用成本法核算的结果调整为按权益法核算的结果。

（3）通过编制合并抵销分录，将母公司对子公司长期股权投资与子公司所有者权益等内部交易对个别财务报表的影响予以抵销。

抵销分录如下：

借：股本（实收资本）
　　资本公积（调整后的金额）
　　其他综合收益
　　盈余公积
　　未分配利润（调整后的金额）
　　商誉（借方差额）
　贷：长期股权投资（母公司）
　　　少数股东权益（子公司所有者权益×少数股东投资持股比例）

（4）对子公司的投资收益与子公司当年利润分配相抵销，使合并财务报表反映

母公司股东权益变动的情况。

抵销分录如下：

借：投资收益（根据调整后的净利润计算得出）

少数股东损益（根据调整后的净利润计算得出）

年初未分配利润

贷：提取盈余公积

对所有者（或股东）的分配（全部股利）

年末未分配利润（根据调整后的净利润计算得出）

（5）在编制合并工作底稿的基础上，计算合并财务报表各项目的合并数，编制合并财务报表。

【例8-6】

甲股份有限公司（以下简称甲公司）及其子公司2×01年、2×02年、2×03年进行的有关资本运作、销售等交易或事项如下：

（1）2×01年9月，甲公司与乙公司控股股东P公司签订协议，约定以发行甲公司股份为对价购买P公司持有的乙公司60%股权。协议同时约定：评估基准日为2×01年9月30日，以该基准日经评估的乙公司股权价值为基础，甲公司以每股9元的价格发行本公司股票作为对价。乙公司全部权益（100%）于2×01年9月30日的公允价值为18亿元，甲公司向P公司发行1.2亿股，交易完成后，P公司持有的股份占甲公司全部发行在外普通股股份的8%。

上述协议分别经交易各方内部决策机构批准并于2×01年12月20日经监管机构核准，甲公司于2×01年12月31日向P公司发行1.2亿股，当日甲公司股票收盘价为每股9.5元（公允价值），交易各方于当日办理了乙公司股权过户登记手续，甲公司对乙公司董事会进行改组。

改组后乙公司董事会由7名董事组成，其中甲公司派出5名，对乙公司实施控制；2×01年12月31日，乙公司可辨认净资产的公允价值为18.5亿元（有关可辨认资产、负债的公允价值与账面价值相等），其中，实收资本40 000万元，资本公积60 000万元，盈余公积23 300万元，未分配利润61 700万元。该项交易中，甲公司以银行存款支付法律、评估等中介机构费用1 200万元。

协议约定，P公司承诺本次交易完成后的2×02年、2×03年、2×04年三个会计年度乙公司实现的净利润分别不低于10 000万元、12 000万元和20 000万元，乙公司实现的净利润低于上述承诺利润的，P公司将按照出售股权比例，以现金对甲公司进行补偿，各年度利润补偿单独核算，且已经支付的补偿款不予退还。2×01年12月31日，甲公司认为乙公司在2×02年至2×04年期间基本能够实现承诺利润，发生业绩补偿的可能性较小。

（2）2×02年4月，甲公司从乙公司购入一批W商品并拟对外销售，该批商品在乙公司的成本为200万元，售价为260万元（不含增值税，与对第三方的售价相同），截至2×02年12月31日，甲公司已对外销售该批商品的40%，但尚未支付该货款，乙公司对1年以内的应收账款按照5%计提坏账准备，对1～2年的应收账款按照20%计提坏账准备（逆流交易）。

（3）乙公司2×02年实现净利润5 000万元，比原承诺利润少5 000万元，2×02年年末，根据乙公司的实现情况及市场预期，甲公司估计乙公司未实现承诺是暂时性的，2×03年、2×04年仍能够完成承诺利润，经测试该时点商誉未发生减值。2×03年2月10日，甲公司收到P公司2×02年业绩补偿款3 000万元（5 000×60%）。

（4）2×02年12月31日，甲公司向乙公司出售一栋房屋，该房屋在甲公司的账面价值为800万元，出售给乙公司的价格为1 160万元，乙公司取得后作为管理用固定资产核算，预计未来仍可使用12年，采用年限平均法计提折旧，预计净残值为零。

截至2×03年12月31日，甲公司原自乙公司购入的W商品累计已有80%对外出售，货款仍未支付。乙公司2×03年实现净利润12 000万元，2×03年12月31日账面所有者权益构成为：实收资本40 000万元，资本公积60 000万元，盈余公积25 000万元，未分配利润77 000万元。

其他资料如下：本题中甲公司与乙公司、P公司在并购交易发生前不存在关联方关系；本题中有关公司均按净利润的10%提取法定盈余公积，不计提任意盈余公积，不考虑相关税费及其他因素。

要求：

（1）判断甲公司合并乙公司的类型，说明理由，如为同一控制下企业合并，计算确定该项交易中甲公司对乙公司长期股权投资的成本；如为非同一控制下企业合并，确定该项交易中甲公司的企业合并成本，计算应确认商誉金额，编制甲公司取得乙公司60%股权的相关会计分录。

（2）对于因乙公司2×02年未实现承诺的利润，说明甲公司应进行的会计处理及其理由，并编制相关会计分录。

（3）编制甲公司2×03年合并财务报表与乙公司相关的调整分录与抵销分录。

【解析】

（1）甲公司对乙公司的合并属于非同一控制下企业合并。

理由：甲公司与乙公司、P公司在本次并购交易前不存在关联关系。

甲公司对乙公司的企业合并成本=12 000×9.5=114 000（万元）

应确认商誉=114 000-185 000×60%=3 000（万元）

	借方	贷方
借：长期股权投资	1 140 000 000	
贷：股本		120 000 000
资本公积——股本溢价		1 020 000 000
借：管理费用	12 000 000	
贷：银行存款		12 000 000

（2）甲公司应将预期可能取得的补偿款计入预期取得年度（2×02年）损益。

理由：该部分金额是企业合并交易中的或有对价，因不属于购买日12个月内可以对企业合并成本进行调整的因素，应当计入预期取得时的当期损益。

2×02年年末，确定补偿金额：

借：交易性金融资产　　30 000 000

　贷：公允价值变动损益　　30 000 000

2×03年2月收到补偿款：

借：银行存款　　30 000 000

　贷：交易性金融资产　　30 000 000

（3）2×02年内部出售房屋：

借：年初未分配利润（11 600 000-8 000 000）　　3 600 000

　贷：固定资产　　3 600 000

借：固定资产——累计折旧（3 600 000÷12）　　300 000

　贷：管理费用　　300 000

20×2年内部出售商品：

借：应付账款　　2 600 000

　贷：应收账款　　2 600 000

借：应收账款——坏账准备　　130 000

　贷：年初未分配利润（2 600 000×5%）　　130 000

借：应收账款——坏账准备（2 600 000×20%-130 000）　　390 000

　贷：信用减值损失　　390 000

借：年初未分配利润（130 000×40%）　　52 000

　贷：少数股东权益　　52 000

借：少数股东损益（390 000×40%）　　156 000

　贷：少数股东权益　　156 000

借：年初未分配利润（（2 600 000-2 000 000）×60%）　　360 000

　贷：营业成本　　360 000

借：少数股东权益　　144 000

　贷：年初未分配利润（360 000×40%）　　144 000

借：营业成本（（2 600 000-2 000 000）×20%）　　120 000

　贷：存货　　120 000

借：少数股东损益（600 000×40%×40%，本年实现部分）　　96 000

　贷：少数股东权益　　96 000

将成本法调整为权益法：

借：长期股权投资　　102 000 000

　贷：投资收益（120 000 000×60%）　　72 000 000

　　　年初未分配利润（50 000 000×60%）　　30 000 000

调整后的长期股权投资=114 000+10 200=124 200（万元）

2×03年将母公司的长期股权投资与子公司的所有者权益进行抵销：

借：实收资本　　400 000 000

　　资本公积　　600 000 000

　　盈余公积　　250 000 000

　　年末未分配利润　　770 000 000

　　商誉　　30 000 000

　贷：长期股权投资　　1 242 000 000

　　　少数股东权益（2 020 000 000×40%）　　808 000 000

2×03年年初未分配利润=2×01年年末未分配利润+2×02年净利润−2×02年提取盈余公积=61 700+5 000−500=66 200（万元）

借：投资收益（120 000 000×60%）　　72 000 000

　　少数股东损益（120 000 000×40%）　　48 000 000

　　年初未分配利润　　662 000 000

　贷：提取盈余公积（120 000 000×10%）　　12 000 000

　　　年末未分配利润　　770 000 000

8.6 综合案例分析

1）案例背景

甲公司2×01年发生如下交易或事项：1月1日，甲公司定向发行自身普通股股票2 000万股（每股面值1元，公允价值20元）取得乙公司80%的股权，能够对乙公司的财务和经营政策实施控制，股权登记手续于当日办理完毕。甲公司为定向增发普通股股票发生手续费200万元。另发生与取得该股权投资相关的审计费用100万元。当日，乙公司可辨认净资产的账面价值为30 000万元，其中，股本8 000万元，资本公积7 000万元，盈余公积3 000万元，未分配利润12 000万元；乙公司可辨认净资产的公允价值为35 000万元。乙公司可辨认净资产公允价值与账面价值的差额由以下两项资产所致：①一批库存商品，成本为7 000万元，未计提存货跌价准备，公允价值为8 000万元；②一项管理用固定资产，成本为10 000万元，累计折旧2 000万元，未计提减值准备，公允价值为12 000万元。上述商品于2×01年12月31日前全部实现对外销售；上述固定资产预计自2×01年1月1日起剩余使用年限为10年，预计净残值为0，采用年限平均法计提折旧。2×01年乙公司实现的净利润为8 000万元，提取盈余公积800万元，因持有的以公允价值计量且其变动计入其他综合收益的金融资产（债务工具）公允价值上升600万元。当年乙公司向股东分配现金股利600万元，其中甲公司分得现金股利480万元。

其他资料如下：①2×01年1月1日前，甲公司与乙公司不存在关联方关系；②甲公司与乙公司均以公历年度作为会计年度，采用相同的会计政策；③甲公司与乙公司适用的所得税税率均为25%，不考虑其他相关税费；④甲公司与乙公司均按当年实现净利润的10%计提法定盈余公积，不提取任意盈余公积。

要求：

（1）计算甲公司取得乙公司80%股权的初始投资成本，并编制相关会计分录。

（2）计算甲公司在编制购买日合并财务报表时因购买乙公司的股权应确认的商誉。

（3）编制购买日合并财务报表相关的调整与抵销分录。

（4）编制甲公司2×01年12月31日合并乙公司财务报表相关的调整分录。

（5）编制甲公司2×01年12月31日合并乙公司财务报表相关的抵销分录（不要求编制与合并现金流量表相关的抵销分录）。

2）案例解析

（1）甲公司取得乙公司80%股权的初始投资成本=2 000×20=40 000（万元）

借：长期股权投资 400 000 000

贷：股本 20 000 000

资本公积——股本溢价 380 000 000

借：资本公积——股本溢价 2 000 000

管理费用 1 000 000

贷：银行存款 3 000 000

（2）商誉=40 000-（35 000-5 000×25%）×80%=13 000（万元）

（3）借：存货 10 000 000

固定资产 40 000 000

贷：资本公积 50 000 000

借：资本公积 12 500 000

贷：递延所得税负债 12 500 000

借：股本 80 000 000

资本公积（70 000 000+（50 000 000-12 500 000）） 107 500 000

盈余公积 30 000 000

未分配利润 120 000 000

商誉 130 000 000

贷：长期股权投资 400 000 000

少数股东权益 67 500 000

（4）①对购买日评估增值的调整。

借：存货 10 000 000

固定资产 40 000 000

贷：资本公积 50 000 000

借：资本公积 12 500 000

贷：递延所得税负债 12 500 000

借：营业成本 10 000 000

贷：存货 10 000 000

借：管理费用（40 000 000÷10） 4 000 000
　贷：固定资产 4 000 000
借：递延所得税负债（（10 000 000+4 000 000）×25%） 3 500 000
　贷：所得税费用 3 500 000

②将成本法调整为权益法。

调整后的净利润=8 000−1 000−4 000÷10+350=6 950（万元）

借：长期股权投资（69 500 000×80%） 55 600 000
　贷：投资收益 55 600 000
借：投资收益（6 000 000×80%） 4 800 000
　贷：长期股权投资 4 800 000
借：长期股权投资 3 600 000
　贷：其他综合收益（6 000 000×（1−25%）×80%） 3 600 000

（5）借：股本 80 000 000
　　资本公积（70 000 000+50 000 000−12 500 000） 107 500 000
　　盈余公积（30 000 000+8 000 000） 38 000 000
　　未分配利润（120 000 000+80 000 000−10 000 000−40 000 000÷10+3 500 000−8 000 000−6 000 000） 175 500 000
　　其他综合收益（6 000 000×75%） 4 500 000
　　商誉 130 000 000
　贷：长期股权投资（400 000 000+55 600 000−4 800 000+3 600 000） 454 400 000
　　少数股东权益 81 100 000

借：投资收益 55 600 000
　少数股东损益（（80 000 000−10 000 000−40 000 000÷10+3 500 000）×20%） 13 900 000
　年初未分配利润 120 000 000
　贷：提取盈余公积 8 000 000
　　对所有者（或股东）的分配 6 000 000
　　年末未分配利润 175 500 000

【总结与结论】

本章属于重点章节和难点章节，综合性较强，涉及的知识范围较广。在学习本章前，应将长期股权投资、企业合并等内容学透，整体把握长期股权投资、企业合并与合并财务报表之间的内在联系，应熟练掌握调整分录、抵销分录的编制，以及商誉与合并金额的计算。

【课程思政案例】

商誉减值背后的利益输送[①]

2019年，深交所默默关注到了预计亏损20亿元的华谊兄弟。2019年2月5日晚，深交所向华谊兄弟下发关注函，要求其进一步说明导致本期业绩大幅亏损的原因。关注函中显示："请你公司进一步说明导致本期业绩大幅亏损的原因，包括各业务板块的经营业绩以及计提商誉减值准备、长期股权投资和其他资产减值准备的具体情况。"

2020年1月23日晚，华谊兄弟在热闹的春节前夕将不太漂亮的预告信息披露出来，给美好的春节填上了"浓墨重彩"的一笔。华谊兄弟2019年度业绩预告显示，由于计提商誉减值准备、长期股权投资及其他资产减值准备等，2019年度预计亏损39.62亿元至39.67亿元。巨额的减值准备使得预告一出便瞬间得到公众的高度关注。深交所曾在2019年半年报问询函中要求华谊兄弟分别说明商誉各标的是否存在减值风险，而华谊兄弟的回复坚定表示未发现商誉各标的存在减值迹象，且在半年报中披露的公司商誉也不存在减值迹象，但在年度业绩预告中却又如此大额地计提商誉减值准备，华谊兄弟自然成为深交所关注重点。

大额商誉减值的背后是巨额的商誉。2019年三季度末，华谊兄弟商誉余额达到19.47亿元，其中包括收购浙江东阳浩瀚影视娱乐有限公司形成商誉余额7.49亿元，收购浙江东阳美拉传媒有限公司（以下简称东阳美拉）形成商誉余额7.44亿元。在这两笔业务当中，华谊兄弟对东阳美拉的收购成为资本市场上的一个笑柄。

华谊兄弟对东阳美拉的收购发生在2015年11月。华谊兄弟以10.5亿元收购冯小刚在东阳美拉70%的股权。东阳美拉当时的资产总额只有1.36万元，而负债总额达到1.91万元，其所有者权益为-0.55万元，意味着该公司的净资产为负数。当然还附带着一个业绩承诺：华谊兄弟与东阳美拉约定：东阳美拉2016年业绩承诺为净利润不低于1亿元，此后4年间年均增长15%，未实现目标的差额部分由冯小刚以现金的方式补足。华谊兄弟拿着10.5亿元买了5 500元的负资产，然后得到了就算完全违约也只有5亿元索赔权的合同，这样一个"送钱约定"的背后是否存在着利益输送呢？答案显而易见。

面临着巨额的商誉，企业该怎么办？只能通过商誉减值进行消化，华谊兄弟试图通过商誉减值的计提"一次亏个够"，达到"财务洗澡"的目的。从华谊兄弟事件中可以推断出"利益输送—高商誉并购—商誉减值"的逻辑线，因此通过商誉减值挖掘利益输送行为是监管的必要手段。

思考题：

（1）华谊兄弟通过溢价并购达到了何种目的？根据此案例分析为何创业板企业

---

① 案例根据证监会公告、新浪财经公告、皮海洲博客内容等收集整理及改编而成。

乐于进行高溢价收购。

(2) 通过查阅相关财经网站，分析评价当今资本市场中上市公司的商誉及商誉减值情况。

(3) 利用商誉进行盈余管理违背了哪些商业伦理？

(4) 会计工作者应如何促进企业并购合法化、合理化？

小提示：

并购方通过溢价并购上市公司控股股东或关联方，通过配套融资中的折价发行以低于市场价的价格获得公司大量股票，借此进行利益输送，同时，利用并购题材进行炒作，待股价抬升后再利用信息优势进行大规模减值套现。当被并购方本身与大股东或关联方有着复杂联系时，上市公司利益输送的行为就更明显，比如华谊兄弟并购东阳美拉。

会计人员应时刻以维护投资者利益为职业宗旨，以保持客观公正为职业操守，对企业合并中有违诚信的利益输送行为保持强烈的反对态度。

相关链接：

[1] 中国青年网.迪森股份高溢价收购原子公司［EB/OL］.［2016-05-19］. https：//www.sohu.com/a/76233250_119038.

[2] 虎嗅.曾经国内游戏第一股的掌趣科技：成也并购 败也并购［EB/OL］.［2018-01-22］. https：//www.9k9k.com/xinwen/26617.html.

[3] 读创.视说财经：提前获知巨额商誉暴雷，紧急卖股票规避损失126万！监管出手了［EB/OL］.［2021-01-20］. https：//haokan.baidu.com/v?vid=11388815577155242549&pd=bjh&fr=bjhauthor&type=video.

[4] 知乎矮子.对合并财务报表抵销分录的分析［EB/OL］.［2020-03-19］. https：//zhuanlan.zhihu.com/p/30475570.

[5] Mr Alan X.［读财报］母公司财务报表vs合并财务报表［EB/OL］.［2020-05-11］. https：//zhuanlan.zhihu.com/p/139361781.

[6] 东方财经浦东频道.安永：中国企业未来一年并购意愿创十年来新高［EB/OL］.［2021-04-08］. https：//haokan.baidu.com/v?vid=14895355620005436050&pd=bjh&fr=bjhauthor&type=video.

[7] 墨染锦年昔.商誉减值的地雷，如何规避？［EB/OL］.［2020-06-25］. https：//haokan.baidu.com/v?vid=15458143808284881334&pd=bjh&fr=bjhauthor&type=video.

[8] 金融界.证监会发布“商誉减值”的会计监管风险提示［EB/OL］.［2018-11-16］. https：//baijiahao.baidu.com/s?id=1617277935127433848&wfr=spider&for=pc.

第9章 合并财务报表的编制（二）

【学习目标】

通过本章的学习，了解集团在合并报表层面如何进行内部交易的抵销，这些抵销包括内部存货交易、债权债务、固定资产交易、无形资产交易、特殊交易事项以及所得税的合并抵销。掌握与内部存货交易有关的处理方法；掌握与内部债权债务有关的调整与抵销处理方法；掌握与内部固定资产和无形资产交易有关的调整与抵销处理方法；掌握与特殊交易事项以及所得税有关的合并抵销方法。

9.1 集团内部交易概述

9.1.1 集团内部交易事项的含义

集团内部交易事项是指企业集团内部母公司与其所属的子公司之间以及各子公司之间发生的除股权投资以外的各种往来业务和交易事项。其中，内部交易事项至少涉及两个纳入合并的成员企业，而不涉及企业集团外的会计主体。

母子公司之间常常发生各种交易事项，这些交易事项发生后，将分别反映在母公司和子公司的个别财务报表中。然而，从企业集团的角度看，其财务报表中不应该包括这类内部交易事项，因而应将反映在个别财务报表中的内部交易事项对合并财务报表有关项目的影响予以抵销，以避免虚列资产、负债和虚增利润。

9.1.2 集团内部交易事项的类型

集团内部交易事项可按不同的标准进行分类。

1）按内部交易事项是否与损益相关联进行分类

（1）与损益相关联的内部交易事项

与损益相关联的内部交易事项是指企业集团内部母公司与子公司及各子公司之间发生的与损益有关的内部交易事项。例如，母公司将其生产的产品出售给所属的子公司，导致母公司营业收入和营业成本增加。

与损益相关联的内部交易事项按损益是否实现，又可分为已实现的内部损益交易事项和未实现的内部损益交易事项两种。前者是指企业集团内部母公司与子公司以及各子公司之间发生影响损益的内部交易事项后，购买方已于当期全部向企业集团外部销售。例如，母公司将其生产的产品卖给所属的子公司后，子公司在当期将其从母公司购进的存货全部出售给企业集团以外的其他公司。后者是指企业集团内部母公司与子公司以及各子公司之间发生影响损益的内部交易后，购买方在当期尚未向企业集团外部销售。例如，母公司将其生产的产品卖给所属的子公司后，子公司在当期尚未将其从母公司购进的存货对企业集团以外的其他子公司销售，形成期末存货或固定资产等事项。就出售方的个别财务报表来说，已经反映销售收入和销售成本，并形成销售利润，但由于购买方尚未对外销售，在其个别财务报表中表现为存货或固定资产，因此对于企业集团来说，销售利润并未真正实现。

（2）不涉及损益的内部交易事项

不涉及损益的内部交易事项是指企业集团内部母公司与子公司以及各子公司之间发生的交易只与资产负债表项目相关，与各公司的损益确定无关的事项，如企业集团内部的债权债务、内部贷款业务等。

2）按内部交易事项的具体内容进行分类

按内部交易事项的具体内容不同，可将其分为内部投资交易、内部债权债务、内部存货交易、内部固定资产交易以及其他内部交易。

9.1.3 抵销分录的含义和特点

抵销集团内部交易事项对合并财务报表的影响主要是通过母公司按一体性原则，从集团整体利益出发，对内部交易事项的影响程度和范围重新进行确认和计量，运用借贷记账法编制抵销分录实现的。

抵销会计分录与企业经营活动中的日常会计处理分录有所区别，并具有以下特点：

1）抵销分录的首要作用是抵销报表中的数据

这一作用意味着结合报表中项目的性质就可以确定抵销分录的借方和贷方所使用的具体项目，不至于弄反借贷方向。例如，在处理与内部存货和固定资产交易有关的未实现利润时，资产的内部销售价格如果高于原来出售方的账面价值或者成本，那么产生的未实现利润就会影响财务报表的真实性，使得个别报表中有关资产的账面价值被高估，不符合资产的真实价值。

在进行报表的编制时，借方应当抵销有关的损益项目，而贷方应当抵销有关的资产项目。在上述过程中，如果产生亏损的未实现利润，就会导致个别报表中期末相关资产的账面价值被低估，在进行会计分录的抵销时与上述处理相反。

2）抵销分录不需要过账，并不会出现当期和以后期间个别财务报表相关项目数据的改变

编制抵销分录的目的是让内部交易在个别报表与合并报表中有相同的反映，这种一致性只是为了编制合并报表，并不是要改变母公司和子公司各自的个别报表。

所以，抵销分录不需要过账，抵销分录的编制也不会导致个别报表中有关项目的数据发生改变。

3）抵销分录抵销的是报表中的相关项目，而不是具体的会计账户

编制抵销分录时，借贷方均要使用对应的报表项目名称。当报表项目名称与所对应的账户名称不相同时，应使用报表项目名称。比如，在抵销分录中会涉及“存货”“年初未分配利润”“提取盈余公积”等报表项目名称，这些项目名称与账户名称不完全相同，不使用“原材料”“库存商品”“利润分配”这些账户名称。

9.1.4　合并资产负债表和合并利润表需抵销的交易事项

在将母公司对子公司的长期股权投资按权益法调整后，在不同报表中需要抵销的交易事项包括：

1）与编制合并资产负债表有关的抵销内容

（1）母公司对子公司的长期股权投资与子公司所有者权益中母公司应享有的份额相互抵销，同时抵销相应的长期股权投资减值准备。各子公司之间发生的长期股权投资以及子公司对母公司的长期股权投资应参考以上规定，将长期股权投资与其对应的子公司或母公司所有者权益中所享有的份额进行抵销。

（2）母公司与子公司、各子公司相互之间的债权与债务项目应当抵销，同时抵销应收账款的坏账准备和债权投资的减值准备。母公司与子公司、各子公司相互之间的债权投资与应付债券相互抵销后产生的差额应当记入“投资收益”项目。

（3）母公司与子公司、各子公司相互之间销售商品（或提供劳务，下同）或其他方式包含的未实现内部销售损益应当抵销。对存货、固定资产、工程物资和无形资产等计提的跌价准备或减值准备与未实现内部销售损益相关的部分应当抵销。

（4）其他内部交易如对合并资产负债表会产生影响，也应当抵销。

（5）在子公司所有者权益中不属于母公司份额的部分，应当作为少数股东权益，在合并资产负债表中的“少数股东权益”项目列示。

2）与编制合并利润表有关的抵销内容

（1）母公司与子公司、各子公司之间销售商品所产生的营业收入和营业成本应当抵销。

（2）对母公司与子公司、各子公司相互之间销售商品形成的固定资产或无形资产所包含的未实现内部销售损益进行抵销，对固定资产的折旧额或无形资产的摊销额与未实现内部销售损益相关的部分进行抵销。

（3）母公司与子公司、各子公司相互之间持有对方债权所产生的投资收益，应当与其相对应的发行方利息费用相互抵销。

（4）母公司对子公司、各子公司相互之间持有对方长期股权投资的投资收益应当抵销。

（5）母公司与子公司、各子公司相互之间的其他内部交易对合并利润表的影响

应当抵销。

（6）子公司当期净损益中属于少数股东损益的份额部分，应当在合并利润表中的“少数股东损益”项目列示。

9.2 内部存货交易的抵销

内部存货交易主要是指母公司与子公司、各子公司之间的商品购销业务。对于发生在企业集团内部的购销业务，购销双方都是独立的会计主体，并进行了相应核算工作。销售方已将其销售收入和销售成本计入当期损益，列示在利润表中。而购买方购入的商品可能会被当作固定资产使用，也可能会被用于对外销售。购买方将内部购进的商品用于对外销售可能出现三种情况：第一，内部购进的商品在当前会计期间全部对外销售；第二，内部购进的商品全部都没有对外销售，变为期末存货，因而期末存货的价值中含有销售方已确认的毛利；第三，内部购进的商品部分实现对外销售，销售方实现的毛利一部分转入销售成本，另一部分形成期末存货的价值。

当购买方将内部购进的存货作为固定资产使用时，销售方实现的毛利会导致固定资产价值的增加。因此，对内部存货交易虚增的利润和资产价值予以抵销时，应分清不同情况进行会计处理。

9.2.1 内部存货交易发生当期的抵销处理

1）内部购进的商品本期全部对外销售

从销售方角度看，不论是销售给集团内部的成员还是销售给集团外部的其他企业，所进行的会计处理应当是相同的，都应当在销售时确认收入并结转成本，个别利润表中也应当进行反映；从购买方角度看，当企业将内部购进的商品对外销售时，也要在个别利润表中分别反映销售收入和销售成本。如此一来，对于同一批存货，销售方和购买方的个别利润表中都反映了销售收入和销售成本。对于企业集团整体来说，这批商品只实现了一次销售，其销售收入只是购买企业对集团外部销售所形成的销售收入，其销售成本只是集团内部生产并销售该产品的企业的销售成本。集团内部的商品购销业务其实只是商品存放位置在集团内部的转移。

借：营业收入（内部销售方的销售收入）

　贷：营业成本

2）所有内部购进的商品全部未对外销售，成为期末存货

内部购进的所有商品都没有在本期实现销售，从销售方角度看，其应在销售给集团内部成员时确认收入和结转成本，并在个别利润表中反映；从购买方角度看，内部购进的商品全部未对外销售，形成期末存货。但若从企业集团整体角度看，实际上只是商品存放位置发生了变化，并不是真正地实现企业集团的销售，不能确认销售收入，也不能确认销售成本，商品本身的价值也不会因为存放位置的不同发生

增值或贬值。

因此，在编制合并财务报表时，销售方确认的内部销售收入和结转的内部销售成本要进行抵销，同时应将购买方资产负债表的期末存货中包含的未实现的毛利进行抵销，将集团内部购买方的存货成本调整为原存货的原始成本，从而消除虚增的价值。

借：营业收入（内部销售方的销售收入）

　贷：营业成本（内部销售方的销售成本）

　　　存货（差额，即未实现的毛利）

3）内部购进的商品部分实现对外销售

内部购进的商品部分实现对外销售，要将内部购进的商品分为两部分理解：一部分已全部对外销售；另一部分全部未对外销售而形成期末存货。

①对于实现对外销售的部分：

借：营业收入（内部销售方的销售收入×对外销售的比例）

　贷：营业成本

②对于未实现对外销售的部分：

借：营业收入（内部销售方的销售收入×未对外销售的比例）

　贷：营业成本（内部销售方的销售成本×未对外销售的比例）

　　　存货（差额，即未实现的毛利）

或者将两笔抵销分录合为一笔分录：

借：营业收入（内部销售方的销售收入）

　贷：营业成本（差额）

　　　存货（未实现的毛利）

【例9-1】

B公司为A公司的子公司，本期B公司从A公司购进一批商品，A公司该批商品成本价为15 000元，向B公司销售的价格为20 000元。

（1）假如年内B公司将该批商品全部对外销售，销售价格为25 000元。

（2）假如年内B公司尚未将这批商品对外销售。

（3）假如年内B公司将这批商品的60%对外销售，销售价格为25 000元，另40%未对外销售，形成期末存货。

要求：根据上述资料，编制内部存货交易发生当期的抵销分录。

（1）内部购进的商品本期全部对外销售，从企业集团角度看，这批存货只实现了一次销售，销售收入只是购买方对外销售所产生的销售收入25 000元，销售成本只是集团内生产并销售该产品的企业的销售成本15 000元。抵销分录如下：

借：营业收入（内部销售方的销售收入）　　20 000

　贷：营业成本　　20 000

（2）内部购进的商品本期全部未对外销售，形成期末存货。抵销分录如下：

借：营业收入（内部销售方的销售收入）　　20 000

贷：营业成本（内部销售方的销售成本） 15 000

存货（差额，即未实现的毛利） 5 000

（3）内部购进商品的60%实现对外销售，40%形成期末存货。

①对于实现对外销售的部分：

借：营业收入（20 000×60%） 12 000

贷：营业成本 12 000

②对于未实现对外销售的部分：

借：营业收入（20 000×40%） 8 000

贷：营业成本 （15 000×40%） 6 000

存货（8 000−6 000） 2 000

或者两笔分录合为一笔分录：

借：营业收入 20 000

贷：营业成本 18 000

存货 2 000

4）内部购进的存货作为固定资产使用

对于内部购进的存货作为固定资产使用的情况，从销售方角度看，在销售给集团内部成员时确认收入和结转成本，并在个别利润表中反映；从购买方角度看，以内部的购买价格作为固定资产原值记账，其固定资产原值中包含了销售方的毛利。但从企业集团整体的角度看，固定资产只能以销售方生产该产品的成本在合并财务报表中反映。因此，在编制合并财务报表时，应将销售方反映在利润表上未实现的收入和成本进行抵销，同时也应将购买方固定资产中包含的未实现的毛利进行抵销。

借：营业收入（内部销售方的销售收入）

贷：营业成本（内部销售方的销售成本）

固定资产（差额，即未实现的毛利）

【例9−2】

A公司将自己生产的产品销售给子公司，子公司将这一产品作为固定资产使用。其销售价格为40 000元，已知A公司的销售毛利率为20%。

A公司在合并工作底稿上编制如下抵销分录：

借：营业收入 40 000

贷：营业成本 32 000

固定资产 8 000

9.2.2 内部存货交易发生以后各期的抵销处理

上期内部购进商品全部实现对外销售，在本期编制合并财务报表时不需要考虑其对本期的影响。但在上期内部购进商品形成期末存货的情况下，由于本期合并财务报表是以母公司和子公司本期个别财务报表为基础编制的，母公司和子公司个别财务报表中未实现内部销售利润作为上期实现的利润包括在年初未分配利润之中，上期编制合并财务报表时抵销的内部购进存货中包含的未实现内部销售利润也会对本期的年初未分配利润产生影响。因此，在内部存货交易发生的以后各期编制合并财务报表时，必须在合并母公司、子公司年初未分配利润的基础上，将上期抵销的期末存货价值中包含的未实现内部销售利润对本期年初未分配利润的影响进行抵销，调整本期年初未分配利润的数额，然后对本期内部购销存货进行抵销处理。具体处理如下：

1）调整上期内部存货交易对本期年初未分配利润的影响

（1）如果上期内部购进的存货在本期全部实现对外销售。

借：年初未分配利润

　贷：营业成本（本期已实现的毛利）

（2）如果上期内部购进的存货在本期都没有实现对外销售，那么上期购入的存货全部形成本期的期末存货。

借：年初未分配利润

　贷：存货（上期未实现的毛利）

（3）如果上期内部购进的存货本期部分实现对外销售，那么可分为两部分讨论：一部分为上期内部购进的存货在本期全部实现对集团外部的销售；另一部分为上期内部购进的存货在本期全部没有实现对外销售而继续形成本期期末存货。

2）抵销本期发生的集团内部存货交易

抵销处理与前面所述相同，当发生集团内部存货交易时，同样分三种情况分别处理。

【例9-3】

乙公司为甲公司的子公司。乙公司年初存货中有从母公司购进的产品100 000元。本期乙公司又从甲公司购进产品一批，购进价格为300 000元，已知甲公司上年和本年销售毛利率为20%。年内乙公司将上年从甲公司购进的存货全部对集团外部销售，将本年从甲公司购进存货的60%对集团外部销售。

分析：甲公司上年内部销售实现的毛利，虽然在上年年末编制合并财务报表时予以抵销，但在个别财务报表中并未予以抵销，因此，企业集团本年编制合并财务报表时，应将乙公司本年虚增的成本与甲公司的年初未分配利润抵销。根据资料，企业集团在合并工作底稿中应编制的抵销分录如下：

（1）调整上期内部存货交易对本期年初未分配利润的影响，上年内部购进的存货未实现的毛利为20 000元（100 000×20%），本期全部对外销售。

	借方	贷方
借：年初未分配利润	20 000	
贷：营业成本		20 000

（2）本期内部购进的存货在本期部分实现对集团外部销售。

	借方	贷方
借：营业收入	300 000	
贷：营业成本		276 000
存货（300 000×40%×20%）		24 000

9.3 内部债权债务的抵销

内部债权债务是指集团内部的母公司与子公司、各子公司之间发生的应收账款与应付账款、应收票据与应付票据、预收账款与预付账款等。发生在母公司与子公司、各子公司之间的债权债务，在个别财务报表中，债权方与债务方分别以资产、负债列示于资产负债表中，但是从企业集团整体的角度出发，这些债权债务只是内部资金往来，既不会产生额外的资产，也不会产生额外的负债。因此，在编制合并财务报表时，应当将内部的债权债务项目相互抵销，还应将对这种债权计提的坏账准备予以抵销。

在编制合并资产负债表时，需要进行抵销处理的内部债权债务项目主要包括：(1) 应收账款与应付账款；(2) 应收票据与应付票据；(3) 预付账款与预收账款（或合同负债)；(4) 债权投资（假定对于该项债券投资，持有方划归债权投资，也可能作为交易性金融资产等，原理相同）与应付债券；(5) 其他应收款与其他应付款。

内部债权债务的抵销业务处理如下：

1）内部债权债务发生当期的抵销处理

(1) 抵销内部债权债务的期末余额。

借：应付账款、预收账款、其他应付款等

　贷：应收账款、预付账款、其他应收款等

(2) 抵销计提的内部坏账准备。

借：应收账款——坏账准备

　贷：信用减值损失

2）内部往来发生以后各期的抵销处理

上一会计期间计提的坏账准备数额影响到了信用减值损失（即损益类账户），在编制合并财务报表时已经进行抵销处理，处理的结果是减少合并财务报表中未分配利润的数额，从而直接影响到下一会计期间年初未分配利润的数额。而编制合并财务报表又是以母公司和子公司个别财务报表中的年初未分配利润数额为基础的，因此在连续各期编制合并财务报表时必须对个别财务报表中的年初未分配利润的加总数进行调整。

(1) 调整上期数对本期年初未分配利润的影响。

借：应收账款——坏账准备（上年抵销的数额）

　贷：年初未分配利润

(2) 抵销内部债权债务的期末余额及计提的内部坏账准备。

①抵销内部债权债务的期末余额。

借：应付账款、预收账款、其他应付款等

　贷：应收账款、预付账款、其他应收款等

②抵销计提的内部坏账准备。

借：应收账款——坏账准备（本期计提的坏账准备数额）
　贷：信用减值损失

如果本期收回债权，则债权方在上年已计提的坏账准备的基础上调整减少坏账准备，因此本期抵销分录的方向相反。

【例9-4】

甲公司个别资产负债表中“应收账款”50 000元中有30 000元为子公司“应付账款”；“预收账款”20 000元中有10 000元为子公司“预付账款”；“应收票据”80 000元中有40 000元为子公司“应付票据”。乙公司应付债券40 000元中有20 000元为母公司的债权投资。母公司按5%计提坏账准备。

要求：对此业务编制合并财务报表抵销分录。

在发生内部往来的当期抵销内部债权债务的期末余额：

借：应付账款　30 000
　　应付票据　40 000
　　应收账款——坏账准备　1 500
　　应付债券　20 000
　　预收账款　10 000
　贷：应收账款　30 000
　　　应收票据　40 000
　　　信用减值损失　1 500
　　　债权投资　20 000
　　　预付账款　10 000

9.4 内部固定资产交易的抵销

内部固定资产交易是指企业集团内部交易当事人买卖固定资产和无形资产。根据卖方销售的是产品还是固定资产，可以分为三种情况：一是集团内的企业将自己生产的产品销售给集团内的其他企业作为固定资产使用；二是集团内的企业将自用的固定资产出售给集团内的其他企业作为固定资产使用；三是集团内的企业将自用的固定资产变卖给集团内的其他企业作为普通商品对外销售。其中第三种情况很少见，因此下面只讨论第一种情况和第二种情况。

固定资产在使用期内是以其原值作为基数分期计提折旧的。由于购买方购买的固定资产原价中包含有未实现的内部销售利润，并据此计提折旧，所以每期计提的折旧必大于按建造成本计提的折旧。因此，在编制合并财务报表时，还应将多计提的折旧与多计的折旧费用予以抵销。

9.4.1 内部固定资产交易发生当期的抵销处理

1）一方销售商品，另一方购进后作为固定资产使用

集团内的企业将自有商品出售给集团内的其他企业作为固定资产使用，从销

售方的角度来看，销售商品的收入和成本计入当期损益，并列示在利润表中；从购买方的角度来看，销售方的销售价格在资产负债表上显示为固定资产的原始价格。但是，从企业集团整体的角度来看，应该相当于自建固定资产，然后交付使用，不可能产生利润。因此，在编制合并财务报表时，必须抵销交易所形成的内部销售收入和内部销售成本以及虚报的内部销售利润，使合并财务报表中反映的固定资产原价为内部转让企业的原始价格。高估的折旧和折旧费用也应予以抵销。

借：营业收入（内部销售方的销售收入）

　　贷：营业成本（内部销售方的销售成本）

　　　　固定资产——原价（差额，即未实现的毛利）

借：固定资产——累计折旧

　　贷：管理费用

2）一方销售固定资产，另一方购进后仍作为固定资产使用

集团内的企业将自身使用的固定资产变卖给集团内的其他企业作为固定资产使用，从销售方的角度看，处置固定资产在资产负债表中表现为固定资产原价和累计折旧的减少，处置净损益作为营业外收入或营业外支出列示在利润表中；从购买方的角度来看，固定资产的增加包含在销售方的转让价格中。因此，购买方的原始固定资产价格既包括销售方资产的净值，也包括销售方通过出售固定资产实现的收益。但是，从企业集团整体的角度来看，本次交易属于企业集团内固定资产转让的性质，虽然使用地发生了变化，但既没有实现收入，也没有发生固定资产的净变动。因此，在编制合并财务报表时，必须将内部固定资产交易未实现的销售利润与固定资产净值的增加金额相抵销。

（1）抵销固定资产净值的增加金额。

借：营业外收入（内部销售方未实现的毛利）

　　贷：固定资产——原价

（2）抵销多计提的折旧。

借：固定资产——累计折旧

　　贷：管理费用

【例 9-5】

A公司和B公司为甲公司控制下的两个子公司。A公司于2×11年1月1日将自己生产的产品销售给B公司作为固定资产使用，A公司销售该产品的销售收入为16 800 000元，销售成本为12 000 000元。B公司以16 800 000元的价格作为该固定资产的原价入账。B公司购买的该固定资产用于公司的行政管理。该固定资产属于不需要安装的固定资产，下月投入使用，其折旧年限为4年，预计净残值为零。为简化合并处理，假定该内部交易固定资产在交易当年按12个月计提折旧。

甲公司在编制合并财务报表时应当进行如下抵销处理：

借：营业收入　　　　16 800 000

贷：营业成本　　　　12 000 000

　　固定资产——原价　　　　4 800 000

借：固定资产——累计折旧（4 800 000÷4）　　　　1 200 000

　贷：管理费用　　　　1 200 000

9.4.2 内部固定资产交易发生以后各期的抵销处理

固定资产在使用时往往跨越几个会计期间，内部交易的固定资产不仅与交易发生当期相关，而且与以后使用该固定资产的会计期间相关，在编制合并财务报表时，不仅在该交易发生当期要考虑固定资产原价中包含的未实现内部销售利润的抵销，而且在以后持有该固定资产的期间每年都要考虑原价中包含的未实现内部销售利润的抵销。

在固定资产交易后的会计期间，内部交易中固定资产的购买人仍以包含内部销售利润的原价列示在个别财务报表中。因此，卖方由于内部交易固定资产而实现的上一年度内部销售利润导致销售期的净利润在下一期开始时转为未归属利润，具体见于个别利润表。因此，在编制今后一个时期的合并财务报表时，必须首先将固定资产原价中包含的未实现内部销售利润予以抵销。其次，对于购买前一个时期固定资产的超额折旧和相应增加的费用，降低每期利润，也已逐年结转影响年终未归属利润，因此在编制合并财务报表时，还必须根据累计多报折旧情况，抵销年初累计折旧和年初未实现的利润。最后，本期内部交易中固定资产折旧增加导致相关费用项目增加，所以，本期增加的累计折旧也应予以抵销。

1）调整上期内部固定资产交易对本期年初未分配利润的影响额

（1）调整固定资产原价中包含的未实现内部销售利润。

借：年初未分配利润（内部销售方未实现的毛利）

　贷：固定资产——原价

（2）调整上期多计提的折旧对本期年初未分配利润的影响。

借：固定资产——累计折旧（以前会计期间累计多计提的折旧）

　贷：年初未分配利润

2）本期多计提的折旧额

借：固定资产——累计折旧（本期多计提的折旧）

　贷：管理费用

【例9-6】

接【例9-5】，B公司2×12年（第2年年末）个别资产负债表中，该内部交易的固定资产为8 400 000元（原价为16 800 000元，累计折旧为8 400 000元）。该内部交易固定资产2×12年计提折旧4 200 000元。

甲公司在编制2×12年度合并财务报表时应当进行如下抵销处理：

①抵销未实现的内部交易损益。

借：年初未分配利润　　　　4 800 000

　贷：固定资产——原价　　　　4 800 000

②抵销第1年多计提的折旧。

借：固定资产——累计折旧 1 200 000

贷：年初未分配利润 1 200 000

③抵销本年（第2年）多计提的折旧。

借：固定资产——累计折旧（4 800 000÷4） 1 200 000

贷：管理费用 1 200 000

【例9-7】

接【例9-6】，B公司2×13年（第3年年末）个别资产负债表中，该内部交易的固定资产为4 200 000元（原价为16 800 000元，累计折旧为12 600 000元）。该内部交易固定资产2×13年计提折旧4 200 000元。

甲公司在编制2×13年度合并财务报表时应当进行如下抵销处理：

①抵销未实现的内部交易损益。

借：年初未分配利润 4 800 000

贷：固定资产——原价 4 800 000

②抵销前两年多计提的折旧。

借：固定资产——累计折旧 2 400 000

贷：年初未分配利润 2 400 000

③抵销本年（第3年）多计提的折旧。

借：固定资产——累计折旧（4 800 000÷4） 1 200 000

贷：管理费用 1 200 000

9.4.3 内部交易固定资产清理期间的抵销处理

对于购买方来说，在内部交易的固定资产报废时，该固定资产原价和已计提的折旧都通过“固定资产清理”账户予以转销，期末已不包含在资产负债表中。一般情况下，报废当年需要抵销的只有当年多计提的折旧费用。由于固定资产的折旧年限是估计的使用年限，实际工作中固定资产清理的时间可能会出现三种情形：（1）如期清理；（2）超期清理；（3）提前清理。

1）内部交易固定资产如期清理的抵销

在内部交易固定资产如期清理的情况下，内部交易固定资产的折旧已充分增加，购买方已转移固定资产原价并冲销折旧费用，固定资产原价中包含的未实现内部销售利润和累计折旧中包含的折旧已不再存在于个别财务报表中，因此，没有必要抵销它们，仅需要抵销当前管理费用中所含的夸大折旧费用。

借：年初未分配利润

贷：管理费用（本期计提的折旧）

2）内部交易固定资产超期清理的抵销

（1）当内部交易固定资产超期使用时，该固定资产在最后一个预计使用期限内仍然要计提折旧，同时，该固定资产的原价及已经计提的折旧仍然列示在购买方的个别财务报表中。因此，内部交易固定资产在最后一个使用期限内的抵销分录如下：

①调整年初未分配利润。

借：年初未分配利润（内部销售方未实现的毛利）

　贷：固定资产——原价

借：固定资产——累计折旧（以前会计期间累计多计提的折旧）

　贷：年初未分配利润

②抵销最后一期多计提的折旧。

借：固定资产——累计折旧（本期多计提的折旧）

　贷：管理费用

【例9-8】

接【例9-7】，2×14年12月（过了4年），该内部交易固定资产使用期满，B公司对其进行清理。B公司在对该固定资产清理时实现固定资产清理净收益140 000元，在2×14年度个别利润表中以营业外收入项目列示。

随着对该固定资产的清理，该固定资产的原价和累计折旧均已转销，在2×14年12月31日个别资产负债表的固定资产项目中已无该固定资产的列示。因此，甲公司在编制2×14年度（第4年，即报废当年）合并财务报表时应当进行如下抵销处理：

①抵销未实现的内部交易损益。

借：年初未分配利润	4 800 000	
贷：营业外收入		4 800 000

②抵销前3年多计提的折旧。

借：营业外收入	3 600 000	
贷：年初未分配利润		3 600 000

③抵销本年（第4年）多计提的折旧。

借：营业外收入（4 800 000÷4）	1 200 000	
贷：管理费用		1 200 000

上述抵销分录①、②、③可以合并为：

借：年初未分配利润	1 200 000	
贷：管理费用		1 200 000

（2）在内部交易固定资产超期使用的各个会计期间内，虽然企业不再计提折旧，但由于固定资产仍然在使用，并将其列示在个别财务报表中，因此在编制合并财务报表时必须将固定资产原价中包含的未实现利润与多计提的折旧予以抵销。本期不再计提累计折旧，只需要调整年初未分配利润。在超期使用的各个期间，抵销分录如下：

借：年初未分配利润（内部销售方未实现的毛利）

　贷：固定资产——原价

借：固定资产——累计折旧（以前会计期间累计多计提的折旧）

　贷：年初未分配利润

【例9-9】

接【例9-7】，2×14年12月31日（过了4年），该内部交易固定资产使用期满，但该固定资产仍处于使用状态，B公司未对其进行清理。

B公司2×14年度个别资产负债表中固定资产项目仍列示该内部交易的固定资产，其入账价值是16 800 000元，累计折旧是16 800 000元；在其个别利润表管理费用项目列示该固定资产当年计提的折旧费用4 200 000元。此时，甲公司在编制2×14年度（第4年）合并财务报表时应当进行如下抵销处理：

①抵销未实现的内部交易损益。

借：年初未分配利润　　4 800 000

　贷：固定资产——原价　　4 800 000

②抵销前3年多计提的折旧。

借：固定资产——累计折旧　　3 600 000

　贷：年初未分配利润　　3 600 000

③抵销本年（第4年）多计提的折旧。

借：固定资产——累计折旧（4 800 000÷4）　　1 200 000

　贷：管理费用　　1 200 000

在内部交易固定资产超期使用后进行清理的会计期间内，因购买企业将固定资产原价与其计提的折旧均已注销，该内部交易固定资产对合并财务报表不再产生影响，也不必编制任何抵销分录。

3）内部交易固定资产提前清理的抵销

在内部交易固定资产使用期限未满，提前进行清理的情况下，购买方已将固定资产原价与其计提的折旧转销，固定资产原价中包含的未实现利润和累计折旧中包含的因未实现利润而多计提的折旧已不复存在，所以这些项目已不必再予以抵销。但是，由于固定资产提前报废，购买方计入营业外支出的固定资产清理净损失中含有固定资产原价中一部分未实现的内部利润，需要与销售方的年初未分配利润抵销。另外，本期管理费用中包含的因未实现利润而多计提的折旧费用也应予以抵销。因此，提前清理报废期内的抵销分录如下：

①抵销当年多计提的折旧。

借：年初未分配利润

　贷：管理费用（本期多计提的折旧）

②抵销多确认的清理净损失。

借：年初未分配利润

　贷：营业外支出

【例9-10】

接【例9-7】，B公司于2×13年12月（过了3年）对该内部交易固定资产进行清理，在清理过程中取得清理净收益250 000元。

甲公司在编制2×13年度（第3年，即报废当年）合并资产负债表时应当进行如下抵销处理：

①抵销未实现的内部交易损益。

借：年初未分配利润　　4 800 000
　贷：营业外收入　　4 800 000
②抵销前2年多计提的折旧。
借：营业外收入　　2 400 000
　贷：年初未分配利润　　2 400 000
③抵销本年（第3年）多计提的折旧。
借：营业外收入（4 800 000÷4）　　1 200 000
　贷：管理费用　　1 200 000

9.5　内部无形资产交易的抵销

内部无形资产交易是企业集团内部发生交易的一方涉及无形资产的交易，如成员企业将拥有的专利权、专有知识等转让给另一成员企业作为无形资产。

对于内部无形资产交易，在编制合并财务报表时，首先必须将因转让无形资产而产生的收入、成本与内部购进无形资产入账价值中包含的未实现内部销售损益予以抵销；其次，随着无形资产价值的摊销，无形资产价值中的未实现内部销售损益也包含在当前支出中，为此，也必须对内部交易无形资产摊销计入相关费用项目进行抵销处理。

1）内部无形资产交易当期的合并抵销处理

在进行合并处理时，按照内部交易时该无形资产账面价值中包含的未实现内部销售损益的数额，借记“资产处置收益”项目，按交易时该内部交易无形资产账面价值中包含的未实现内部销售损益的数额，贷记“无形资产”项目。同时，按本期该内部交易无形资产摊销额中包含的未实现内部销售损益的数额（即该无形资产价值中包含的未实现内部销售损益除以该无形资产的摊销年限得出的金额），借记“无形资产——累计摊销”，贷记“管理费用”。

借：资产处置收益（未实现的内部交易损益）
　贷：无形资产
借：无形资产——累计摊销（多摊销的金额）
　贷：管理费用

【例9-11】

甲公司是A公司的母公司，甲公司2×11年1月8日向A公司销售一项无形资产，销售价格为8 200 000元，该无形资产的账面成本为7 000 000元。A公司购入该无形资产后即投入使用，预计使用年限为5年。A公司2×11年12月31日资产负债表中无形资产项目的金额为6 560 000元，利润表的管理费用项目中含有当年摊销的该无形资产价值1 640 000元（与固定资产从取得的次月起计提折旧不同，无形资产从取得的当月起计提摊销），其中包含的未实现内部销售利润的摊销额为240 000元。

针对甲公司将无形资产转让给A公司的业务分析如下：收入8 200 000元；无

形资产 8 200 000 元；成本 7 000 000 元；资产处置收益 1 200 000 元。

甲公司在编制 2×11 年度合并财务报表时应当进行如下抵销处理：

①将 A 公司受让取得该内部交易无形资产时其价值中包含的未实现内部销售利润抵销：

借：资产处置收益　　1 200 000

　贷：无形资产　　1 200 000

②将 A 公司本期该内部交易无形资产累计摊销金额中包含的未实现内部销售利润抵销：

借：无形资产——累计摊销（1 200 000÷5）　　240 000

　贷：管理费用　　240 000

2）内部交易无形资产持有期间的合并抵销处理

在进行合并处理时，按受让时内部交易无形资产价值中包含的未实现内部销售损益的数额，借记“年初未分配利润”项目，贷记“无形资产”项目。

按上期期末该内部交易无形资产累计摊销金额中包含的未实现内部销售损益的数额，借记“累计摊销”项目，贷记“年初未分配利润”项目。

按本期因该内部交易无形资产价值中包含的未实现内部销售损益而多计算的摊销金额，借记“累计摊销”项目，贷记“管理费用”项目。

（1）抵销未实现内部销售利润：

借：年初未分配利润

　贷：无形资产

（2）抵销第 1 年摊销额：

借：无形资产——累计摊销

　贷：年初未分配利润

（3）抵销本期（第 2 年）摊销额：

借：无形资产——累计摊销

　贷：管理费用

【例 9-12】

接【例 9-11】，2×12 年 12 月 31 日（第 2 年年末），A 公司个别资产负债表中无形资产项目的金额为 4 920 000 元，利润表的管理费用项目中含有当年摊销的该无形资产价值 1 640 000 元。

甲公司在编制 2×12 年度（第 2 年）合并财务报表时应当进行如下抵销处理：

①抵销未实现内部销售利润：

借：年初未分配利润　　1 200 000

　贷：无形资产　　1 200 000

②抵销第 1 年摊销额：

借：无形资产——累计摊销（1 200 000÷5）　　240 000

　贷：年初未分配利润　　240 000

③抵销本期（第2年）摊销额：

借：无形资产——累计摊销（1 200 000÷5）　　240 000

　贷：管理费用　　240 000

3）内部交易无形资产摊销完毕期间的合并抵销处理

从购买方的角度来看，内部交易无形资产到期后，其账面价值已摊销，交易中未实现的内部销售损益金额也已摊销，无形资产账面价值已摊销为零。从销售方的角度来看，由于内部交易无形资产而实现的收益，作为年初未归属利润的一部分，转入以后会计期间，直至内部交易无形资产到期。从企业集团整体的角度来看，随着该内部交易无形资产的使用期满，其包含的未实现内部销售损益也转化为已实现损益。因此，首先必须调整年初未分配利润。其次，在该无形资产到期的会计期间，本期无形资产摊销额中仍然包含未实现内部销售损益的摊销额，对于这一数额仍须进行抵销处理。

【例9-13】

接【例9-12】，2×15年12月（第5年年末，最后1年），A公司该内部交易无形资产使用期满，在其个别资产负债表中已无该无形资产摊余价值，个别利润表的管理费用项目中仍包含该无形资产的本期摊销额1 640 000元。甲公司在编制2×15年度（第5年）合并财务报表时，与该内部无形资产交易相关的抵销处理如下：

①抵销未实现内部销售利润：

借：年初未分配利润　　1 200 000

　贷：无形资产　　1 200 000

②抵销前4年摊销额：

借：无形资产——累计摊销　　960 000

　贷：年初未分配利润　　960 000

③抵销第5年摊销额：

借：无形资产——累计摊销　　240 000

　贷：管理费用（1 200 000÷5）　　240 000

9.6 特殊交易事项的抵销

9.6.1 追加投资的会计处理

1）母公司购买子公司少数股东股权

母公司购买子公司少数股东拥有的子公司股权的，在母公司个别财务报表中，其自子公司少数股东处取得的长期股权投资，应当按照《企业会计准则第2号——长期股权投资》的规定确定其入账价值。

在合并财务报表中，子公司的资产和负债应反映在购买之日或合并之日确定的净资产价值金额中，新获得的购买少数股东股权的长期股权投资与子公司自购买之日或合并之日起持续享有的净资产份额之间的余额应根据资本积累进行调整

（母公司个别财务报表中的资本溢价或者股权溢价），留存收入应当根据资本积累不足进行调整。

购买子公司少数股东股权在合并财务报表中属于权益性交易。因控制权未发生改变，商誉金额只反映原投资部分，新增持股比例部分在合并财务报表中不确认商誉。

【例 9-14】

2×12 年 12 月 26 日，甲公司以 70 000 000 元取得 A 公司 60% 的股权，能够对 A 公司实施控制，形成非同一控制下的企业合并。2×13 年 12 月 23 日，甲公司又以公允价值为 20 000 000 元、原账面价值为 16 000 000 元的固定资产作为对价，自 A 公司的少数股东处取得 A 公司 15% 的股权。本例中，甲公司与 A 公司的少数股东在交易前不存在任何关联方关系（不考虑所得税等影响）。2×12 年 12 月 26 日，甲公司在取得 A 公司 60% 的股权时，A 公司可辨认净资产的公允价值为 90 000 000 元。2×13 年 12 月 23 日，A 公司自购买日开始持续计算的净资产账面价值为 100 000 000 元。

本例中，2×13 年 12 月 23 日，甲公司进一步取得 A 公司 15% 的股权时，甲公司合并财务报表的会计处理如下：

合并财务报表中，A 公司的有关资产、负债按照自购买日开始持续计算的价值进行合并，无须按照公允价值进行重新计量。

甲公司按新增持股比例计算应享有自购买日开始持续计算的净资产份额为 15 000 000 元（100 000 000×15%），与新增长期股权投资 20 000 000 元之间的差额为 5 000 000 元，在合并资产负债表中应调整所有者权益相关项目，首先调整归属于母公司的资本公积（资本溢价或股本溢价），资本公积不足冲减的，冲减归属于母公司的盈余公积，盈余公积不足冲减的，冲减归属于母公司的未分配利润。

甲公司作为对价的固定资产的公允价值（20 000 000元）与账面价值（16 000 000 元）的差异（4 000 000元），应计入甲公司利润表中的资产处置收益项目。

企业因追加投资等原因，通过多次交易分步实现非同一控制下企业合并的，在合并财务报表上，首先，应结合分步交易的各个步骤的协议条款，以及各个步骤中分别取得的股权比例、取得对象、取得方式、取得时点及取得对价等信息来判断分步交易是否属于“一揽子交易”。

（1）属于“一揽子交易”

各项交易的条款、条件以及经济影响符合以下一种或多种情况的，通常应将多次交易事项作为“一揽子交易”进行会计处理：其一，这些交易是同时或者在考虑了彼此影响的情况下订立的；其二，这些交易整体才能达成一项完整的商业结果；其三，一项交易的发生取决于至少一项其他交易的发生；其四，一项交易单独看是不经济的，但是与其他交易一并考虑时是经济的。

如果分步取得对子公司股权投资直至取得控制权的各项交易属于“一揽子交

易”，应当将各项交易作为一项取得子公司控制权的交易进行会计处理。

（2）不属于“一揽子交易”

①个别财务报表

$$\text{购买日初始投资成本}=\frac{\text{购买日之前所持被购买方的股权投资于购买日的账面价值}}{\text{（如原投资按公允价值计量,即为购买日公允价值）}}+\text{购买日新增投资成本}$$

购买日之前持有的股权投资因采用权益法核算而确认的其他综合收益，应当在处置该项投资时采用与被投资单位直接处置相关资产或负债相同的基础进行会计处理；确认的除净损益、其他综合收益和利润分配外的其他所有者权益变动，应当在处置该项投资时转入处置当期投资收益。

购买日之前持有的股权投资按照《企业会计准则第22号——金融工具确认和计量》的有关规定进行会计处理的，购买日公允价值与其账面价值的差额应当在改按成本法核算时转入投资收益（留存收益），计入其他综合收益的累计公允价值变动应当在改按成本法核算时转入留存收益。

②合并财务报表

购买方对于购买日之前持有的被购买方的股权，按照该股权在购买日的公允价值进行重新计量，公允价值与账面价值的差额计入当期投资收益。

合并成本=购买日之前持有的被购买方的股权于购买日的公允价值+购买日新购入股权所支付对价的公允价值

比较购买日合并成本与享有的被购买方可辨认净资产公允价值的份额，确定购买日应予确认的商誉，或者应计入营业外收入（用留存收益代替）的金额。

购买日之前持有的被购买方的股权涉及权益法核算下的其他综合收益，应当在购买日采用与被投资单位直接处置相关资产或负债相同的基础进行会计处理（即转入投资收益或留存收益）；购买日之前持有的被购买方的股权涉及权益法核算下除净损益、其他综合收益和利润分配以外的其他所有者权益变动，应当转为购买日所属当期损益（投资收益）。

【例9-15】

长江公司于2×18年1月1日以货币资金31 000 000元取得了大海公司30%的有表决权股份，对大海公司能够施加重大影响，当日大海公司可辨认净资产的公允价值是110 000 000元。

2×18年1月1日，大海公司除一项固定资产的公允价值与其账面价值不同外，其他资产和负债的公允价值与账面价值均相等。当日，该固定资产的公允价值为3 000 000元，账面价值为1 000 000元，剩余使用年限为10年，采用年限平均法计提折旧，无残值。

大海公司2×18年度实现净利润10 000 000元，未发放现金股利，因投资性房地产转换增加其他综合收益2 000 000元。

2×19年1月1日，长江公司以货币资金52 200 000元进一步取得大海公司40%的有表决权股份，因此取得了对大海公司的控制权。大海公司在该日所有者权益的账面价值为120 000 000元，其中，股本50 000 000元，资本公积12 000 000元，其他综合收益10 000 000元，盈余公积4 800 000元，未分配利润43 200 000元；可辨认净资产的公允价值为123 000 000元。

2×19年1月1日，大海公司除一项固定资产的公允价值与其账面价值不同外，其他资产和负债的公允价值与账面价值均相等。当日该固定资产的公允价值为3 900 000元，账面价值为900 000元，剩余使用年限为9年，采用年限平均法计提折旧，预计净残值为0。

长江公司和大海公司在合并前无任何关联方关系。

假定：①原30%股权在购买日的公允价值为39 150 000元：②不考虑所得税和内部交易的影响。

要求：

(1) 编制2×18年1月1日至2×19年1月1日长江公司对大海公司长期股权投资的会计分录。

(2) 计算2×19年1月1日长江公司追加投资后个别财务报表中长期股权投资的账面价值。

(3) 计算长江公司对大海公司投资形成的商誉的金额。

(4) 在合并财务报表工作底稿中编制购买日对大海公司个别财务报表进行调整的会计分录。

(5) 在合并财务报表工作底稿中编制购买日调整长期股权投资的会计分录。

(6) 在合并财务报表工作底稿中编制购买日与投资有关的抵销分录。

各分录及相关计算如下：

(1) ①2×18年1月1日抵销分录为：

借：长期股权投资——投资成本　　31 000 000

　贷：银行存款　　31 000 000

借：长期股权投资——投资成本（110 000 000×30%-31 000 000）2 000 000

　贷：营业外收入　　2 000 000

②2×18年12月31日抵销分录为：

借：长期股权投资——损益调整（（10 000 000-（3 000 000-1 000 000）÷10）×30%）

　　2 940 000

　贷：投资收益　　2 940 000

借：长期股权投资——其他综合收益　　600 000

　贷：其他综合收益　　600 000

③2×19年1月1日抵销分录为：

借：长期股权投资　　52 200 000

　贷：银行存款　　52 200 000

借：长期股权投资　　36 540 000

贷：长期股权投资——投资成本　33 000 000

——损益调整　2 940 000

——其他综合收益　600 000

（2）个别财务报表中长期股权投资的账面价值=36 540 000+52 200 000=88 740 000（元）。

（3）长江公司对大海公司投资形成的商誉=（39 150 000+52 200 000）-123 000 000×70%=5 250 000（元）。

（4）借：固定资产　3 000 000

贷：资本公积　3 000 000

（5）将相当于原持股比例（30%）的部分长期股权投资的账面价值调整到购买日公允价值。调整金额=39 150 000-36 540 000=2 610 000（元）。

借：长期股权投资　2 610 000

贷：投资收益　2 610 000

将相当于原持股比例（30%）的部分长期股权投资按照权益法核算形成的其他综合收益转入投资收益：

借：其他综合收益　600 000

贷：投资收益　600 000

（6）借：股本　50 000 000

资本公积（12 000 000+3 000 000）　15 000 000

其他综合收益　10 000 000

盈余公积　4 800 000

未分配利润　43 200 000

商誉　5 250 000

贷：长期股权投资（39 150 000+52 200 000）　91 350 000

少数股东权益（123 000 000×30%）　36 900 000

【例 9-16】

2×11 年 1 月 1 日，甲公司以每股 3 元的价格购入 A 公司股票 500 万股，并由此持有 A 公司 5% 的股权。投资前甲公司与 A 公司不存在关联方关系。甲公司将对 A 公司的该项投资作为以公允价值计量且其变动计入其他综合收益的金融资产。2×13 年 1 月 1 日，甲公司以现金 2.2 亿元作为对价，向 A 公司大股东收购 A 公司 55% 的股权，从而取得对 A 公司的控制权；A 公司当日股价为每股 4 元，可辨认净资产的公允价值为 3 亿元。甲公司首次购买 A 公司 5% 的股权和后续购买 55% 的股权不构成“一揽子交易”(不考虑所得税等影响)。

甲公司在编制合并财务报表时，首先，应考虑对原持有股权按公允价值进行重新计量。因为甲公司将原持有 A 公司 5% 的股权作为其他权益工具投资，所以 2×13 年 1 月 1 日该股权的公允价值与其账面价值相等，为 2 000 万元，不存在差额。

其次，按照企业合并准则有关非同一控制下企业合并的相关规定，甲公司购买

A公司股权并取得控制权的合并对价为2.4亿元（原持有股权在购买日的公允价值2 000万元+合并日应支付的对价2.2亿元）。由于甲公司享有A公司于购买日的可辨认净资产公允价值的份额为1.8亿元（3×60%），因此，购买日形成的商誉为0.6亿元（2.4-1.8）。

【例9-17】

2×11年1月1日，甲公司以现金4 000万元取得A公司20%的股权并具有重大影响，按权益法进行核算。当日，A公司可辨认净资产的公允价值为1.8亿元。2×13年1月1日，甲公司另支付现金9 000万元取得A公司35%的股权，并取得对A公司的控制权。2×13年1月1日，甲公司原持有的对A公司20%股权的公允价值为5 000万元，账面价值为4 600万元（其中，与A公司权益法核算相关的累计净损益为150万元，累计其他综合收益为450万元）；A公司可辨认净资产的公允价值为2.2亿元（不考虑所得税等影响）。

甲公司在编制合并财务报表时，首先，应对原持有股权按照公允价值进行重新计量。在购买日（2×13年1月1日），该项股权投资的公允价值为5 000万元，与其账面价值（4 600万元）之间的差额（400万元）应计入合并当期投资收益；同时，将原计入其他综合收益的450万元转入合并当期投资收益。

其次，按照企业合并准则有关非同一控制下企业合并的规定，甲公司购买A公司股权并取得控制权的合并对价应为1.4亿元（原持有股权于购买日的公允价值5 000万元+合并日新支付的对价9 000万元）。由于甲公司享有A公司在购买日的可辨认净资产公允价值的份额为1.21亿元（2.2×55%），因此，购买日形成的商誉为0.19亿元（1.4-1.21）。

2）通过多次交易分步实现同一控制下企业合并

对于分步实现的同一控制下企业合并，在编制合并财务报表时，应视同参与合并的各方在最终控制方开始控制时即以目前的状态存在进行调整，在编制比较报表时，以不早于合并方和被合并方同处于最终控制方的控制之下的时点开始，将被合并方的有关资产、负债并入合并方合并财务报表的比较报表中，并将因合并而增加的净资产在比较报表中调整所有者权益项下的相关项目。

为避免对被合并方净资产的价值进行重复计算，合并方在取得被合并方控制权之前持有的股权投资，在取得原股权之日与合并方和被合并方同处于同一方最终控制之日孰晚日起至合并日之间已确认有关损益、其他综合收益以及其他净资产变动，应分别冲减比较报表期间的年初留存收益或当期损益。

【例9-18】

甲公司为P公司的全资子公司。2×11年1月1日，甲公司与非关联方A公司分别出资600万元及1 400万元设立乙公司，并分别持有乙公司30%及70%的股权。

2×12年1月1日，P公司向A公司购买其持有的乙公司70%的股权，乙公司成为P公司的全资子公司，当日乙公司净资产的账面价值与其公允价值相等。

2×13年3月1日，甲公司向P公司购买其持有的乙公司70%的股权，乙公司成为甲公司的全资子公司。

甲公司与A公司不存在关联关系，甲公司购买乙公司70%股权的交易和原取得乙公司30%股权的交易不属于“一揽子交易”，甲公司在可预见的未来打算一直持有乙公司股权。

乙公司自2×11年1月1日至2×12年1月1日实现净利润800万元，自2×12年1月1日至2×13年1月1日实现净利润600万元，自2×13年1月1日至2×13年3月1日实现净利润100万元（不考虑所得税等影响）。

本例中，2×13年3月1日，甲公司从P公司手中购买乙公司70%股权的交易属于同一控制下企业合并。甲公司自2×12年1月1日起与乙公司同受P公司最终控制，甲公司合并财务报表应自取得原股权之日（2×11年1月1日）和双方同处于同一方最终控制之日（2×12年1月1日）孰晚日（2×12年1月1日）起，将乙公司纳入合并范围。

在甲公司合并财务报表中，视同自2×12年1月1日起，甲公司即持有乙公司100%股权，追溯重述2×12年1月1日的报表项目，2×11年1月1日至2×12年1月1日的合并财务报表并不追溯重述。

2×12年1月1日，乙公司净资产的账面价值为2 800万元（2 000+800）。此前，甲公司持有对乙公司的长期股权投资的账面价值为840万元（600+800×30%）。因此，甲公司在编制合并财务报表时，并入乙公司2×12年（比较期间）年初各项资产、负债后，因合并而增加净资产2 800万元，冲减长期股权投资账面价值840万元，两者之间的差额调增资本公积1 960万元（2 800−840）。

借：资产、负债　　28 000 000
　贷：长期股权投资　　8 400 000
　　　资本公积　　19 600 000

甲公司对于合并日（2×13年3月1日）的各报表项目，应冲减2×12年1月1日至2×13年1月1日对乙公司30%的长期股权投资的权益法核算结果，冲减乙公司2×13年1月1日至2×13年3月1日实现的净利润中按照权益法核算归属于甲公司的份额，即冲减年初留存收益180万元（600×30%），冲减投资收益30万元（100×30%）。

借：年初留存收益　　1 800 000
　　投资收益　　300 000
　贷：长期股权投资　　2 100 000

3）本期增加子公司时编制合并财务报表的方法

（1）同一控制下（权益结合法）：

①资产负债表：调整年初数。

②利润表：从年初算起。

③现金流量表：从年初算起。

（2）非同一控制下（购买法）：

①资产负债表：不调整年初数。

②利润表：从购买日算起。

③现金流量表：从购买日算起。

9.6.2 处置对子公司投资的会计处理

1）在不丧失控制权的情况下部分处置对子公司的长期股权投资

母公司在不丧失控制权的情况下部分处置对子公司的长期股权投资的，对于在母公司个别财务报表中作为长期股权投资的处置，确认有关处置损益。也就是说，出售股权取得的价款或对价的公允价值与所处置投资的账面价值的差额，应作为投资收益或损失计入处置投资当期母公司的个别财务报表。

在合并财务报表中，投资单位应包含在母公司的合并财务报表中，因为母公司出售部分股权后仍能控制被投资单位。因此，在合并财务报表中，处置价款与子公司自购买之日或合并之日起连续计算的净资产份额相对应的长期股权投资的差额，应根据资本积累（资本溢价或股权溢价）进行调整，如果资本积累不足以冲减的，则应调整留存收益。

【例 9-19】

甲公司于2×17年2月2日取得乙公司80%的股权，成本为8 600万元，购买日乙公司可辨认净资产的公允价值总额为9 800万元。假定该项合并为非同一控制下企业合并。2×19年1月2日，甲公司将其持有的对乙公司长期股权投资中的25%对外出售，取得价款2 600万元。出售投资当日，乙公司自甲公司处取得其80%股权之日持续计算的应当纳入甲公司合并财务报表的可辨认净资产总额为12 000万元。该项交易发生后，甲公司仍能控制乙公司的财务和生产经营决策。

购买日商誉=8 600−9 800×80%=760（万元）

本例中，甲公司出售部分对乙公司的股权后，由于仍能对乙公司实施控制，因此该交易属于不丧失控制权情况下处置部分对子公司投资，甲公司应当分别在个别财务报表和合并财务报表中进行如下处理：

（1）甲公司个别财务报表：

借：银行存款　　26 000 000

　贷：长期股权投资　　21 500 000

　　　投资收益　　4 500 000

（2）甲公司合并财务报表：

出售股份的交易日，在A公司合并财务报表中应当对出售B公司股份所得2 600万元与已处置股份2 400万元净资产之间的差额进行调整，以增加合并资产负债表中的资本公积。

2）母公司因处置对子公司的长期股权投资而丧失控制权

（1）一次交易处置子公司

母公司因出售部分股权投资或其他原因丧失对原有子公司控制的，在合并财务报表中应当进行如下会计处理：

①终止对长期股权投资相关资产、商誉等账面价值的确认，并终止对少数股东权益账面价值（包括属于少数股东的其他综合收益）的确认。

②在失去控制权之日按公允价值重新计量剩余股权，并根据剩余股权对被投资方的影响程度，将剩余股权作为长期股权投资或金融工具进行计量。

③处置股权取得的对价与剩余股权的公允价值之和，减去原有子公司自购买之日起连续计算的净资产账面价值份额和商誉之和，形成的差额计入失去控制权当期的投资收益。

④与原子公司股权投资相关的其他综合收益和其他所有者权益变动，应当在失去控制权时转为当期损益，由于被投资者重新计量设定受益计划净负债或净资产变动而产生的其他综合收益等无法重分类进损益的其他综合收益除外。

（2）多次交易分步处置子公司

企业通过多次交易逐步处置对子公司股权投资，直至失去控制权，在合并财务报表中，首先应确定分步交易是否为“一揽子交易”。

如果分步交易不是“一揽子交易”，则子公司失去控制权前的交易应按照上述“1）在不丧失控制权的情况下部分处置对子公司的长期股权投资”的规定进行核算。

分步交易为“一揽子交易”的，应当将各项交易作为一项处置原有子公司并失去控制权的交易，其中处置价与处置投资对应的享有该子公司自购买日开始连续计算的净资产账面价值的份额之间的差额，在合并财务报表中应当计入其他综合收益，并在失去控制权时一并转入失去控制权当期的损益。

【例9-20】

甲公司为了发展优势业务，计划剥离辅业，转让其全资子公司A公司。2×11年11月20日，甲公司与乙公司签订不可撤销的转让协议。协议约定，甲公司向乙公司出售其持有的A公司100%股权，乙公司需要支付7 000万元。考虑到股权平稳过渡，双方协议约定，乙公司应在2×11年12月31日之前支付3 000万元，以先取得A公司30%股权；乙公司应在2×12年12月31日之前支付4 000万元，以取得A公司剩余70%股权。

2×11年12月31日至乙公司支付剩余价款期间，甲公司仍然控制A公司，如果在此期间A公司向股东进行利润分配，则后续70%股权的购买价款按甲公司已分得的金额进行相应的价格调整。

2×11年12月31日，乙公司按照协议约定向甲公司支付第一笔转让款3 000万元，当日甲公司将A公司30%股权转让给乙公司；当日，A公司自购买日持续计算的净资产账面价值为5 000万元。

2×12年9月30日，乙公司向甲公司支付剩余价款4 000万元，甲公司将A公司剩余70%股权转让给乙公司并办理完毕股权变更手续，自此乙公司取得对A公司的控制权；当日，A公司自购买日持续计算的净资产账面价值为6 000万元。

2×12年1月1日至2×12年9月30日，A公司实现净利润1 000万元，无其他净资产变动事项（不考虑所得税等影响）。

本例中，甲公司通过两次交易分步处置其持有的A公司100%股权：第一次交易处置A公司30%股权，仍保留对A公司的控制权；第二次交易处置剩余70%股权，并丧失对A公司的控制权。

首先，需要分析上述两次交易是否属于“一揽子交易”：

（1）甲公司处置A公司股权是出于“集中力量发展优势业务，剥离辅业”的考虑，甲公司的目的是全部处置其持有的A公司股权，两次处置交易结合起来才能达到其商业目的。

（2）两次交易在同一转让协议中同时约定。

（3）在第一次交易中，30%股权的对价为3 000万元，相对于100%股权的对价总额7 000万元而言，第一次交易单独来看对乙公司而言并不经济，与第二次交易一并考虑才反映真正的经济影响。此外，如果在两次交易期间A公司进行了利润分配，也将据此调整对价，说明两次交易是在考虑彼此影响的情况下订立的。

综上所述，在合并财务报表中，两次交易应作为“一揽子交易”，按照分步处置子公司股权至丧失控制权并构成“一揽子交易”的相关规定进行会计处理。

2×11年12月31日，甲公司转让A公司30%股权，在A公司中所占股权比例下降至70%，甲公司仍控制A公司。处置价款3 000万元与处置30%股权对应的A公司净资产账面价值份额1 500万元（5 000×30%）之间的差额为1 500万元，在合并财务报表中计入其他综合收益。

借：银行存款　　30 000 000

　贷：少数股东权益　　15 000 000

　　　其他综合收益　　15 000 000

2×12年1月1日至2×12年9月30日，A公司作为甲公司持股70%的非全资子公司应纳入甲公司合并财务报表合并范围，A公司实现的净利润1 000万元中归属于乙公司的份额为300万元（1 000×30%），在甲公司合并财务报表中确认少数股东损益300万元，并调整少数股东权益。

2×12年9月30日，甲公司转让A公司剩余70%股权，丧失对A公司的控制权，不再将A公司纳入合并范围。甲公司应终止确认对A公司的长期股权投资及少数股东权益等，并将处置价款4 000万元与享有的A公司净资产份额4 200万元（6 000×70%）之间的差额200万元计入当期损益；同时，将第一次交易计入其他综合收益的1 500万元转入当期损益。

3）本期减少子公司时编制合并财务报表的方法

在本期出售转让子公司部分股份或全部股份，丧失对该子公司的控制权而使其成为非子公司的情况下，应当将其排除在合并财务报表的合并范围之外。

在编制合并资产负债表时，不需要对该出售转让股份而成为非子公司的资产负债表进行合并。

在编制合并利润表时，则应当以该子公司自年初至丧失控制权成为非子公司之日止的利润表为基础，将该子公司自年初至丧失控制权之日止的收入、费用、利润纳入合并利润表。

在编制合并现金流量表时，应将该子公司自年初至丧失控制权之日止的现金流量信息纳入合并现金流量表，并将出售该子公司收到的现金扣除子公司持有的现金和现金等价物以及相关处置费用后的净额，在有关投资活动类的“处置子公司及其他营业单位收到的现金净额”项目反映。

9.6.3 因子公司少数股东增资导致母公司股权稀释

如果由于子公司的少数股东对子公司进行增资，导致母公司股权稀释，母公司应当按照增资前持股比例计算其在增资前享有的子公司账面净资产中的份额，该份额与按照增资后持股比例计算的其在增资后享有的子公司账面净资产中的份额之间的差额计入资本公积，资本公积不足冲减的，调整留存收益。

少数股东增资导致母公司股权稀释的，如果没有导致控制权丧失，母公司个别财务报表不用进行账务处理。

少数股东增资前后合并报表的处理存在些许不同，这会导致合并报表中母公司在子公司账面净资产中的份额出现差额，该差额计入资本公积。母公司应当按照增资前持股比例计算其在增资前享有的子公司账面净资产中的份额，是指增资前母公司持股比例乘以增资前子公司账面净资产；按照增资后持股比例计算的其在增资后享有的子公司账面净资产中的份额，是指增资后母公司持股比例乘以增资后子公司账面净资产。如果二者的差额是正数，则资本公积为贷方，如果差额是负数，则资本公积为借方，记入“资本公积——资本溢价”。如果差额太大，资本公积不足冲减的，继续冲减留存收益。

合并抵销时少数股东权益为少数股东增资后持股比例乘以合并时被投资单位净资产；合并抵销时少数股东损益为少数股东增资前持股比例乘以当期净利润。

【例 9-21】

下列有关因子公司少数股东增资导致母公司股权稀释会计处理的说法中，正确的有（　　）。

A.因子公司的少数股东对子公司进行增资，导致母公司股权稀释，母公司应当按照增资前的股权比例计算其在增资前享有的子公司账面净资产中的份额

B.因子公司的少数股东对子公司进行增资，导致母公司股权稀释，母公司应当按照增资后的股权比例计算其在增资前享有的子公司账面净资产中的份额

C.母公司按照增资前持股比例计算的其在增资前享有的子公司账面净资产中的份额与按照增资后持股比例计算的金额的差额计入资本公积，资本公积不足冲减的，调整留存收益

D.母公司按照增资前持股比例计算的其在增资前享有的子公司账面净资产中的份额与按照增资后持股比例计算的金额的差额计入商誉

【解析】AC。因子公司的少数股东对子公司进行增资，导致母公司股权稀释，母公司应当按照增资前的股权比例计算其在增资前享有的子公司账面净资产中的份

额，该份额与按照增资后持股比例计算的其在增资后享有的子公司账面净资产中的份额之间的差额计入资本公积，资本公积不足冲减的，调整留存收益。

9.6.4 交叉持股的合并处理

交叉持股，是指在由母公司和子公司组成的企业集团中，母公司持有子公司一定比例股份，能够对其实施控制，同时子公司也持有母公司一定比例股份，即相互持有对方的股份。

母子公司有交互持股情形的，在编制合并财务报表时，对于母公司持有的子公司股权，与通常情况下母公司长期股权投资与子公司所有者权益的合并抵销处理相同。对于子公司持有的母公司股权，应当按照子公司取得母公司股权日所确认的长期股权投资的初始投资成本，将其转为合并财务报表中的库存股，作为所有者权益的减项，在合并资产负债表的所有者权益项目下以“减：库存股”项目列示；对于子公司持有母公司股权所确认的投资收益（如利润分配或现金股利），应当进行抵销处理。

子公司将所持有的母公司股权分类为以公允价值计量且其变动计入当期损益的金融资产等，按照公允价值计量的，同时冲销子公司累计确认的公允价值变动。

子公司相互之间持有的长期股权投资，应当比照母公司对子公司的长期股权投资的抵销方法，将长期股权投资与其对应的子公司所有者权益中所享有的份额相互抵销。

9.6.5 逆流交易的合并处理

如果母子公司之间发生逆流交易，即子公司向母公司出售资产，则所发生的未实现内部交易损益，应当按照母公司对该子公司的分配比例在“归属于母公司所有者的净利润”和“少数股东损益”之间分配抵销。

子公司之间出售资产所发生的未实现内部交易损益，应当按照母公司对出售方子公司的持股比例在“归属于母公司所有者的净利润”和“少数股东损益”之间分配抵销。

【例 9-22】

甲公司是A公司的母公司，持有A公司80%的股份。2×13年5月1日，A公司向甲公司销售商品1 000万元，商品销售成本为700万元，甲公司以银行存款支付全款，将购进的该批商品作为存货核算。截至2×13年12月31日，该批商品仍有20%未实现对外销售。2×13年年末，甲公司对剩余存货进行检查，发现未发生存货跌价损失。除此之外，甲公司与A公司2×13年未发生其他交易（不考虑所得税等影响）。

本例中，2×13年存货中包含的未实现内部销售损益为60万元（（1 000-700）×20%）。在2×13年合并财务报表工作底稿中的抵销分录如下：

借：营业收入　　10 000 000

　贷：营业成本　　10 000 000

借：营业成本　　600 000

　贷：存货　　600 000

同时，由于该交易为逆流交易，应将内部销售形成的存货中包含的未实现内部销售损益在甲公司和A公司少数股东之间进行分摊。

在存货中包含的未实现内部销售损益中，归属于少数股东的未实现内部销售损益分摊金额为12万元（60×20%）。在2×13年合并财务报表工作底稿中的抵销分录如下：

借：少数股东权益　　120 000

　贷：少数股东损益　　120 000

补充：

截至2×14年12月31日，甲公司已将该批商品全部实现对外销售。

在2×14年合并财务报表工作底稿中的抵销分录如下：

借：年初未分配利润　　600 000

　贷：营业成本　　600 000

借：少数股东权益　　120 000

　贷：年初未分配利润　　120 000

借：少数股东损益　　120 000

　贷：少数股东权益　　120 000

9.6.6 其他特殊交易

企业集团合并财务报表的确认和计量结果与其所属母公司或者子公司个别财务报表的确认和计量结果不一致的，应当从企业集团编制合并财务报表的角度进行特殊交易调整。例如，如果子公司作为投资性房地产的建筑物出租给集团内的其他企业，母公司应反映合并财务状态下的固定资产。

9.7 所得税的合并抵销

9.7.1 内部应收账款相关所得税会计的合并抵销处理（先抵年初，再抵差额）

1）抵销个别报表中确认的递延所得税资产的年初数

借：年初未分配利润（年初坏账准备余额×所得税税率）

　贷：递延所得税资产

2）抵销个别报表中确认的递延所得税资产的年初数与期末数的差额

借：所得税费用（坏账准备增加额×所得税税率）

　贷：递延所得税资产

或相反分录。

【例9-23】

甲公司为A公司的母公司。甲公司本期个别资产负债表上的应收账款中有1 700万元为应收A公司账款，该应收账款账面余额为1 800万元，甲公司当年对其计提坏账准备100万元。A公司本期个别资产负债表中列示有应付甲公司账款1 800万元。甲公司和A公司适用的所得税税率均为25%。

抵销分录为：

借：应付账款　　18 000 000
　贷：应收账款　　18 000 000
借：应收账款——坏账准备　　1 000 000
　贷：信用减值损失　　1 000 000
借：所得税费用　　250 000
　贷：递延所得税资产　　250 000

【例 9-24】

截至2×18年12月31日，P公司个别资产负债表上的内部应收账款为475万元，坏账准备为25万元。据推测，P公司2×18年首次编制合并财务报表。P公司2×19年12月31日，个别资产负债表上的应收账款为380万元，坏账准备为20万元。P公司适用的所得税税率为25%。

2×18年12月31日抵销分录为：

借：应付账款　　5 000 000
　贷：应收账款　　5 000 000
借：应收账款——坏账准备　　250 000
　贷：信用减值损失　　250 000
借：所得税费用　　62 500
　贷：递延所得税资产　　62 500

2×19年12月31日抵销分录为：

借：应付账款　　4 000 000
　贷：应收账款　　4 000 000
借：应收账款——坏账准备　　250 000
　贷：年初未分配利润　　250 000
借：信用减值损失　　50 000
　贷：应收账款——坏账准备　　50 000

应抵销递延所得税资产余额=20×25%=5（万元）

借：年初未分配利润　　62 500
　贷：递延所得税资产　　62 500
借：递延所得税资产　　12 500
　贷：所得税费用　　12 500

9.7.2 内部交易存货相关所得税会计的合并抵销处理

1）内部存货未计提存货跌价准备

递延所得税资产的期末余额 = 期末存货中未实现内部销售利润（可抵扣暂时性差异）× 所得税税率

2）内部存货已计提存货跌价准备

（1）确认本期合并财务报表中递延所得税资产的期末余额（即列报金额）

递延所得税资产的期末余额=期末合并财务报表中存货可抵扣暂时性差异余额×所得税税率

合并财务报表中存货账面价值为站在合并财务报表角度期末结存存货的价值，即集团内部销售方（不是购货方）存货成本与可变现净值孰低的结果。

合并财务报表中存货计税基础为集团内部交易购货方期末结存存货的成本。

（2）调整合并财务报表中本期递延所得税资产（先调年初，再调差额）

本期期末递延所得税资产的调整金额 = 合并财务报表中递延所得税资产的期末余额 − 购货方个别财务报表中已确认的递延所得税资产期末余额

①调整年初数。

借：递延所得税资产

　贷：年初未分配利润

注：合并财务报表中年初递延所得税资产的调整金额即为上期期末合并财务报表中递延所得税资产的调整金额。

②调整年初数与期末数的差额。

借：递延所得税资产

　贷：所得税费用

或作相反分录。

注：即使本期期末递延所得税资产的调整金额为零，为了保证合并报表中年初未分配利润合并数与上期期末未分配利润合并数相等，也要按照上述步骤调整。

【例9-25】

甲公司持有A公司80%的股权，是A公司的母公司。甲公司20×1年利润表列示的营业收入为5 000万元，是当年向A公司销售产品取得的销售收入，该产品销售成本为3 500万元。A公司在20×1年将该批内部购进商品的60%对外销售，其销售收入为3 750万元，销售成本为3 000万元，列示于20×1年利润表中；该批商品的另外40%则形成A公司期末存货，即期末存货为2 000万元，列示于20×1年12月31日资产负债表中。甲公司和A公司适用的企业所得税税率均为25%。

抵销分录如下：

	借方	贷方
借：营业收入	50 000 000	
贷：营业成本		50 000 000
借：营业成本（15 000 000×40%）	6 000 000	
贷：存货		6 000 000

存货中未实现内部销售利润导致账面价值小于计税基础，应确认递延所得税资产150万元（600×25%）。

	借方	贷方
借：递延所得税资产	1 500 000	
贷：所得税费用		1 500 000

【例9-26】

P公司和S公司均采用资产负债表债务法核算所得税，适用的所得税税率均为25%。2×18年1月1日，P公司以银行存款购入S公司80%的股份，能够对S公司实施控制。2×18年S公司从P公司购进A商品400件，购买价格为每件2万元（不含增值税，下同）。每件A商品的成本为1.5万元，未计提存货跌价准备。2×18年S公司对外销售A商品300件，每件销售价格为2.2万元；2×18年年末结存A商品100件。2×18年12月31日，每件A商品可变现净值为1.8万元；S公司对A商品计提存货跌价准备20万元。2×19年S公司对外销售A商品20件，每件销售价格为1.8万元。2×19年12月31日，S公司年末存货中包括从P公司购进的A商品80件，A商品每件可变现净值为1.4万元。S公司个别财务报表中A商品存货跌价准备的期末余额为48万元。

要求：编制2×18年和2×19年与存货有关的抵销分录或调整分录（编制分录时应考虑递延所得税的影响）。

（1）2×18年抵销分录或调整分录。

①抵销内部存货交易中未实现的收入、成本和利润。

借：营业收入（400×20 000）　　8 000 000

　贷：营业成本　　8 000 000

借：营业成本　　500 000

　贷：存货（100×（20 000−15 000））　　500 000

②抵销计提的存货跌价准备。

借：存货——存货跌价准备　　200 000

　贷：资产减值损失　　200 000

③调整合并财务报表中递延所得税资产。

2×18年12月31日合并财务报表中结存存货成本=100×1.5=150（万元），可变现净值=100×1.8=180（万元），账面价值=150万元，计税基础=100×2=200（万元），合并财务报表中应确认递延所得税资产=（200−150）×25%=12.5（万元）。

因S公司个别财务报表中已确认递延所得税资产=20×25%=5（万元），所以合并财务报表中递延所得税资产调整金额=12.5−5=7.5（万元）。

应编制调整分录如下：

借：递延所得税资产　　75 000

　贷：所得税费用　　75 000

（2）2×19年抵销分录或调整分录。

①抵销年初存货中未实现内部销售利润。

借：年初未分配利润　　500 000

　贷：营业成本　　500 000

②抵销期末存货中未实现内部销售利润。

借：营业成本　　400 000

　贷：存货（800 000×（2−1.5））　　400 000

③抵销年初存货跌价准备。

借：存货——存货跌价准备　　200 000

　贷：年初未分配利润　　200 000

④抵销本期销售商品结转的存货跌价准备。

借：营业成本（20÷100×200 000）　　40 000

　贷：存货——存货跌价准备　　40 000

⑤调整本期存货跌价准备。

2×19年12月31日结存的存货中未实现内部销售利润为40万元，存货跌价准备的期末余额为48万元，期末存货跌价准备可抵销的余额为40万元，本期应抵销的存货跌价准备=40-（20-4）=24（万元）。

借：存货——存货跌价准备　　240 000

　贷：资产减值损失　　240 000

⑥调整合并财务报表中递延所得税资产。

2×19年12月31日合并报表中结存存货成本=80×1.5=120（万元），可变现净值=80×1.4=112（万元），账面价值=112万元，计税基础=80×2=160（万元），合并报表中应确认递延所得税资产余额=（160-112）×25%=12（万元）。

因S公司个别报表中已确认递延所得税资产=48×25%=12（万元），所以期末合并报表递延所得税资产期末数调整金额=12-12=0。

应编制调整分录如下：

先调年初数：

借：递延所得税资产　　75 000

　贷：年初未分配利润　　75 000

再调年初数与期末数的差额：

借：所得税费用　　75 000

　贷：递延所得税资产　　75 000

9.7.3　内部交易固定资产等相关所得税会计的合并抵销处理

1）确认本期合并财务报表中递延所得税资产期末余额（即列报金额）

递延所得税资产的期末余额=期末合并财务报表中固定资产可抵扣暂时性差异余额×所得税税率

合并财务报表中固定资产账面价值为集团内部销售方（不是购货方）期末固定资产的账面价值；合并财务报表中固定资产计税基础为集团内部购货方期末按税法规定确定的账面价值。

2）调整合并财务报表中本期递延所得税资产

本期递延所得税资产期末调整金额=合并财务报表中递延所得税资产的期末余额-购货方个别财务报表中已确认的递延所得税资产期末余额

（1）调整年初数

借：递延所得税资产

　贷：年初未分配利润

注：合并财务报表中年初递延所得税资产的调整金额即为上期期末合并财务报表中递延所得税资产的调整金额。

（2）调整年初数与期末数的差额

借：递延所得税资产

　贷：所得税费用

【例 9-27】

A公司和B公司同为甲公司控制下的子公司。A公司于20×1年1月1日将自己生产的产品销售给B公司作为固定资产使用，A公司销售该产品的收入为1 680万元，成本为1 200万元。B公司以1 680万元的价格作为该固定资产的原价入账。B公司将该固定资产用于销售业务，该固定资产属于不需要安装的固定资产，当月投入使用，其折旧年限为4年，预计净残值为零。B公司对该固定资产确定的折旧年限和预计净残值与税法规定一致。为简化合并处理，假定该内部交易固定资产在交易当年按12个月计提折旧。

甲公司在编制合并财务报表时，应当进行如下抵销处理：

借：营业收入　16 800 000

　贷：营业成本　12 000 000

　　固定资产——原价　4 800 000

借：固定资产——累计折旧　1 200 000

　贷：销售费用　1 200 000

20×1年12月31日固定资产中未实现内部销售利润=480−120=360（万元），应确认递延所得税资产=360×25%=90（万元）。

借：递延所得税资产　900 000

　贷：所得税费用　900 000

该固定资产账面价值=1 200−1 200÷4=900（万元），计税基础=1 680−1 680÷4=1 260（万元），可抵扣暂时性差异=1 260−900=360（万元）。

补充：

20×2年12月31日进行如下抵销处理：

借：年初未分配利润　4 800 000

　贷：固定资产——原价　4 800 000

借：固定资产——累计折旧　1 200 000

　贷：年初未分配利润　1 200 000

借：固定资产——累计折旧　1 200 000

　贷：销售费用　1 200 000

20×2年12月31日固定资产中未实现内部销售利润=480−240=240（万元），应确认递延所得税资产=240×25%=60（万元）。

借：递延所得税资产　900 000

　贷：年初未分配利润　900 000

借：所得税费用　300 000

　贷：递延所得税资产　300 000

该固定资产账面价值=1 200-1 200÷4×2=600（万元），计税基础=1 680-1 680÷4×2=840（万元），可抵扣暂时性差异=860-600=240（万元）。

9.8　综合案例分析

9.8.1　综合案例一

1）案例资料

甲公司是一家上市集团公司，持有乙公司80%的股份，对其拥有控制权；持有丙公司30%的股权，能对其产生重大影响。2×16年及2×17年发生的相关交易或事项如下：

（1）2×16年6月8日，甲公司以600万元的价格向乙公司出售了一批自产的汽车。这些汽车已交付给乙公司，款项尚未收取。该批汽车的成本为480万元。2×16年12月31日，甲公司对尚未收回的款项计提坏账准备30万元。2×17年9月2日，甲公司收到乙公司的上述款项600万元，乙公司将上述购入的汽车作为行政管理部门的固定资产于当月投入使用。该批汽车采用年限平均法计提折旧。预计使用6年，预计无净残值。

（2）2×16年7月13日，丙公司将成本为400万元的商品以500万元的价格出售给甲公司。货物已交付，款项已收取。甲公司将上述购入的商品向集团外单位出售，其中50%的商品在2×16年售完，其余50%的商品在2×17年售完。

在丙公司个别财务报表上，2×16年度实际的净利润为3 000万元；2×17年度实际的净利润为3 500万元。

（3）2×16年8月1日，甲公司以9 000万元的价格从非关联方购买丁公司70%的股权，款项已用银行存款支付。丁公司股东的变更登记手续已办理完成。购买日丁公司的可辨认净资产的公允价值为12 000万元（包括原未确认的无形资产公允价值1 200万元）。除原未确认的无形资产外，其余各项可辨认资产、负债的公允价值与账面价值相同。上述无形资产系一项商标权，采用直线法摊销，预计使用10年，预计无残值，甲公司根据企业会计准则的规定将购买日确定为2×16年8月1日。

丁公司2×16年8月1日的个别资产负债表中列报的货币资金为3 500万元（全部为现金流量表中所定义的现金），列报所有者权益总额为10 800万元，其中实收资本10 000万元，盈余公积80万元，未分配利润720万元。在丁公司的个别利润表中，自2×16年8月1日起至12月31日止实际的净利润为180万元，而2×17年度实际的净利润为400万元。

（4）在2×17年1月1日，甲公司将专门用于出租的办公楼租赁给乙公司使用。租赁期为5年，租赁期开始日为2×17年1月1日，每年年底支付50万元的年租金。租赁时，该办公楼的成本为600万元，已计提折旧400万元。甲公司对上述办公楼采用年限平均法计提折旧。预计使用30年，预计无净残值。

乙公司将上述租入的办公楼专门用于行政管理部门办公，2×17年12月31日，乙公司向甲公司支付当年租金50万元。

其他相关资料：

第一，本题涉及的买卖价格是公允的。2×16年以前，甲公司与子公司以及子公司相互之间无集团内部交易，甲公司及其子公司与联营企业无关联方交易。

第二，甲公司及其子公司按照净利润的10%计提法定盈余公积，不计提任意盈余公积。

第三，甲公司及其子公司与联营企业在其个别财务报表中已按照企业会计准则的规定对上述交易或事项分别进行了会计处理。

第四，不考虑税费及其他因素。

要求：

（1）根据资料（2），计算甲公司在2×16年和2×17年个别财务报表中应确认的投资收益。

（2）根据资料（3），计算甲公司购买丁公司股权所产生的商誉。

（3）根据资料（3），说明甲公司支付的现金在2×16年度合并现金流量表中列报的项目名称并计算该列报项目的金额。

（4）根据资料（4），说明甲公司租赁给乙公司的办公楼在2×17年12月31日合并资产负债表中列报的项目名称，并说明原因。

（5）根据以上信息，说明甲公司在2×16年度合并财务报表中应披露的关联方名称，并就不同类别的关联方简述应披露的关联方信息。

（6）根据上述数据，编制与甲公司2×17年度合并资产负债表和合并利润表相关的调整、抵销分录。

2）案例解析

（1）甲公司2×16年个别财务报表中应确认的投资收益=［3 000−（500−400）×（1−50%）］×30%=885（万元）；

甲公司2×17年个别财务报表中应确认的投资收益=［3 500+（500−400）×50%）］×30%=1 065（万元）。

（2）甲公司购买丁公司股权应确认商誉=9 000−12 000×70%=600（万元）。

（3）甲公司支付的现金在2×16年度合并现金流量表中列报的项目名称为“取得子公司及其他营业单位支付的现金净额”。

“取得子公司及其他营业单位支付的现金净额”项目列报金额=9 000−3 500=5 500（万元）。

（4）甲公司租赁给乙公司的办公楼在2×17年12月31日的合并资产负债表中列报的项目名称为“固定资产”。

理由：站在集团合并财务报表角度，甲公司租赁给乙公司的办公楼视同将固定资产从集团的一个部门交付给另一个部门使用，应作为固定资产反映。

（5）甲公司在其2×16年度合并财务报表中应披露的关联方为乙公司、丙公司、丁公司。

对于乙公司和丁公司，应披露子公司的名称、业务性质、注册地、注册资本及其变化、母公司对该子公司的持股比例和表决权比例。

对于丙公司，应披露关联方关系的性质。

（6）①甲公司2×17年合并报表与乙公司股权相关的调整、抵销分录如下：

A.甲公司与乙公司内部商品交易的抵销。

借：年初未分配利润　1 200 000
　贷：固定资产　1 200 000
借：固定资产（（6 000 000-4 800 000）÷6×6÷12）　100 000
　贷：年初未分配利润　100 000
借：固定资产（（6 000 000-4 800 000）÷6）　200 000
　贷：管理费用　200 000

B.甲公司与乙公司内部债权债务的抵销。

借：应收账款　300 000
　贷：年初未分配利润　300 000
借：信用减值损失　300 000
　贷：应收账款——坏账准备　300 000

C.甲公司与乙公司内部租赁交易的抵销。

借：固定资产　2 000 000
　贷：投资性房地产　2 000 000
借：投资性房地产　200 000
　贷：营业成本　200 000
借：管理费用　200 000
　贷：固定资产　200 000
借：营业收入　500 000
　贷：管理费用　500 000

②甲公司2×17年合并报表与丁公司股权相关的调整、抵销分录如下：

A.对丁公司未确认无形资产进行调整。

借：无形资产　12 000 000
　贷：资本公积　12 000 000
借：年初未分配利润（12 000 000÷10×5÷12）　500 000
　　管理费用（12 000 000÷10）　1 200 000
　贷：无形资产　1 700 000

B.长期股权投资按照权益法进行调整。

借：长期股权投资　2 870 000
　贷：年初未分配利润（（1 800 000-500 000）×70%）　910 000
　　　投资收益（（4 000 000-1 200 000）×70%）　1 960 000

C.抵销分录。

借：实收资本　　100 000 000
　资本公积　　12 000 000
　盈余公积（800 000+1 800 000×10%+4 000 000×10%）　　1 380 000
　年末未分配利润（7 200 000+1 800 000−500 000−1 800 000×10%+4 000 000−1 200 000−4 000 000×10%）　　10 720 000
　商誉　　6 000 000
贷：长期股权投资（90 000 000+2 870 000）　　92 870 000
　少数股东权益（（100 000 000+12 000 000+1 380 000+10 720 000）×30%）　　37 230 000

借：投资收益　　1 960 000
　少数股东损益（（4 000 000−1 200 000）×30%）　　840 000
　年初未分配利润（7 200 000+1 800 000−500 000−1 800 000×10%）　　8 320 000
贷：提取盈余公积　　400 000
　年末未分配利润　　10 720 000

9.8.2 综合案例二

1）案例资料

甲股份有限公司为上市公司（以下简称“甲公司”）。2×17年和2×18年的相关业务信息如下：

（1）2×17年相关业务信息

①2×17年1月1日，甲公司自非关联方H公司购买乙公司80%的有表决权股份，支付银行存款1 000万元。当日，乙公司可辨认资产、负债的公允价值与账面价值相同。所有者权益总额为1 000万元，其中股本为800万元，资本公积为100万元，盈余公积为20万元，未分配利润为80万元。在此之前，甲公司与乙公司之间没有关联方关系。

②2×17年3月，甲公司向乙公司销售A商品一批，不含增值税货款共计100万元。至2×17年12月31日，乙公司已将该批A商品全部对外售出，但甲公司尚未收到货款，故计提坏账准备10万元。

③2×17年6月，甲公司自乙公司购买B商品作为管理用固定资产。折旧采用年限平均法计提折旧。折旧年限为5年，预计净残值为0。乙公司出售该商品不含增值税货款150万元，成本为100万元。甲公司已于购买当日支付货款。

④2×17年10月，甲公司自乙公司购买一批D商品，并于当月付款。乙公司出售该批货物，货款为50万元（不含增值税），成本为30万元。至2×17年12月31日，甲公司购入的该批D商品仍有80%未对外销售，从而形成期末存货。

⑤2×17年度，乙公司实现净利润150万元，年末计提盈余公积15万元。股本和资本公积未发生变化。

（2）2×18年相关业务信息

①2×18年1月1日，甲公司获得非关联方丙公司30%的有表决权股份，对丙公司产生重大影响。取得投资时，丙公司可辨认资产、负债的公允价值与账面价值相同。

②2×18年3月，甲公司收回上年度卖给乙公司的全部A商品货款。

③2×18年4月，甲公司将结存的上年度自乙公司购入的D商品全部对外售出。

④2×18年11月，甲公司自丙公司购买E商品作为存货待售。丙公司以不含增值税货款300万元的价格出售了该批货物，成本为200万元。至2×18年12月31日，甲公司尚未对外出售该批E商品。

⑤2×18年度，乙公司实现净利润300万元，年末计提盈余公积30万元，股本和资本公积保持不变。

（3）其他相关信息

①甲公司、乙公司和丙公司采用的会计年度和会计政策相同。

②不考虑增值税、所得税等相关税费。除应收账款外，其他资产无减值。

③假设乙公司在2×17年度和2×18年度均未分配股利。

要求：

（1）在编制甲公司2×17年12月31日合并财务报表时，按照权益法调整长期股权投资。

（2）编制甲公司2×17年12月31日合并财务报表中与乙公司有关的各种抵销分录。

（3）在编制甲公司2×18年12月31日合并财务报表时，按照权益法调整长期股权投资。

（4）编制甲公司2×18年12月31日合并财务报表中与乙公司有关的各种抵销分录。

（5）编制甲公司2×18年12月31日合并财务报表中甲公司与丙公司之间未实现内部交易损益的抵销分录。

计算分析及分录如下：

（1）在编制甲公司2×17年12月31日合并财务报表时，按照权益法调整长期股权投资。

乙公司调整后的净利润=150−（150−100）+50÷5×6÷12−（50−30）×80%

=89（万元）

借：长期股权投资（890 000×80%） 712 000

贷：投资收益 712 000

（2）编制甲公司2×17年12月31日合并财务报表中与乙公司有关的各种抵销分录。

①对长期股权投资进行抵销。

乙公司调整后的所有者权益总额=1 000+89=1 089（万元）

借：股本　8 000 000
　　资本公积　1 000 000
　　盈余公积（200 000+150 000）　350 000
　　年末未分配利润　1 540 000
　　商誉（10 000 000−10 000 000×80%）　2 000 000
　贷：长期股权投资　10 712 000
　　　少数股东权益（10 890 000×20%）　2 178 000

②对投资收益进行抵销。

借：投资收益　712 000
　　少数股东损益　178 000
　　年初未分配利润　800 000
　贷：提取盈余公积　150 000
　　　年末未分配利润　1 540 000

③对A商品交易进行抵销。

借：营业收入　1 000 000
　贷：营业成本　1 000 000

对A商品交易对应的应收账款和坏账准备进行抵销。

借：应付账款　1 000 000
　贷：应收账款　1 000 000

借：应收账款——坏账准备　100 000
　贷：信用减值损失　100 000

④对购入B商品作为固定资产交易进行抵销。

借：营业收入　1 500 000
　贷：营业成本　1 000 000
　　　固定资产——原价　500 000

借：固定资产——累计折旧（500 000÷5÷2）　50 000
　贷：管理费用　50 000

借：购建固定资产、无形资产和其他长期资产支付的现金　1 500 000
　贷：销售商品、提供劳务收到的现金　1 500 000

⑤对D商品交易进行抵销。

借：营业收入　500 000
　贷：营业成本　500 000

借：营业成本（（500 000−300 000）×80%）　160 000
　贷：存货　160 000

借：购买商品、接受劳务支付的现金　500 000
　贷：销售商品、提供劳务收到的现金　500 000

（3）在编制甲公司2×18年12月31日合并财务报表时，按照权益法调整长期股权投资。

乙公司调整后的净利润=300+50÷5+（50−30）×80%=326（万元）

借：长期股权投资　3 320 000
　贷：年初未分配利润（890 000×80%）　712 000
　　投资收益（3 260 000×80%）　2 608 000

（4）编制甲公司2×18年12月31日合并财务报表中与乙公司有关的各种抵销分录。

①对长期股权投资进行抵销。

乙公司调整后的所有者权益总额=1 089+326=1 415（万元）

借：股本　8 000 000
　资本公积　1 000 000
　盈余公积（350 000+300 000）　650 000
　年末未分配利润（1 540 000+3 260 000−300 000）　4 500 000
　商誉（10 000 000−10 000 000×80%）　2 000 000
　贷：长期股权投资（10 000 000+3 320 000）　13 320 000
　　少数股东权益（14 150 000×20%）　2 830 000

②对投资收益进行抵销。

借：投资收益（3 260 000×80%）　2 608 000
　少数股东损益（3 260 000×20%）　652 000
　年初未分配利润　1 540 000
　贷：提取盈余公积　300 000
　　年末未分配利润　4 500 000

③对A商品交易对应坏账准备进行抵销。

借：应收账款——坏账准备　100 000
　贷：年初未分配利润　100 000
借：信用减值损失　100 000
　贷：应收账款——坏账准备　100 000
借：购买商品、接受劳务支付的现金　1 000 000
　贷：销售商品、提供劳务收到的现金　1 000 000

④对购入B商品作为固定资产交易进行抵销。

借：年初未分配利润　500 000
　贷：固定资产——原价　500 000
借：固定资产——累计折旧　150 000
　贷：年初未分配利润（500 000÷5÷2）　50 000
　　管理费用（500 000÷5）　100 000

⑤对D商品交易进行抵销。

借：年初未分配利润（（500 000−300 000）×80%）　160 000
　贷：营业成本　160 000

（5）编制甲公司2×18年12月31日合并财务报表中甲公司与丙公司之间未实现内部交易损益的抵销分录。

借：长期股权投资（（3 000 000-2 000 000）×30%） 300 000

贷：存货 300 000

【总结与结论】

本章的重点内容是学习编制合并财务报表，要掌握合并财务报表中各类调整、抵销分录的编制等，熟悉合并财务报表调整、抵销分录的编制原则和内在关系，尤其要掌握特殊交易在合并报表中的会计处理。

【课程思政案例】

刀尖上的舞蹈

哈尔滨誉衡药业股份有限公司（以下简称誉衡药业）成立于2000年3月，于2010年6月23日在深圳证券交易所上市，是一家以制药为核心产业、以医药大健康为主营业务的公司。但上市后，誉衡药业并不满足于单纯的制药产业，开始大规模频繁地进行资本运作，自上市以来，誉衡药业的控股股东誉衡集团累计进行了192次股权质押，发起并购20余次。并购范围涵盖医疗、医药流通及服务、基因检测服务及大数据运营，甚至涉及互联网金融领域。誉衡药业的股权质押与资产并购行为往往高度相似，均为"发起并购→股权质押→获得资金后再次并购"。以2015年8月至2016年4月期间公司发布的公告为例，2015年8月24日，誉衡药业以2 275万元收购了上海华拓医药科技发展有限公司1.14%的股权，9月份进行了3次股权质押。2015年12月17日，誉衡药业以3.86亿元收购了山西普德药业股份有限公司14.99%的股权，随后在3个月内又多次进行股权质押。

誉衡药业选择外部并购而非传统的"将上市融资获得的资金用于企业内部经营，通过改善企业的经营状况来提高股价"的方法为企业发展埋下了巨大的隐患。针对通过并购提高股价进行股权质押，获取资金后实施新一轮并购继续抬高股价然后继续进行股权质押的方式而言，只要其中任何一个环节出现问题，誉衡药业的资金链就将面临断裂风险。事实也证明，誉衡药业的并购与质押循环不可能永远持续。2015年以来，连续多家并购标的企业业绩不理想未能完成并购时承诺的业绩指标，导致誉衡药业在业绩不断下滑的同时计提了大量商誉减值损失，2019年公司计提商誉减值损失26.15亿元，占当年公司营业收入的51.74%，公司估值也随之不断下跌。截至2021年3月，誉衡药业实际控制人朱吉满所持股份中超过90%的份额已被司法冻结，9日公司发布公告称在未来6个月内可能减持不超过总额6%的股份。

思考题：

（1）控股股东股权质押违约可能会对上市公司造成哪些影响？

（2）控股股东通过股权质押以及频繁并购的方式融资可能会对企业发展产生负面影响，请从企业、监管部门以及公众投资者的角度分析如何加以监管。

（3）如何避免或监管大股东对于中小股东的“隧道挖掘”行为呢？

小提示：

股权质押因其流动性强、易变现等优势已成为上市公司常用的融资手段，但在进行股权质押时也应注意股价跌破质押警戒线或平仓线后质押股份被冻结、拍卖，最终导致上市公司实际控制人变更的风险。总的来说，股权质押对企业来说是一把双刃剑，运用得当能帮助企业拓宽融资渠道，解决融资慢、融资难等问题，但如果运用不当则会对企业产生负面影响。

相关链接：

[1] 刘传俊，刘晓红，任利成.控股股东股权质押、资金投向与企业社会责任绩效 [J]. 会计之友，2021（8）：128-135.

[2] 王爱东，杨素君，张蕾.控股股东股权质押、真实盈余管理与股价波动——基于平仓视角 [J]. 会计之友，2021（7）：9-16.

[3] 郝项超，梁琪.最终控制人股权质押损害公司价值么？[J]. 会计研究，2009（7）：57-63，96.

[4] 李永伟，李若山.上市公司股权质押下的“隧道挖掘”——明星电力资金黑洞案例分析 [J]. 财务与会计，2007（2）：39-42.

第 10 章

合并财务报表综合运用举例

10.1 合并资产负债表的编制

10.1.1 合并资产负债表概述

合并资产负债表应当以母公司和子公司的资产负债表为基础，在抵销母公司与子公司、子公司相互之间发生的内部交易对合并资产负债表的影响后，由母公司合并编制。

10.1.2 编制合并资产负债表需要抵销的项目

合并资产负债表是以母公司和子公司的个别资产负债表为基础编制的。在编制合并资产负债表时需要进行抵销处理的项目主要有：

1）长期股权投资与子公司所有者权益的抵销处理

从企业集团整体来看，母公司对子公司进行的长期股权投资实际上相当于母公司将资本拨付下属核算单位，并不引起整个企业集团的资产、负债和所有者权益的增减变动。因此，编制合并财务报表时，应当在母公司与子公司财务报表数据简单相加的基础上，将母公司对子公司的长期股权投资与子公司所有者权益予以抵销。购买日，母公司对子公司的长期股权投资与母公司在子公司所有者权益中所享有的份额的差额，应当在商誉项目列示。商誉发生减值的，应当按照经减值测试后的金额列示。

（1）在子公司为全资子公司的情况下，母公司对子公司的长期股权投资的金额和子公司所有者权益各项目的金额应当全额抵销。在合并工作底稿中编制的抵销分录为：借记“实收资本”“资本公积”“盈余公积”“年末未分配利润”项目，贷记“长期股权投资”项目。其中，属于商誉的部分，还应借记“商誉”项目。

（2）在子公司为非全资子公司的情况下，应当将母公司对子公司的长期股权投资的金额与子公司所有者权益中母公司所享有的份额相抵销。子公司所有者权益中不属于母公司的份额，即子公司所有者权益中抵销母公司所享有的份额后的余额，在合并财务报表中作为“少数股东权益”处理。在合并工作底稿中编制的抵销分录为：借记“实收资本”“资本公积”“盈余公积”“年末未分配利润”项目，贷记“长期股权投资”“少数股东权益”项目。其中，属于商誉的部分，还应借记“商誉”项目。

合并财务报表准则规定，子公司持有母公司的长期股权投资、子公司相互之间持有的长期股权投资，也应当比照上述母公司对子公司的长期股权投资的抵销方法，采用通常所说的交互分配法，将长期股权投资与其对应的子公司或母公司所有者权益中所享有的份额相互抵销。

2）内部债权与债务的抵销处理

在编制合并资产负债表时，需要进行抵销处理的内部债权债务项目主要包括：（1）应收账款与应付账款；（2）应收票据与应付票据；（3）预付账款与预收账款；（4）债权投资（假定针对该项投资，持有方划归债权投资，如果划分为其他类金融资产，原理相同）与应付债券；（5）应收利息与应付利息；（6）应收股利与应付股利；（7）其他应收款与其他应付款。

母公司与子公司、子公司相互之间的债权与债务项目应当相互抵销，同时抵销应收账款的坏账准备和债权投资的减值准备。母公司与子公司、子公司相互之间的债权投资与应付债券相互抵销后，产生的差额应当计入投资收益项目。

在某些情况下，因债权投资而持有的企业集团内部成员企业的债券并不是从发行债券的企业直接购进，而是在证券市场上从第三方手中购进的。在这种情况下，债权投资与债券发行企业的应付债券抵销时，可能会出现差额，应分别进行处理：如果债权投资的余额大于应付债券的余额，其差额应作为投资损失计入合并利润表的投资收益项目；如果债权投资的余额小于应付债券的余额，其差额应作为利息收入计入合并利润表的财务费用项目。

3）应收账款与应付账款的抵销处理

母公司与子公司、子公司相互之间销售商品（或提供劳务，下同）或其他方式形成的存货、固定资产、工程物资、在建工程、无形资产等所包含的未实现内部销售损益应当抵销。对存货、固定资产、工程物资、在建工程和无形资产等计提的跌价准备或减值准备与未实现内部销售损益相关的部分应当抵销。

（1）初次编制合并财务报表时应收账款与应付账款的抵销处理

在应收账款计提坏账准备的情况下，某一会计期间坏账准备的金额是以当期应收账款为基础计提的。在编制合并财务报表时，内部应收账款抵销时，其抵销分录为：借记“应付账款”项目，贷记“应收账款”项目；内部应收账款计提的坏账准备抵销时，其抵销分录为：借记“应收账款——坏账准备”项目，贷记“信用减值损失”项目。

（2）连续编制合并财务报表时内部应收账款坏账准备的抵销处理

在连续编制合并财务报表进行抵销处理时，应按下列程序进行抵销：

首先，将内部应收账款与应付账款予以抵销，即按内部应收账款的金额，借记“应付账款”项目，贷记“应收账款”项目。

其次，应将上期信用减值损失中抵销的内部应收账款计提的坏账准备对本期期初未分配利润的影响予以抵销，即按上期信用减值损失项目中抵销的内部应收账款计提的坏账准备的金额，借记“应收账款——坏账准备”项目，贷记“年初未分配利润”项目。

最后，对于本期个别财务报表中内部应收账款相对应的坏账准备增减变动的金额也应予以抵销，即按照本期个别资产负债表中期末内部应收账款相对应的坏账准备的增加额，借记“应收账款——坏账准备”项目，贷记“信用减值损失”项目，或按照本期个别资产负债表中期末内部应收账款相对应的坏账准备的减少额，借记“信用减值损失”项目，贷记“应收账款——坏账准备”项目。

4）其他内部交易的抵销处理

母公司与子公司、子公司相互之间发生的其他内部交易对合并资产负债表的影响应当抵销。

子公司所有者权益中不属于母公司的份额，应当作为少数股东权益，在合并资产负债表中所有者权益项目下以“少数股东权益”项目列示。

母公司在报告期内因同一控制下企业合并增加的子公司，编制合并资产负债表时，应当调整合并资产负债表的年初数。

因非同一控制下企业合并增加的子公司，编制合并资产负债表时，不应当调整合并资产负债表的年初数。

【例 10-1】

P公司于2×19年6月30日发行1 000万股普通股（每股面值1元，市场价格为8.75元），取得了S公司70%的股权。P公司和S公司资产负债表有关数据见表10-1。假定不考虑所得税影响。

表 10-1　　**P公司和S公司资产负债表有关数据**

2×19年6月30日　　单位：万元

项　目	P公司	S公司	
	账面价值	账面价值	公允价值
资产：			
货币资金	4 312.5	450	450
存货	6 200	255	450
应收账款	3 000	2 000	2 000
长期股权投资	5 000	2 150	3 800
固定资产	7 000	3 000	5 500
无形资产	4 500	500	1 500
商誉	0	0	0
资产总计	30 012.5	8 355	13 700

续表

项目	P公司	S公司	
	账面价值	账面价值	公允价值
负债和所有者权益：			
短期借款	2 500	2 250	2 250
应付账款	3 750	300	300
其他负债	375	300	300
负债合计	6 625	2 850	2 850
股本	7 500	2 500	
资本公积	5 000	1 500	
盈余公积	5 000	500	
未分配利润	5 887.5	1 005	
所有者权益合计	23 387.5	5 505	
负债和所有者权益总计	30 012.5	8 355	

（1）确认长期股权投资。

借：长期股权投资　　87 500 000

　贷：股本　　10 000 000

　　资本公积——股本溢价　　77 500 000

（2）计算确定商誉。

假设S公司除已确认资产外，不需要确认其他资产及负债，则P公司首先计算合并中应确认的合并商誉：

合并商誉=企业合并成本-合并中取得被购买方可辨认净资产公允价值份额

=87 500 000-［55 050 000+（137 000 000-83 550 000）］×70%

=11 550 000（元）

（3）编制调整、抵销分录。

借：存货　　1 950 000

　长期股权投资　　16 500 000

　固定资产　　25 000 000

　无形资产　　10 000 000

　贷：资本公积　　53 450 000

借：股本　　25 000 000

　资本公积（15 000 000+53 450 000）　　68 450 000

　盈余公积　　5 000 000

　未分配利润　　10 050 000

　商誉　　11 550 000

贷：长期股权投资 87 500 000

少数股东权益（（25 000 000+68 450 000+5 000 000+10 050 000）×30%）

32 550 000

（4）编制合并资产负债表。

表 10-2 **资产负债表（简表）**

2×19年6月30日 单位：万元

项　目	P公司	S公司	抵销分录		合并金额
			借方	贷方	
资产：					
货币资金	4 312.5	450			4 762.5
存货	6 200	255	195		6 650
应收账款	3 000	2 000			5 000
长期股权投资	13 750 （5 000+8 750）	2 150	1 650	8 750	8 800
固定资产	7 000	3 000	2 500		12 500
无形资产	4 500	500	1 000		6 000
商誉	0	0	1 155		1 155
资产总计	38 762.5	8 355			44 867.5
负债和所有者权益：					0
短期借款	2 500	2 250			4 750
应付账款	3 750	300			4 050
其他负债	375	300			675
负债合计	6 625	2 850			9 475
股本	8 500 （7 500+1 000）	2 500	2 500		8 500
资本公积	12 750 （5 000+7 750）	1 500	6 845	5 345	12 750
盈余公积	5 000	500	500		5 000
未分配利润	5 887.5	1 005	1 005		5 887.5
少数股东权益				3 255	3 255
所有者权益合计	32 137.5	5 505			35 392.5
负债和所有者权益总计	38 762.5	8 355			44 867.5

10.2 合并利润表的编制

10.2.1 合并利润表概述

合并利润表是反映以母公司为核心的企业集团在某一特定时期内的经营成果的报表。它是在母公司和需纳入合并范围的子公司的个别利润表的基础上，抵销个别利润表所包含的企业集团内部母子公司之间影响企业集团利润总额计量的内部交易事项编制的。

10.2.2 编制合并利润表需要抵销的项目

合并利润表的编制应以母公司和子公司的利润表为基础，在抵销母公司与子公司、子公司相互之间发生的内部交易对合并利润表的影响后，由母公司合并编制。

编制合并利润表时需要抵销的主要项目是：

1）内部营业收入和营业成本

在对内部营业收入和内部营业成本进行抵销时，应区分不同的情况进行处理。

（1）在母公司与子公司、子公司相互之间销售商品，期末全部实现对外销售的情况下，对于同一购销业务，在销售企业和购买企业的个别利润表中都作了反映。但从企业集团整体来看，这一购销业务仅实现了一次对外销售，其销售收入只是购买企业向企业集团外部企业销售该产品的销售收入，其销售成本只是销售企业向购买企业销售该商品的成本。在编制合并财务报表时，必须将重复反映的内部营业收入与内部营业成本予以抵销。编制的抵销分录为：借记“营业收入”等项目，贷记“营业成本”等项目。

（2）在母公司与子公司、子公司相互之间销售商品，期末未实现对外销售而形成存货的情况下，销售企业是按照一般的销售业务确认销售收入，结转销售成本，计算销售损益，并在其个别利润表中列示。在编制合并财务报表时，应当将销售企业由此确认的内部销售收入和内部销售成本予以抵销。对于这一内部交易，购买企业是以支付的购货价款作为存货成本入账，并在其个别资产负债表中作为资产列示的。在编制合并利润表时，应将存货价值中包含的未实现内部销售损益予以抵销。

（3）在内部购进的商品部分实现对外销售、部分形成期末存货的情况下，可以将内部购进的商品分解为两部分来理解：一部分为当期购进并全部实现对外销售；另一部分为当期购进但未实现对外销售而形成期末存货。

2）内部购进资产抵销

在企业集团内母公司与子公司、子公司相互之间将自身的产品销售给其他企业作为固定资产（作为无形资产等的处理原则类似）使用的情况下，编制合并利润表时，应将销售企业由于该内部交易产生的销售收入和销售成本予以抵销，并将内部交易形成的固定资产原价中包含的未实现内部销售损益予以抵销。在对销售商品形成的固定资产或无形资产所包含的未实现内部销售损益进行抵销的同时，也应当对固定资产的折旧额或无形资产的摊销额与未实现内部销售损益相关的部分进行抵销。

3）内部应收账款计提坏账等减值抵销

在编制合并资产负债表时，需要将内部应收账款与应付账款相互抵销，与此相适应，需要将内部应收账款计提的坏账准备予以抵销。在将信用减值损失中包含的本期内部应收账款计提的坏账准备抵销时，应减少当期信用减值损失，同时减少坏账准备等余额，即按照当期内部应收账款计提的坏账准备的金额，借记“应收账款——坏账准备”等项目，贷记“信用减值损失”项目。

4）内部收益和利息费用抵销

企业集团内部母公司与子公司、子公司相互之间可能发生持有对方债券等内部交易。在编制合并财务报表时，应当在抵销内部发行的应付债券和债权投资等内部债权债务的同时，将内部应付债券和债权投资相关的利息费用与投资收益（利息收入）相互抵销。应编制的抵销分录为：借记“投资收益”项目，贷记“财务费用”项目。

5）内部股权投资收益抵销

内部投资收益是指母公司对子公司或子公司对母公司、子公司相互之间的长期股权投资的收益，实际上就是子公司当期营业收入减去营业成本和期间费用、所得税后的余额与其持股比例相乘的结果。持有全资子公司的情况下，母公司对某一子公司的投资收益实际上就是该子公司当期实现的净利润（假定不存在有关的调整因素）。编制合并利润表时，必须将集团内投资产生的投资收益予以抵销。

由于合并所有者权益变动表中的本年利润分配项目是站在整个企业集团的角度反映对母公司股东和子公司的少数股东的利润分配情况，因此，子公司的个别所有者权益变动表中本年利润分配各项目（包括提取盈余公积、分派利润和期末未分配利润）的金额都必须抵销。

将上述项目抵销时，在持有全资子公司的情况下，应编制的抵销分录为：借记“投资收益”“年初未分配利润”项目，贷记“本年利润分配——提取盈余公积”“其他应付款——应付股利”“年末未分配利润”项目；在子公司为非全资子公司的情况下，应编制的抵销分录为：借记“投资收益”“少数股东损益”“年初未分配利润”项目，贷记“本年利润分配——提取盈余公积”“其他应付款——应付股利”“年末未分配利润”项目。

【例10-2】

甲公司2×16年1月1日从集团外部取得乙公司80%股份，能够对乙公司实施控制。2×16年1月1日，乙公司除一项管理用固定资产外，其他可辨认资产、负债的公允价值与账面价值相等，该固定资产账面价值为500万元，公允价值为600万元，按10年采用年限平均法计提折旧，无残值。2×16年甲公司实现净利润2 000万元，乙公司实现净利润600万元。2×16年乙公司向甲公司销售一批A商品，该批A商品售价为100万元，成本为60万元，未计提存货跌价准备，至2×16年12月31日，甲公司将上述商品的60%对外出售。2×16年甲公司向乙公司销售一批B商品，该批B商品售价为200万元，成本为100万元，未计提存货跌价准备，至2×16年12月31日，乙公司将上述商品的80%对外出售。甲公司和乙公司适用的所得税税率均为25%。甲公司2×16年合并利润表中应确认的归属于母公司的净利润为（　　）万元。

A.2 600　　B.2 447.4　　C.2 449.4　　D.2 443

【解析】C。

少数股东损益=［600-（600-500）÷10×（1-25%）-（100-60）×（1-60%）×（1-25%）］×20%

=116.1（万元）

2×16年合并净利润=（2 000+600）-（600-500）÷10×（1-25%）-（100-60）×（1-60%）×（1-25%）-（200-100）×（1-80%）×（1-25%）=2 565.5（万元）

归属于母公司的净利润=2 565.5-116.1=2 449.4（万元）

10.3　合并现金流量表的编制

10.3.1　合并现金流量表概述

合并现金流量表是综合反映母公司及其子公司组成的企业集团，在一定会计期间内现金流入、现金流出数量及其增减变动情况的财务报表。现金流量表要求按照收付实现制反映企业经济业务引起的现金流入和现金流出。

10.3.2　编制合并现金流量表需要抵销的项目

编制合并现金流量表时需要进行抵销处理的项目主要有：

（1）母公司与子公司、子公司相互之间当期以现金投资或收购股权增加的投资所产生的现金流量；

（2）母公司与子公司、子公司相互之间当期取得投资收益收到的现金与分配股利、利润或偿付利息支付的现金；

（3）母公司与子公司、子公司相互之间以现金结算债权与债务所产生的现金流量；

（4）母公司与子公司、子公司相互之间当期商品购销所产生的现金流量；

（5）母公司与子公司、子公司相互之间处置固定资产、无形资产和其他长期资产收回的现金净额与购建固定资产、无形资产和其他长期资产支付的现金；

（6）母公司与子公司、子公司相互之间当期发生的其他内部交易所产生的现金流量。

【例10-3】

甲公司发生的交易事项如下：

①20×8年1月1日，甲公司以发行4 000万股普通股（面值1元/股）为对价，从控股股东乙公司处购买其持有的丙公司70%股权。当日，甲公司所发行股份的公允价值为7元/股。丙公司账面所有者权益为22 000万元，其中股本2 000万元，

资本公积8 000万元，盈余公积8 000万元，未分配利润4 000万元。另外，甲公司以银行存款支付中介机构费用1 000万元。

甲公司当日对丙公司的董事会进行改选，改选后能够控制丙公司的相关活动。

②20×8年3月10日，甲公司将其生产的成本为600万元的商品以800万元的价格出售给丙公司。至20×8年12月31日，丙公司自甲公司购入的商品已对外出售40%，售价为400万元；其余60%尚未对外销售，形成存货。

20×8年7月2日，甲公司以1 800万元的价格将一项专利技术转让给丙公司使用。该专利技术的成本为1 200万元，已摊销120万元，未计提减值准备。丙公司将受让的非专利技术用于内部管理，原预计使用10年，已使用1年，预计尚可使用9年，预计净残值为0，采用直线法摊销。

至20×8年12月31日，丙公司尚未支付上述交易的价款；甲公司对账龄在1年以内包括关联方在内的应收账款，按照其余额的5%计提坏账准备。

③20×8年度，丙公司实现净利润3 000万元，因持有金融资产确认其他综合收益600万元。20×8年12月31日，丙公司账面所有者权益为25 600万元，其中股本2 000万元，资本公积8 000万元，其他综合收益600万元，盈余公积8 300万元，未分配利润6 700万元。

④丙公司20×9年度第一季度实现净利润1 000万元，其他综合收益未发生变化。20×9年3月31日，丙公司账面所有者权益为26 600万元，其中股本2 000万元，资本公积8 000万元，其他综合收益600万元，盈余公积8 300万元，未分配利润7 700万元。

⑤20×9年4月1日，甲公司支付价款14 600万元自外部独立第三方购买其所持丙公司30%股权，从而使丙公司成为甲公司的全资子公司。甲公司另向提供服务的中介机构支付费用300万元。

其他有关资料如下：合并日，丙公司在其个别财务报表中资产、负债的账面价值与其在乙公司合并财务报表中的账面价值相同；甲公司和丙公司均按照净利润的10%提取法定盈余公积，不提取任意盈余公积；本题不考虑相关税费及其他因素。

要求：

（1）根据资料①，判断甲公司合并丙公司的类型，说明理由，计算甲公司对丙公司长期股权投资的成本，并编制相关会计分录；编制合并日甲公司合并丙公司的抵销分录。

（2）根据上述资料，编制甲公司20×8年度合并财务报表相关的调整和抵销分录。

（3）根据资料⑤，判断甲公司20×9年4月购买丙公司30%股权的性质，计算对丙公司30%股权投资在甲公司个别财务报表中应确认的金额，并编制相关会计分录。

（4）根据上述资料，编制甲公司购买丙公司30%股权时合并财务报表相关的调整和抵销分录。

相关调整和抵销分录如下：

（1）甲公司从控股股东处购买丙公司70%股权后能够对丙公司实施控制，该项合并为同一控制下的企业合并。

理由：甲公司和丙公司合并前后均受乙公司控制，且非暂时性的，因此甲公司取得丙公司股权属于同一控制下的企业合并。

长期股权投资的初始投资成本=被投资方相对于最终控制方持续计算的净资产的份额+最终控制方收购被合并方形成的商誉=220 000 000×70%=154 000 000（元）

借：长期股权投资　154 000 000
　贷：股本　40 000 000
　　资本公积——股本溢价　114 000 000

借：管理费用　10 000 000
　贷：银行存款　10 000 000

合并日的抵销处理如下：

借：股本　20 000 000
　资本公积　80 000 000
　盈余公积　80 000 000
　未分配利润　40 000 000
　贷：长期股权投资　154 000 000
　　少数股东权益（220 000 000×30%）　66 000 000

借：资本公积　84 000 000
　贷：盈余公积（80 000 000×70%）　56 000 000
　　未分配利润（40 000 000×70%）　28 000 000

（2）①将成本法调整为权益法。

借：长期股权投资（30 000 000×70%）　21 000 000
　贷：投资收益　21 000 000

借：长期股权投资（6 000 000×70%）　4 200 000
　贷：其他综合收益　4 200 000

②内部交易抵销。

借：营业收入　8 000 000
　贷：营业成本　8 000 000

借：营业成本（8 000 000-6 000 000）×60%　1 200 000
　贷：存货　1 200 000

借：资产处置收益（18 000 000-10 800 000）　7 200 000
　贷：无形资产——原价　7 200 000

借：无形资产——累计摊销（7 200 000÷9×6÷12）　400 000

贷：管理费用 400 000

借：应付账款（18 000 000+8 000 000） 26 000 000

贷：应收账款 26 000 000

借：应收账款——坏账准备（26 000 000×5%） 1 300 000

贷：信用减值损失 1 300 000

③抵销权益。

借：股本 20 000 000

资本公积 80 000 000

其他综合收益 6 000 000

盈余公积 83 000 000

未分配利润 67 000 000

贷：长期股权投资（154 000 000+21 000 000+4 200 000） 179 200 000

少数股东权益（（20 000 000+80 000 000+6 000 000+83 000 000+67 000 000）×30%）

76 800 000

借：投资收益 21 000 000

少数股东损益（30 000 000×30%） 9 000 000

年初未分配利润 40 000 000

贷：提取盈余公积 3 000 000

未分配利润 67 000 000

借：资本公积 84 000 000

贷：盈余公积（80 000 000×70%） 56 000 000

未分配利润（40 000 000×70%） 28 000 000

（3）甲公司20×9年4月购买丙公司30%股权属于权益性交易，因甲公司原持有丙公司70%股权，能够对其实施控制，取得控制权后进一步购买子公司的少数股权，属于权益性交易。

甲公司个别报表中购买丙公司股权应确认长期股权投资的金额=付出对价的公允价值+直接相关税费=146 000 000+3 000 000=149 000 000（元）

借：长期股权投资 149 000 000

贷：银行存款 149 000 000

（4）①调整分录。

借：资本公积 69 200 000

贷：长期股权投资（149 000 000−266 000 000×30%） 69 200 000

借：长期股权投资 28 000 000

贷：投资收益（10 000 000×70%） 7 000 000

年初未分配利润 21 000 000

借：长期股权投资 4 200 000

贷：其他综合收益 4 200 000

②抵销权益。

借：股本　　20 000 000
　　资本公积　　80 000 000
　　其他综合收益　　6 000 000
　　盈余公积　　83 000 000
　　未分配利润　　77 000 000
　贷：长期股权投资（154 000 000+149 000 000−69 200 000+28 000 000+4 200 000）
　　　　266 000 000

借：投资收益　　7 000 000
　　少数股东损益　　3 000 000
　　年初未分配利润　　67 000 000
　贷：未分配利润　　77 000 000

借：资本公积　　84 000 000
　贷：盈余公积（80 000 000×70%）　　56 000 000
　　　未分配利润（40 000 000×70%）　　28 000 000

10.4 综合案例分析

1）案例资料

（1）假定A公司于2×17年1月1日以30 000万元银行存款取得了B公司80%的股权，双方合并为非同一控制下的企业合并，合并日B公司资产的账面价值与公允价值相同。

①合并日B公司的所有者权益总额为31 000万元，其中股本为20 000万元，资本公积为8 000万元，未分配利润为3 000万元。

②B公司2×17年度实现净利润8 000万元，提取盈余公积1 000万元，本年对外分配利润4 000万元，年末未分配利润为6 000万元。

③A公司2×17年年初未分配利润为8 000万元，本年实现净利润16 000万元，提取盈余公积2 000万元，本年对外分配利润10 000万元，年末未分配利润为12 000万元。

2×17年年末，A公司和B公司个别资产负债表及利润表数据见表10-1、表10-2。

表10-1　**A公司与B公司个别资产负债表（简表）**　单位：万元

资　产	A公司	B公司	负债和所有者权益	A公司	B公司
流动资产：			流动负债：		
货币资金	10 725	7 820	短期借款	10 000	5 000
交易性金融资产	5 000	2 000	应付票据	10 000	3 000
应收票据	8 000	3 000	应付账款	20 000	5 000
应收账款	4 975	3 980	预收款项	7 000	2 000

续表

资　产	A公司	B公司	负债和所有者权益	A公司	B公司
预付款项	2 000	1 800	其他应付款		
存货	31 000	20 000	应付职工薪酬	13 000	2 600
流动资产合计	61 700	38 600	流动负债合计	60 000	17 600
非流动资产：			非流动负债：		
长期股权投资	30 000	0	长期借款	4 000	3 000
债权投资	17 000	0	应付债券	20 000	4 000
固定资产	21 000	16 000	长期应付款	2 000	0
在建工程	20 000	5 000	非流动负债合计	26 000	7 000
无形资产	6 300	0	负债合计	86 000	24 600
其他非流动资产			所有者权益：		
非流动资产合计	94 300	21 000	股本	40 000	20 000
			资本公积	8 000	8 000
			盈余公积	10 000	1 000
			未分配利润	12 000	6 000
			所有者权益合计	70 000	35 000
资产总计	156 000	59 600	负债和所有者权益总计	156 000	59 600

表10-2　**A公司与B公司个别利润表（简表）**　单位：万元

项　目	A公司	B公司
一、营业收入	111 600	80 900
减：营业成本	83 000	61 200
税金及附加	1 600	1 100
销售费用	5 000	3 000
管理费用	5 985	4 200
研发费用		
财务费用	1 000	600
加：投资收益（损失以“-”号填列）	8 000	200
信用减值损失（损失以“-”号填列）	-15	0
二、营业利润	23 000	11 000
加：营业外收入	1 000	2 500
减：营业外支出	2 000	1 500
三、利润总额	22 000	12 000
减：所得税费用	6 000	4 000
四、净利润	16 000	8 000

（2）假定A公司应收账款5 000万元（减值准备为25万元）中有B公司应付

账款3 000万元，本期A公司对B公司应收账款计提坏账准备15万元；A公司预收账款2 000万元中有B公司预付账款1 000万元。B公司应付债券4 000万元中有A公司债权投资2 000万元。

（3）假定B公司个别报表中存货项目有20 000万元为本期从A公司购进的存货。A公司销售该商品的收入为20 000万元（不考虑相关税费），成本为14 000万元。本年12月份B公司从A公司购进一项产品作为固定资产，买价为5 000万元，本年年末未计提折旧。A公司销售该产品时结转成本4 000万元。

要求：根据以上资料编制2×17年年末合并财务报表。

2）案例解析

将母公司对子公司的长期股权投资与母公司在子公司所有者权益中所享有的份额抵销如下：

（1）借：长期股权投资（80 000 000×80%）　64 000 000
　　贷：投资收益　64 000 000
借：投资收益（40 000 000×80%）　32 000 000
　贷：长期股权投资　32 000 000

（2）借：股本　200 000 000
　　　资本公积　80 000 000
　　　盈余公积　10 000 000
　　　未分配利润　60 000 000
　　　商誉　52 000 000
　　贷：长期股权投资——B公司　332 000 000
　　　　少数股东权益　70 000 000

将母公司与子公司之间的债权与债务项目抵销如下：

（3）借：预收账款　10 000 000
　　贷：预付账款　10 000 000

（4）借：应付债券　20 000 000
　　贷：债权投资　20 000 000

（5）借：应付账款　30 000 000
　　贷：应收账款　30 000 000

抵销内部往来计提的坏账准备：

（6）借：应收账款——坏账准备　150 000
　　贷：信用减值损失　150 000

将母公司与子公司之间销售商品形成的存货、固定资产等包含的未实现内部销售损益抵销如下：

（7）借：营业收入　200 000 000
　　贷：营业成本　140 000 000
　　　　存货　60 000 000

(8) 借：营业收入 50 000 000

贷：营业成本 40 000 000

固定资产 10 000 000

将母公司投资收益与子公司利润分配项目抵销如下：

(9) 借：投资收益（80 000 000×80%） 64 000 000

少数股东损益（80 000 000×20%） 16 000 000

年初未分配利润 30 000 000

贷：提取盈余公积 10 000 000

对股东的分配 40 000 000

年末未分配利润 60 000 000

将抵销分录过入合并工作底稿，计算各项目的合并数（见表10-3）。

表10-3 **合并工作底稿** 单位：万元

项目	母公司	子公司	合计数	抵销分录		合并数
				借方	贷方	
利润表项目						
营业收入	111 600	80 900	192 500	(7)20 000 (8)5 000		167 500
减：营业成本	83 000	61 200	144 200		(7)14 000 (8)4 000	126 200
税金及附加	1 600	1 100	2 700			2 700
销售费用	5 000	3 000	8 000			8 000
管理费用	5 985	4 200	10 185			10 185
研发费用						
财务费用	1 000	600	1 600			1 600
加：投资收益	8 000	200	8 200	(9)6 400	(1)3 200	5 000
信用减值损失	-15	0	-15		(6)15	0
营业利润	23 000	11 000	34 000	31 400	21 215	23 815
加：营业外收入	1 000	2 500	3 500			3 500
减：营业外支出	2 000	1 500	3 500			3 500
利润总额	22 000	12 000	34 000	31 400	21 215	23 815
减：所得税费用	6 000	4 000	10 000			10 000
净利润	16 000	8 000	24 000	31 400	21 215	13 815
少数股东损益				(9)1 600		1 600
归属于母公司股东的净利润						12 215
所有者权益变动表项目						
年初未分配利润	8 000	3 000	11 000	(9)3 000		8 000

续表

项　目	母公司	子公司	合计数	抵销分录		合并数
				借方	贷方	
提取盈余公积	2 000	1 000	3 000		(9)1 000	2 000
对股东的分配	10 000	4 000	14 000		(9)4 000	10 000
年末未分配利润	12 000	6 000	18 000	(2)6 000 (7)20 000 (8)5 000 (9)6 400 (9)1 600 (9)3 000 42 000	(1)3 200 (6)15 (7)14 000 (8)4 000 (9)6 000 (9)1 000 (9)4 000 32 215	8 215
资产负债表项目						
流动资产：						
货币资金	10 725	7 820	18 545			18 545
交易性金融资产	5 000	2 000	7 000			7 000
应收票据	8 000	3 000	11 000			11 000
应收账款	4 975	3 980	8 955	(6)15	(5)3 000	5 970
预付款项	2 000	1 800	3 800		(3)1 000	2 800
存货	31 000	20 000	51 000		(7)6 000	45 000
流动资产合计	61 700	38 600	100 300	15	10 000	90 315
非流动资产：						
长期股权投资——B公司	30 000	0	30 000	(1)3 200	(2)33 200	0
债权投资	17 000	0	17 000		(4)2 000	15 000
固定资产	21 000	16 000	37 000		(8)1 000	36 000
在建工程	20 000	5 000	25 000			25 000
无形资产	6 300	0	6 300			6 300
商誉				(2)5 200		5 200
其他非流动资产						
非流动资产合计	94 300	21 000	115 300	8 400	36 200	87 500
资产总计	156 000	59 600	215 600	8 415	46 200	177 815
流动负债：						
短期借款	10 000	5 000	15 000			15 000
应付票据	10 000	3 000	13 000			13 000
应付账款	20 000	5 000	25 000	(5)3 000		22 000
预收款项	7 000	2 000	9 000	(3)1 000		8 000
其他应付款						

续表

项　目	母公司	子公司	合计数	抵销分录		合并数
				借方	贷方	
应付职工薪酬	13 000	2 600	15 600			15 600
流动负债合计	60 000	17 600	77 600	4 000		73 600
非流动负债:						
长期借款	4 000	3 000	7 000			7 000
应付债券	20 000	4 000	24 000	(4)2 000		22 000
长期应付款	2 000	0	2 000			2 000
非流动负债合计	26 000	7 000	33 000	2 000		31 000
负债合计	86 000	24 600	110 600	6 000		104 600
所有者权益:						
股本	40 000	20 000	60 000	(2)20 000		40 000
资本公积	8 000	8 000	16 000	(2)8 000		8 000
盈余公积	10 000	1 000	11 000	(2)1 000		10 000
未分配利润	12 000	6 000	18 000	42 000	32 215	8 215
少数股东权益					(2)7 000	7 000
所有者权益合计	70 000	35 000	105 000	71 000	39 215	73 215
负债和所有者权益总计	156 000	59 600	215 600	77 000	39 215	177 815

根据以上合并工作底稿的资料，编制合并资产负债表和合并利润表（见表10-4和表10-5）。

表10-4　**合并资产负债表（简表）**

编制单位：A公司　2×17年12月31日　单位：万元

资　产	期末余额	上年年末余额	负债和所有者权益	期末余额	上年年末余额
流动资产:		（略）	流动负债:		（略）
货币资金	18 545		短期借款	15 000	
交易性金融资产	7 000		应付票据	13 000	
应收票据	11 000		应付账款	22 000	
应收账款	5 970		预收款项	8 000	
预付款项	2 800		其他应付款		
存货	45 000		应付职工薪酬	15 600	
流动资产合计	90 315		流动负债合计	73 600	
非流动资产:			非流动负债:		
长期股权投资——B公司	0		长期借款	7 000	
债权投资	15 000		应付债券	22 000	
固定资产	36 000		长期应付款	2 000	

续表

资　产	期末余额	上年年末余额	负债和所有者权益	期末余额	上年年末余额
在建工程	25 000		非流动负债合计	31 000	
无形资产	6 300		负债合计	104 600	
商誉	5 200		所有者权益：		
其他非流动资产			股本	40 000	
非流动资产合计	87 500		资本公积	8 000	
			盈余公积	10 000	
			未分配利润	8 215	
			少数股东权益	7 000	
			所有者权益合计	73 215	
资产总计	177 815		负债和所有者权益总计	177 815	

表10-5　　**合并利润表（简表）**

编制单位：A公司　　2×17年12月31日　　单位：万元

项　目	本期金额	上期金额
一、营业收入	167 500	（略）
减：营业成本	126 200	
税金及附加	2 700	
销售费用	8 000	
管理费用	10 185	
研发费用		
财务费用	1 600	
加：投资收益（损失以“-”号填列）	5 000	
信用减值损失（损失以“-”号填列）	0	
二、营业利润	23 815	
加：营业外收入	3 500	
减：营业外支出	3 500	
三、利润总额	23 815	
减：所得税费用	10 000	
四、净利润	13 815	
少数股东损益	1 600	
归属于母公司股东的净利润	12 215	

【总结与结论】

合并财务报表是反映母公司及其全部子公司形成的企业集团整体财务状况、经营成果和现金流量的财务报表。本章阐述了合并利润表、合并资产负债表和合并现金流量表的基本处理方法。通过综合案例分析，深化对三类报表合并处理方法的理解。

【课程思政案例】

被拖累的母公司

2019年10月，军工概念股航天通信（股票代码：600667）被曝出子公司智慧海派科技有限公司（以下简称智慧海派）涉嫌业绩造假的情况。随后，航天通信发布公告，将聘请中介机构对子公司智慧海派以前年度业绩完成情况以及财务报表进行全面核查，并根据核查结果对航天通信以前年度财务报表进行追溯调整。智慧海派于2015年被航天通信收购，航天通信以10.65亿元对价发行股份收购智慧海派51%的股权，实施控制之后纳入合并报表范围。收购之后智慧海派是航天通信主要的收入及利润来源，在2016—2018年间，智慧海派的净利润分别占母公司航天通信合并报表净利润的133.51%、142.95%和106.17%。

值得注意的是，航天通信并非突然“爆雷”，在2015年航天通信收购智慧海派之后，证监会对航天通信的监管问询便十分频繁。在2015—2017年连续3年对航天通信发出问询函，要求公司就子公司智慧海派的销售、内控问题做出解释。2016年负责智慧海派年度财务报表和内部控制审计的天职会计师事务所对智慧海派财务报表出具保留意见审计报告，对公司内部控制出具否定意见审计报告。对此，航天通信的解决措施并非调查溯源，而是在启动调查程序前解聘天职会计师事务所，改聘瑞华会计师事务所作为外部审计机构。

2020年1月，航天通信发布自查公告称，智慧海派管理层为了实现被并购时对赌协议中的业绩目标进行财务造假，公司将对2016—2018年度财务报表进行追溯调整，调整后的合并财务报表中归属于母公司的净利润分别为-11.15亿元、-5.12亿元和-14.7亿元，立信会计师事务所为公司更正的2016—2018年度财务报告出具了审计报告。航天通信也因上海证券交易所规定被实施退市风险警示。

思考题：

（1）近几年财务造假事件频发，请从内部审计和外部监管两个角度出发思考如何防止上市公司财务造假。

（2）针对航天通信连续3年被上海证券交易所问询并临时更换负责审计年度财务报告的会计师事务所的行为，外部信息使用者是否需要对其披露的财务信息提高警惕？证券交易所是否应当对投资者发出投资警告？

(3) 随着市场的发展，行业内企业合并收购行为呈上升趋势，但其中不乏整合失败的案例，请从内部控制的角度思考如何顺利整合被并购企业。

小提示：

集团合并财务报表是报表使用者了解集团中母公司和子公司总体经营情况、财务情况和现金流量的重要信息来源，也是集团内部了解自身财务状况和经营状况的主要手段。财务人员只有熟知合并财务报表编制的各项要求，明确各项内部交易的合并处理流程，了解集团内部各个子公司的详细数据，才能准确、完整地编制出符合使用者需求的高质量合并财务报表，以供报表使用者做出正确的决策。

相关链接：

［1］陈晓梅，王竞雄.浅析我国上市集团公司合并财务报表存在的问题及对策［J］. 商业经济，2010（10）：110-111.

［2］何力军，戴德明，唐妤.合并财务报表与母公司财务报表双重信息披露研究综述［J］. 北京工商大学学报（社会科学版），2015，30（2）：74-84.

［3］中信建投证券股份有限公司.中信建投证券股份有限公司关于航天通信主动退市的财务顾问意见［EB/OL］.［2021-02-19］. http://www.cninfo.com.cn/new/disclosure/detail?stockCode=600677&announcementId=1209284439&orgId=gssh0600677&announcementTime=2021-02-20.

［4］李阳一.企业并购中的财务风险防范［J］. 财会月刊，2019（S1）：72-87.

［5］谢纪刚，田飞，任翘，等.并购管理能力——解释企业并购失败的新视角［J］. 中大管理研究，2009，4（4）：71-89.

主要参考文献

［1］财政部会计司.企业会计准则——基本准则［M］. 北京：中国财政经济出版社，2017.

［2］财政部会计司.企业会计准则第33号——合并财务报表［M］. 北京：经济科学出版社，2014.

［3］财政部会计司编写组.《企业会计准则第21号——租赁》应用指南［M］. 北京：中国财政经济出版社，2019.

［4］财政部会计司编写组.《企业会计准则第22号——金融工具确认和计量》应用指南（2018）［M］. 北京：中国财政经济出版社，2018.

［5］财政部会计司编写组.《企业会计准则第23号——金融资产转移》应用指南［M］. 北京：中国财政经济出版社，2018.

［6］财政部会计司编写组.《企业会计准则第24号——套期会计》应用指南（2018）［M］. 北京：中国财政经济出版社，2018.

［7］财政部会计司编写组.《企业会计准则第37号——金融工具列报》应用指南（2018）［M］. 北京：中国财政经济出版社，2018.

［8］财政部会计司编写组.《企业会计准则第39号——公允价值计量》应用指南［M］. 北京：中国财政经济出版社，2018.

［9］财政部会计司编写组.《企业会计准则第42号——持有待售的非流动资产、处置组和终止经营》应用指南［M］. 北京：中国财政经济出版社，2018.

［10］陈颖.反向购买准则实施问题探讨：以华映科技为例［C］. 中国会计学会2012年学术年会论文集，2012.

［11］程明娥，孙灿明.高级财务会计［M］. 北京：北京大学出版社、中国农业大学出版社，2008.

［12］董力为.后金融危机时代的金融企业风险与控制［J］. 国际经济合作，2011（4）：88-91.

［13］付军.反向购买的会计处理探讨［J］. 企业研究，2011（22）：69-70.

［14］傅荣.高级财务会计［M］. 5版.北京：中国人民大学出版社，2019.

［15］葛家澍，窦家春，陈朝琳.财务会计计量模式的必然选择：双重计量［J］. 会计研究，2010（2）：7-12，92.

[16] 葛家澍.关于公允价值会计的研究——面向财务会计的本质特征[J].会计研究，2009（5）：6-13，96.

[17] 耿建新，靳琦琦.企业合并准则的历史沿革与国际比较[J].财会月刊，2020（19）：65-72.

[18] 胡顺义，李海洋，邵天营.高级财务会计[M].南京：南京大学出版社，2019.

[19] 胡应兰.企业吸收合并中两种模式会计处理的比较[J].咸宁学院学报，2010（10）：30-31.

[20] 季向东.我国合并会计报表若干问题研究[D].北京：北京交通大学，2007.

[21] 李刚.2013年高级会计师全国统一考试高级会计实务模拟试题[J].财会月刊，2013（15）：122-127.

[22] 李青，陈红.高级财务会计[M].北京：中国财政经济出版社，2013.

[23] 刘慧凤.论会计在实体经济与虚拟经济互动中的传导作用[J].会计研究，2012（6）：32-37，92.

[24] 刘强安.虚拟资本与公允价值关系初探[J].财会月刊，2009（27）：33-34.

[25] 刘相礼.企业并购方式及对“反向购买”的质疑[J].经营与管理，2012（8）：12-14.

[26] 刘颖，董莉平.企业集团未实现内部交易损益和递延所得税在合并财务报表中的抵销处理分析——存货抵销[J].商业经济，2015（10）：130-131.

[27] 刘正兵.2009年《高级会计实务》考纲变化及2008年试题评析[J].财会通讯，2009（19）：154-159.

[28] 陆建桥，王文慧.国际财务报告准则研究最新动态与重点关注问题[J].会计研究，2018（1）：89-94.

[29] 马鹏.借壳上市的会计处理方法研究[D].西安：西北大学，2012.

[30] 宁宇新.公允价值会计：以历史和环境为视角的研究[J].财会通讯（学术版），2006（3）：87-89.

[31] 企业会计准则编审委员会.企业会计准则案例讲解[M].上海：立信会计出版社，2015.

[32] 邵丽丽，袁树民.衍生金融工具会计[M].上海：上海财经大学出版社，2011.

[33] 沈艺峰，沈洪涛.公司财务理论主流[M].大连：东北财经大学出版社，2004.

[34] 施先旺，马荣贵.高级财务会计[M].大连：东北财经大学出版社，2020.

[35] 史宇霞.企业合并商誉会计问题研究[D].兰州：兰州大学，2018.

[36] 汪建熙，王鲁兵.公允价值会计的多角度研究[J].国际金融研究，2009

(5): 12-22.

[37] 王德海.反向购买相关会计问题的原理分析 [J]. 商业会计, 2018 (22): 19-21.

[38] 王绍平.关于上市公司反向收购过程中壳资源费处理问题的探讨 [J]. 云南财经大学学报 (社会科学版), 2010, 25 (6): 108-110.

[39] 王晓云.同一控制下合并财务报表抵销处理的解析 [J]. 商业会计, 2017 (24): 54-56.

[40] 王月华, 王洪艳.合并报表中存货内部交易的抵销处理 [J]. 商业会计, 2013 (23): 27-28.

[41] 谢德仁, 张梅.母公司个别财务报表中对子公司投资的会计处理方法之辨: 成本法还是权益法? [J]. 会计研究, 2020 (2): 3-15.

[42] 徐汉宁.关于反向购买的会计处理 [C]. 2016年第一届今日财富论坛论文集, 2016.

[43] 严红敏.吸收合并反向购买形成的子公司对合并报表权益结构的影响 [J]. 财会学习, 2019 (17): 104-105.

[44] 尹伯华.新会计准则下企业合并财务报表问题研究 [J]. 财政监督, 2020 (16): 99-104.

[45] 张才志, 张力榕.反向购买会计处理案例分析——以ST东源为例 [J]. 会计之友, 2012 (20): 67-70.

[46] 张恩蓉, 张志凤.基于成本法编制合并财务报表交叉持股的会计处理 [J]. 会计之友, 2012 (34): 86-88.

[47] 张华.少数股东权益计量方法浅析 [J]. 财会月刊: 会计版, 2008 (4): 16-17.

[48] 张金若, 陈秋碧.信息披露视角下的商誉减值会计准则改革 [J]. 财会月刊, 2020 (24): 51-58.

[49] 张香玉.反向购买下合并报表编制的探讨 [J]. 商业经济, 2019 (9): 147-149.

[50] 张志凤.2020注册会计师考试应试指导及全真模拟测试——会计 [M]. 北京: 北京科学技术出版社, 2020.

[51] 中国证券投资基金业协会.证券投资基金 [M]. 2版.北京: 高等教育出版社, 2017.

[52] 中国注册会计师协会.会计 [M]. 北京: 中国财政经济出版社, 2021.

[53] 仲维生.反向购买下的合并报表编制初探 [J]. 商业会计, 2012 (10): 30-32.

[54] 周阳, 张志凤.合并报表中递延所得税确认与计量的两个特殊问题 [J]. 财务与会计, 2015 (21): 38-39.

[55] 周中胜, 窦家春.公允价值运用与计量属性体系构建 [J]. 会计研究,

2011（11）：3-9，92.

［56］中华会计网校.2019年注册会计师全国统一考试会计应试指南［M］. 北京：人民出版社，2019.

［57］BEAVER W H. 财务呈报：会计革命［M］. 3版，英文版.北京：中国人民大学出版社，2009.

［58］FAMA E. Agency problems and the theory of the firm［J］. Journal of Political Economy，1980，88（2）：288-307.

［59］FAMA E. Efficient capital markets：A review of theory and empirical work［J］. The Journal of Finance，1970（5）：383-417.

［60］FAMA E，JENSEN M C. Agency problems and residual claims［J］. Journal of Law and Economics，1983，26（2）：327-349.

［61］JENSEN M C，MECKLING W H. Theory of the firm：Managerial behavior，agency cost and ownership structure［J］. Journal of Financial Economics，1976，3：305-360.

［62］SPENCE M. Job market signaling［J］. Quarterly Journal of Economics，1973（3）：355-374.

［63］瓦茨，齐默尔曼.实证会计理论［M］. 陈少华，等译.4版.大连：东北财经大学出版社，2016.

［64］斯科特.财务会计理论［M］. 陈汉文，等译.北京：机械工业出版社，2006.